# バビロン

J. G. マッキーン 著
岩永 博 訳

法政大学出版局

James G. Macqueen
BABYLON

# 序

本書は、南バビロニア、ないし少なくともその首都――バビロン――の古代史について得られた最新の知識を伝えようとするものである。バビロニアに隣接する諸国の問題は、この主題の進展に関連する限りでふれるにとどめる。その問題を重要でないと考えるからではなく、それまでを含めることは問題が錯綜しすぎて、一冊の書物では扱いきれないからである。たとえばアッシリアの歴史は別の書物で扱うのが好ましい。

叙述の比重が政治史にかかりすぎているといわれるかもしれないが、それは私が歴史家の〝事件〟派に属するからではない。メソポタミアの文化・経済史については秀れた著述がすでに存在しており、それを再説する必要はほとんどない。一時代の歴史発展を十分理解するには、ときにはどんなに退屈であっても、年代、王、戦争などが決定的に重大である。その分野で最近非常に多く、新らしい報告が出ている。私は、素人の愛好者の方々に、古い著作を一新する、この詳細な歴史材料を提供する必要があると考える。

私は、B・H・ウォーミントン氏とG・チェスターフィールド氏から、そうした書物を著すように勧められたことに感謝し、また原稿を慎重に整理して下さったピーター・フランクリン夫人と、挿絵を描き、かつたえず私を力づけてくれた私の妻にも感謝を捧げたい。妻の力づけなしには、私はこの仕事を成し遂げ得なかったであろう。

一九六三年二月　ブリストルにて

J・G・M・

# 訳者序

人類文化の黎明の地となっただけでなく、中世までしばしば、世界最高の文化と社会的繁栄を現出した歴史的光輝によって、およそ現在のイラク、いわゆるメソポタミアほど、関心と愛着をそそられる土地は少ない。空中庭園を含むネブカドネザルの宮殿や、巨大で神秘なバベルの塔を誇ったバビロン、ヘレニズム時代東西交通の中心として栄えたセレウキア、ゾロアスター教ペルシアの中心となり、イーワーン・キスラーの壮麗な宮殿を残すクテシフォン、ハルーン・アッ・ラシードの秘話に象徴されるほど繁栄を極めイスラム学術の中心となったバグダードなど、イラクは少なくとも同時代の世界の最大の都四つと、四回の繁栄時代を史上に現出した。その数奇な歴史はわれわれの関心と興趣をそそってやまない。なかでも古代バビロニアの歴史は神秘に満ちている。

J・G・マッキーン氏の『バビロン』はメソポタミアの古代文化と政治発展を、バビロンの都と政権を中心として、最近の考古学的・文献学的成果を大幅に取り入れながら、総合的かつ簡明平易に叙述している。人類最古の文字である楔形文字（クナイフォーム）の発明とシュメール人による都市文明創始のときから、ヘレニズム時代の埋没にいたるバビロンの都の、三、〇〇〇年にわたる複雑多岐な政治変動を、人間的エピソードで彩りながら簡明的確に整理するとともに、遠く後世に伝統を垂れる芸術・学術活動の実態や社会経済生活の特色を鮮明に叙述している。その平易な筆致は、やや難解なオリエント古代史の探究に、読者を屈託なく誘い入れてくれるであろう。

訳出に当っては、オリエント古代史になじみの少ない日本の現状を考え、二、三の配慮を加えた。原著の項目区分は章別のみであるが、節、項を加えて細分し、政治変遷の整理と文化内容の分析に資した。また、しばしば長文の節がみられるが、内容に照らして節を細分した。最後の付録部分の、年表作成技術の注、複雑な王名表、簡略な年表はいずれも採録したが、文献目録は専門的すぎるので割愛した。

本書の訳出に当って種々尽力を賜った財団法人中東調査会の研究員、ならびに法政大学出版局の担当者各位に、この機会をかりて深く謝意を表したい。

一九七五年一二月

岩永　博

# 目次

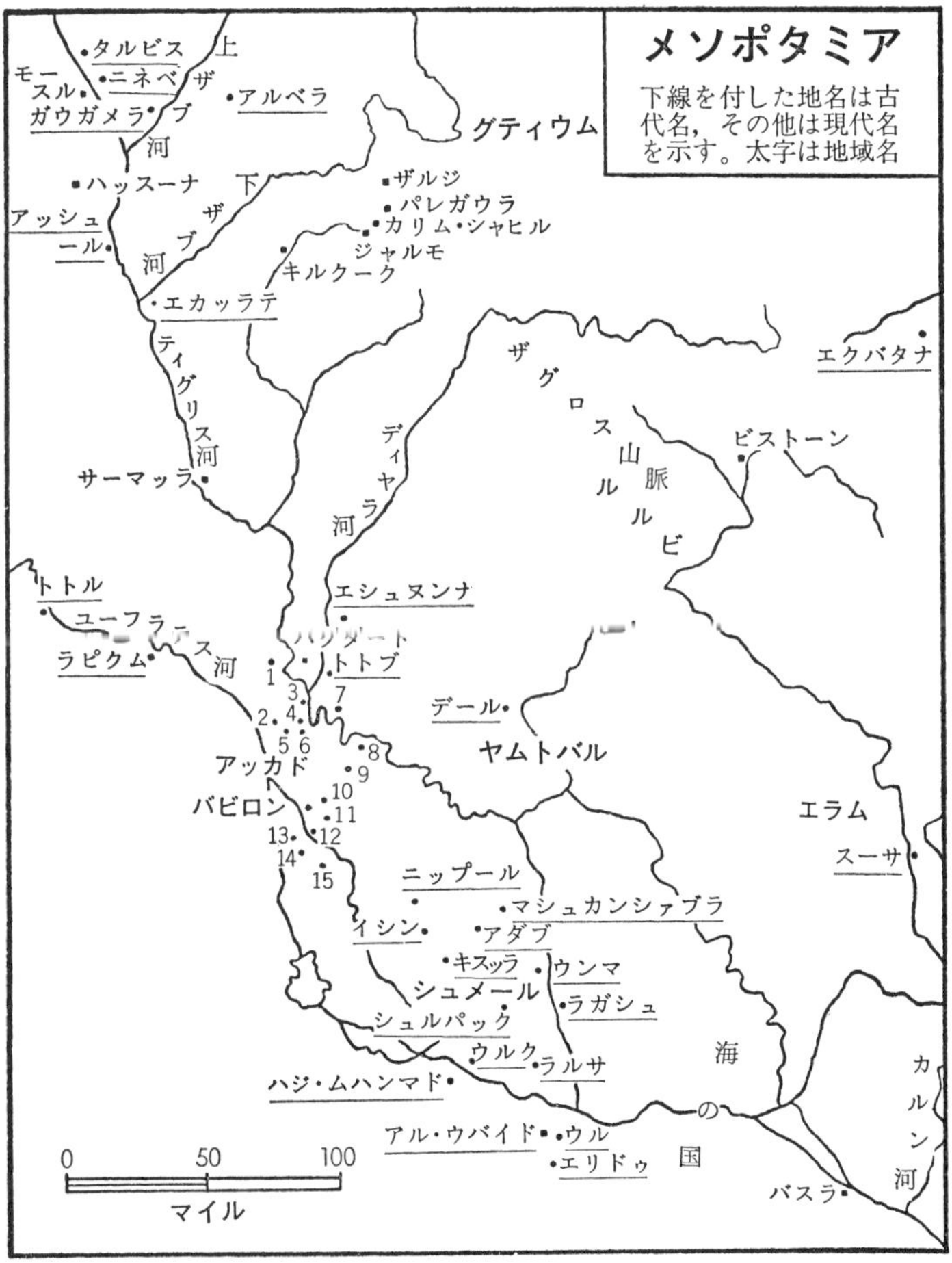


地図 I

1. ドール・クリガルズ　2. シッパル　3. オピス　4. アクシャク　5. クナクサ
6. クトハ　7. マルグム　8. グドア　9. ジェムダト・ナスル　10. キシュ
11. アッカド　12. カザッル　13. ボルシッパ　14. ディルバト　15. マラド

# I　バビロニアの初期の歴史

## 一　原始時代

### 定住生活の開始

およそ都市は孤立しては存在できない。都市の歴史はその周辺地域との関連のもとで、はじめて理解できる。ティグリス、ユーフラテス両河の下流に現われ、文明発展の緒をなしたバビロニアの諸都市の発展と衰退は、バビロニア全土で文明が興亡をつづけた遙かに長く重要な時代の中の、一部のエピソードにすぎない。バビロニアの長い歴史の終りは、まさにバビロンの都がアレクサンダー大王に征服されたときであるが、その始まりは諸都市が歴史の舞台に最初に登場したときより遙かに古い。バビロニアの重要性を正しく評価するためには、バビロニアの出現に先行した諸世紀、バビロニアの権力樹立の環境を形成した時代について知らなければならない。

メソポタミアの最古代の歴史の研究は数多く見られる。バビロニアで、穴居と食糧採集の経済から定住・農耕と畜産経済への大転換を成し遂げた地域の一つは、今日イラク領クルディスタンと呼ばれるチグリス河東側の丘陵地に見られる。ザルジおよびキルクークとスレーマニエの中間にあるパレガウラには、旧石器時代末期（およそ前一〇〇〇〇年といわれる）まで遡る洞窟の遺跡が見られるが、その遺跡はこれと同時期の世界の他の地域の遺跡と大差なく、まだ作物を栽培したり動物を家畜化した兆候をまったく示していない。しかし、その約一、〇〇〇年後から定住の始まる、同地域内のカリム・シャヒルの遺跡には、将来の発展の素地となる重要な変化が現われている。住民は洞窟を捨てて、藁葺きの屋根や蓆を敷いた凸凹の石畳の床をもつ、原始的な小屋に居住していた。草刈鎌の刃や挽臼の破片などからなる少数の遺物は、この地域の住民が野生の穀草を刈り取って調理し、食糧を補っていたことを示している。また驚くほど大量に豚、山羊、羊などの骨が発見されたが、それは住民がこうした動物を飼育しはじめたか、少なくとも食糧補給の必要から住居の周辺に囲い込むかしていたことを物語っている。

その頃の住居趾は、おそらくまだ遊牧期間の合間に、短時日居住されただけのものであった。これと違う恒久的定住村の、メソポタミアでこれまでに知られた最古のものは、カリム・シャヒルから一、二マイル隔ったジャルモである。ここの家屋は、おそらく前七〇〇〇年頃建てられたもので、泥の平壁と葦に泥を上塗りした床をもっていた。居住者は明らかに恒久的に定住する農民や、さほど狩猟の必要のない牧畜者であった。パン焼竈や、木の曲り柄と燧石を瀝青で固めた刃のついた鎌と一緒に、二種類の栽培された小麦粒が見出されている。骨は少数を除いて、すべて羊か山羊のものであり、これらの動物は狩猟で射止められたものでなく、明らかにむしろ飼育されたものと考えられる。陶器の遺物は、定住の初期の段階には見られないが、後期の地層には現われはじめている。それはおそらく、どこか他の地方から伝播したものと思われる。

ティグリス河の西側で、これまでに発見された最古の農村は、モースルの南約二〇マイルのハッスーナである。ハッスーナは最古の段階では、これより古いカリム・シャヒルのような単純な野営地であったが、前五千年期初頭にはかなり大規模な農村共同体に発展しており、堅牢な家屋と独特の様式の陶器を残している。ティグリス河のさらに下流のサーマッラでは、後期型の彩陶がはじめて現われており、それはイラン高原との連関を暗示している。前五千年期末期のものとみられる第三様式の陶器がカブル河上流のテル・ハラフで発見されたが、この様式のものは当時モースルの東方から地中海沿岸にかけて共通して見出される。この第三様式は、この地域の人種移動を反映するものかと思われる。このテル・ハラフ期に行なわれた、もう一つの重要な発掘は、最古の段階の金属器の現われはじめたことを示している。またほぼ同じ時期に、イラン高原を下ってきた移住者たちが、二大河の河口周辺の沼沢地で定住しはじめた。

### 両河下流の地層

以上は少なくとも一九五二年まで、考古学的遺物で証明されるとみなされていた状況である。前四〇〇〇年まではペルシア湾は今日より遥か内奥にまで伸びていて、湾頭はバグダードのやや北方地点にまで及んでいたと考えられる。しかしペルシアの丘陵地から流れ下るカルン河と、当時アラビアから流れていた河流で現在では涸河となっているワディ・アル・バーティンとの、二本の河からでる沈泥が、現在のバスラのすぐ南方でペルシア湾を横断する砂丘を徐々に形成していた。そしてティグリス河とユーフラテス河の沈泥が、海流で洗い流されることなく、湾の内に満ち拡がりつつあった。陸地が島のようにゆっくりと水面上に浮かびあがり、河は浅くなった。陸地が現われると肥沃な沖積地に心惹かれた高地民族が進出して、そこに居住した。陸地が拡大するのと並行して、定住地の規模が拡大し、繁栄が昂まった。後のシュメール人の文化は、このような環境のなかで基礎を固めていた。

しかし一九五二年に刊行された地理学的調査が、考古学者の意見とは逆に、南メソポタミアの土地は沈下しているのであり、ティグリス、ユーフラテス両河の沈泥がかろうじて島の表面の標高を同一に保たせていることを示してから後は、前述のような描写は信頼されなくなった。換言すれば、前四〇〇〇年頃には南メソポタミアは今日より遥かに美しく、海岸線はほぼ現在と同じところにあって、この地域の考古学的遺物はつぎつぎとかつての水面下に沈み去っていた。事実、南メソポタミアの最初の居住者はイランからの移住者であるとか、新石器時代の文化の誕生が北部メソポタミアでみられただけであるという確証は、いささかもないのである。ただ、河底発掘の技術に欠ける現在では、古い時期に起こっていたことを察知はできない。実際上いえるのは、両河の河口地域の歴史は、前五千年紀末に始まった、ということである。

## 都市と神殿の発生

これまで知られたところでは、河口の歴史は、河の島上にできた最古の都市で、河の神エンキの郷土と伝えられるエリドゥの都とともに始まっている。エリドゥでは、ほとんど最古の時代から神殿が都の中心点を占め、またこの神殿が後に生じた住居地域に支配権をふるいつづけた。それは、南メソポタミアの人々が、自己の無力さを悟って自らをとりまく自然の災害を畏怖し、自己の土地と肉体とを自然神に所有されているものと考え、自己の住居を、かれらの献納した神々の住居の周辺に集結させた、と思われるからであった。

事実メソポタミア文明発展の決定的要因は、こうした神々への服従であった。というのも、地方神への奉仕のなかから、土地の生みだす富と都市民のもつ特別な技術、すなわちこの地域の基礎的単位である都市国家を拡大させる特有の手段が、そののち発展しているからである。いわゆる「都市革命」は多くの要因から生みだされた。食料の増大、余剰食料をもたらして生産性の乏しい金属細工や僧侶などの職業を社会に生みだした灌漑、金属や石材を遠隔地から運ぶ河川輸送の新技術、などはその最も重要なものであった。しかし、都市革命を、歴史にみたように進展させ、それに特殊なメソポタミア的形態を与えたのは住民の宗教信仰であった。環境条件が多くの面でここと近似していたインダスとナイル渓谷では、住民の精神的姿勢が非常に違っていたため、文明の発展がそれぞれ異なるものとなった。

## 二　シュメール文化の発生

### シュメール人の出現

初期のエリドゥにおいて、萌芽形態を一瞥したような活力溢れる都市文化は、テル・ハラフの文化を北部メソポタミアからも駆逐して、急速に発展した。南部では定住地が大規模となり、数も増大した。都市数の増加につれて神殿も増加した。いわゆるアル・ウバイド期には、神の栄光を讃える記念建築物が建てられはじめた。文書記録が欠けるため、初期の神殿がそれぞれどの神に献納されたのかは分からないが、その神殿がひきつづいて歴史時代にまで存続しており、祀られた神々が前後の時代を通じて同一であることは、アル・ウバイド期文化が直接シュメール時代の文化に接続したことを強く示唆している。

この点で、「シュメール人」という言葉を見境なく使うために多くの混乱が生じていることは、反省されねばならない。「シュメール語」という称呼は、前三五〇〇年頃に現われはじめた文書に書かれた言語に与えられた名称であり、必ずしも陶器文化や人種移動を知悉しながら用いられたものではない。人々はその生活様式を変えることなく、その言語を変えることができるものであり、事実変えていた。また反対に先祖伝来の言葉を保持しながら、生活様式を変えたようでもある。それゆえ、シュメール語を話す民族の起源や到来の時期を示す考古学上の調査は、決して明確な回答を与えるものではないであろう。これまでいろいろな回答が出されたが、当然いずれも全面的承認をうけるものはなかった。たとえば、最古のアル・ウバイド期の住民がすでにシュメール語を話しているとともに、外部から侵入した形跡をもつその後の全民族がシュメール語を用いていた、という主張がある。しかしまた、前四千年紀前半のウルク時代に、独特の淡色ないし灰色の陶器の出現したのはシュメール人の到来によるものである、と強調する説があり、またジェムダト・ナスル期に彩色陶器の創始されたのがシュメール人の到来によるとする主張もある。さらにまた、シュメール人が海陸どちらから到来したかについても問題は解決されていない。遺骨の研究によっても、人種起源の効果的結論は出ていない。古代から現代まで、メソポタミアの住民は主に地中海人種ないし褐色人種からなりたっているが、それに広頭の東北の山岳民族が混血しており、それらの人種要素のいずれか一つをシュメール人と呼ぶことはできない。シュメール語族到来の問題は、これまでのものよりさらに古い文書が発見されて、考古学的発見を言語学的知識で補足するという、およそ不可能な条件が成立するまで、実証的な回答を与えられることはないであろう。

### 都市の増加と神殿共同体

シュメール人によるものと言いうるにしろ言いえないにしろ、ウルク期にはメソポタミアの都市はしだいに増加し、神殿の富が増大した。このウルク期に、メソポタミアの政治・経済生活の基礎形態が形成された。この基礎形態を考察するときには、相互に関連はするが完全に相違した二つの社会組織、つまり都市と神殿共同体とを区別することが重要である。この両者は当初一つのものであったにちがいない。われわれは以前に、都市共同体がその所有主たる神殿の周辺に形成されるにいたった事情について述べておいた。しかし、都市が規模を広げるにつれて、都市はいくつかの神々の神殿や所有地を統合した。それに伴って、本来原理的には神のもとで平等の存在である両者、政治的単位——都市——と、宗教的単位——神殿——とが分化するにいたった。

神のもとでの平等の原理に基づいて、政治はすべての成人の参加による決定を基礎にした統治——それは人口の増加とともに困難さが拡がるが——という形態をとった。日常の事項は長老の会議によって処理されたが、非常時には民会の決定で特定者に専行権を委ねることができた。内政的危機の際には民衆の要望で、「エン」すなわち「君主」——普通は行政的才能を顕示したもの——が選ばれた。強力な若い指導者を必要とする戦時には「ルーガル」すなわち「偉大な人物」——一般に王と翻訳されている言葉——と呼ばれる者が選ばれた。双方とも一時的職務であり、危機が去るとルーガルもエンも私的生活に戻った。

経済・宗教的領域では、神に属する膨大な所有地の組織があり、その耕作にはすべての市民が義務として参加していた。各市民は一方で自らの生活を支える土地をもち、他方で神の土地の経営や用水運河の補修に協力した。用水運河の補修は、大規模な灌漑を可能にすることを意味しており、実際大規模な灌漑は、メソポタミアの全農業の基盤をなしていた。神殿が、農具や種子を供給し、農耕活動全体の調整は神殿共同体の祭司長の手中に握られていた。神官階級がただ他人の労働の成果を集める寄生者であったと想像するのは当たらない。神官は他の市民と同様に、自己の任務と分配物資と農地とを割当てられていた。神殿領の収穫の最小部分が、祝日や祭祀の際に人々に還元された。しかし当然色々の面で本来の形が崩れた。しばしば、王が無力すぎると考えられたとき、神殿共同体の最高位者、普通エンシと呼ばれる都市の最高神殿の祭司長、いいかえれば組織と行政上で長年の経験をもつ者に、権力が委ねられた。都市によってはエンかルーガルがその地位を恒久化することに成功した。

歴史時代の都市国家では、これら三者のなかから最高権力者がでている。

都市国家と神殿の発達は都市の組織を複雑化し、経理を多角化した。また逆に経理の多角化の直接の感化で文字の体系が発達した。文字は最初神殿の業務だけに使われていたが、後には歴史的・文学的文書を生み出した。後の章で扱う予定であるが、この時代に発達した芸術や建築も宗教と密接に関連していた。それはメソポタミアの文明が神事に緊密に依存する傾向をさらに強めた。

## ジェムダト・ナスル期の王名表

前述のように、ジェムダト・ナスル期はウルク期に続き、その後半部分をなす後期ウルク期と合わせて、〝原文字時代〟とか〝原歴史時代〟と呼ばれるが、メソポタミアの伝承が完全に断絶したときではなく、伝承の間奏曲をなしているように見られる。突然彩色陶器が伝来し、新しい習慣が生まれたのち、それらが同じように突然連続的大災害の中で消失したことは、一種の一時的な外国支配――おそらくイラン丘陵からのもの――の出現したことを推測させる。新支配者のもとで南部の諸都市は拡大しつづけた。北に接したニップール、キシュ、エシュヌンナなどの集落が都市の規模まで発展しはじめた。またこの時代のメソポタミア文化の痕跡が、ペルシア、シリア、カッパドキアなどで見出されている。エジプトにおいても、第一王朝出現直前のころの美術・建築・文書などに、メソポタミア文化から大幅な影響をうけたことを示す有力な証拠が見出される。

ジェムダト・ナスル期末の多くの変革のなかでの、一つの大変化は、新タイプの建築用煉瓦の創出であろう。新煉瓦は長方形で、尖端が円形のフルーツケーキ型をなしていた。それまでの王朝時代の詳細が知られないのと同じく、この煉瓦の使われた理由も知られないが、粗石建築を慣用とする地域から、ある種の影響をうけたことが暗示されている。またこの時代には、それまで経済事項に限られていた文字の使用が、政治・宗教領域にも広がりはじめた。文字の使用の拡大につれて、われわれは歴史時代そのものに移行した。歴史の初期はその大筋さえ明白でないが、当時についてのわれわれの知識は、たえず新発見によって拡大されている。

最古の時代を物語る文書によると、諸都市が両河の河口に集中しているとともに、その文化が上流のアッシュールやマリにまで拡大したことが知られる。都市の形態は発掘によっても確認された。最初南部の諸都市は、聖市ニップールに中央会合所をもつ一種の連盟組織をなしていたように思われる。全民族的危機の際には、全域的エンかルーガルが選出された。この最高機関は、その存在を個々の都市のそれと同様非常時中に限られていたのに、各都市のそれと同じように永続化する傾向を孕んでいた。そして早くから、一都市の統治者が他の都市を支配するという観念が出現していたように見える。前三千年紀末に作成された「王名表」は、この都市連盟の支配者の地位が、都市から都市へ移行したことを物語っている。この王名表では、最古の時期には治世が数千年にわたったと誇張される王が見えたり、実際には同時代に存在した王朝を前後させていることが知られたりして、その価値は割引きされざるをえないが、全然無価値とはいえない。

こうした欠陥があるにせよ、表中の王名は現在の碑文からも確認されており、われわれはそれを本質的には純正の記録であるとみることができる。王名表の初代の王は、精力的で二四万一、二〇〇年間支配権を握っていたとだけ伝えられる伝説的君主である。第二代の王のとき洪水が襲来した。この大災害の記憶は多くの史料に書き留められているが、そのうちもっともよく知られているのが、ノアの箱舟と同じ物語である。しかし、考古学界の激しい発掘競争によっても、残存する洪水の記録で、「王名表」中の洪水を立証していると思われるものは見出されていない。発見された洪水記録のもっとも有名なのは、アル・ウバイド期にウルで起こったものである。しかし、それはただ一地方についての記録であり、これを究明不足の歴史的事実と結びつけるのは時期尚早のようである。他の洪水の跡は、キシュ、ウルク、シュルパックで見出されている。メソポタミアでは洪水の災害は昔も今も変わらない。「洪水伝説」は、国内の各地で起こった多数の天災の記憶を合成して生まれたもののようである。

### セム人の出現とキシュの支配

洪水ののち、王権は再び地上に降下し、現実的となっている。奇妙にも、洪水後の最初の王座は、古い南部の都市連盟のメンバーにではなく、ユーフラテス河の遙か上流の一新都市キシュの掌中に握られていた。この変化は、北部の都市がその主権を古い民主主義の過程によってではなく、武力によって獲得した、という仮説を立てることでようやく説明できる。何人かのキシュの王がセム語の名をもっていた事実は、メソポタミアに早くからシュメール人以外の語族の権力が存在していたことを示している。しかし、セム人の出現の研究も、シュメール人出現の研究と同じくらいむつかしくて成果の乏しい問題である。おそらく歴史の最古の時代から、セム人は北部でシュメール人は南部で、数的に優勢であったろう。一方中央地域には、言語上からみて双方の混血的住民が存在した。

初期のキシュの王の事蹟はほとんど知られていない。初期の王のひとりエタナは、後世「鷲の背にの王朝に移った。キシュの全王が伝説的人物として見捨てられるのを防いだのは、最後から二代目のエンメバラギシが思いがけなく他の史料によって実在の王と認められたからであった。彼の事績を述べている碑文がディヤラ地方で発見されたことは、かれの権力が相当広い地域に及んでいたことを示しており、かれがエラム人との実戦に勝利を占めたという「王名表」中の陳述が事実でありうることを物語っている。かれの統治はほぼ前二七〇〇年頃といえる。

キシュの出現とともに、メソポタミア南部で新たに君主政治の観念が始まった。古い都市の支配者たちは、このことをすばやく看取した。王は防衛の指導者であり、国内の行政官という伝統的機能を持続したが、選挙制の支配権という観念は急速に消滅し、武力支配の観念がとって代わった。武力によって得られた領土は力によってのみ維持されたが、その征服は征服王朝の二、三世代以上に長続きすることはめったになかった。そのあとに、より巨大な勢力が現われ、別の都市が短い覇権をふるうのが常であった。そのことの真実性は、キシュでエンメバラギシの王子のアッガが前二六七五年頃即位したときに証明されている。かれはニップールに神殿を建造して南部を宥めようとした努力の甲斐もなく、アッガの支配を認めようとしない家臣、ウルク王のギルガメシュとの間で紛争を起こし、この争いにまつわる会戦で敗北した。こうして「王名表」中のキシュの第一王朝の覇権は、ウルク所在の王朝に移った。

### ギルガメシュとウルク、ウルの支配

この記述によると、バビロニアの最大叙事詩の主人公ギルガメシュは、明らかに実在した王であっ

た。かれ以前のウルクの王たちも、後世の文学中に英雄とか半神とかで登場しているが、同じように実在者であった。かれの後継者七人は、在位期間が普通の長さであったと記録されており、たしかに実在していた。

このウルクの支配は、前二六〇〇年頃ウルの支配者から強力な挑戦をうけた。このウルの王朝は驚くほど莫大な遺物が発掘された王墓によって知られている。しかし、このウルの挑戦は間もなく一時下火になったと思われる。王墓から知られるメスカラムドグ、アカラムドグや、その他の統治者については、なんの伝承記録も残っていない。ウルのこれらの王のころ、キシュはたしかに短期間支配権を回復した。そのことはおよそ前二五五〇年ころ、キシュのメシリムが最高権力者の資格で、ウンマとラガシュ両都の国境紛争に審判者となったほど権威を発していることから推定される。このキシュの覇権は、メサニパッダの治下で勢力を回復したウルによって、約三〇年後粉砕された。ウルのメサニパッダ王のあとは、その子のメスキアグヌンナとア・アニパッダが継いだ。ア・アニパッダのとき再びウルクが力を回復し、王はこれを打倒しようとしたが手に負えなかった。その後間もなくウルはラガシュのウルナンシェによって倒された。ついでウルの覇権は、再度ウルクに移ったように思われる。ウルの第二王朝は四〇年間権力を握ったが、見るべき業績は残していない。

### ラガシュの浮沈

この前後のラガシュの君主たちについては遥かに多く知られている。ただラガシュの王たちは、決して全国的覇権を握ろうとはしていない。これまでに知られるこの都の最後の王はエンヘガルであるが、その治世については土地売買の記録が残るのみで、歴史的報告は見られない。前述のキシュのメシリムが仲裁したときのラガシュの支配者はルーガル・シャゲングルであった(前二五五〇年)。しかし、かれは少し後にウルナンシェからはじまる王統とは全然無縁であったと思われる。シャゲングルは平民の出で、女神から特別選ばれて、この都に栄光をもたらした。かれの征服事業はウルを撃破したことを除いてほとんど知られていないが、かれはその驚異的建築活動によって、強力な統治者であったことを示している。かれの子アクウルガルの治世に、おそらくメスキアグナンナの支配するウル第一王朝が復活した。前二四七〇年頃アクウルガルのあとを嗣子エアンナトムが継いだ。かれは野心的統治者で、治世の初期にエラムとキシュを撃ち破り、シュメールの覇権を窺った。かれは南部への相つぐ遠征の結果ウルク、ウル、その他の都市を服属させた。ついで約一世紀前にメシリムが画定したキシュとの境界を変更しようと努めたが、手痛い敗北を喫した。ウンマの総督ウシュは斃され、その後継者のエンアカリは屈辱的和睦を強いられた。このとき以後ラガシュのエアンナトムの征服は旗色が悪くなりはじめた。かれをとりまく数々の困難に加えて、北部から、かれの旧敵キシュ王ではなく、キシュのすぐ隣国のアクシャクの王ズズが、圧倒的武力で侵寇してきた。エアンナトムはかろうじてこの攻撃による滅亡を免れたが、その勢力は末年までにとみに衰えていたと思われる。

かれに最終的打撃を与えたのは、遠隔の都マリからの攻撃であった。マリはイルシュの時代一時シュメールの大部分を支配したことがあった。ウルの第一王朝を最後に滅亡させたのは(前二四三五年頃)、おそらくこのイルシュであったと思われる。マリの最後の二王エルルとバルルは記録に残るほどの活動はしていない。しかし、エアンナトム打倒失敗後の混乱のなかで、エルルはウルクの支配権を握り(前二四三五年頃)、その嗣子エンシャクシャンナをウルクの王位につけたと思われる。マリの軍隊がウルクを退却した理由は明らかでないが、それはおそらくエンシャクシャンナ自身の行動と関連があったのであろう。少し後にかれは北方に遠征しているからである。この遠征でエンシャクシャンナはキシュのエンビ・イシュタルとその同盟者アクシャクから決定的勝利を収めている。

ラガシュではエアンナトムの後を、かれの弟エンアンナトムと甥のエンテメナが継いでいる。この二人の王のもとで、この都の権勢は再び向上しはじめた。ラガシュの旧敵ウンマは、エンアンナトムの時代に国境の繋争地への要求を再燃させていたが、エンテメナはたちまち侵入者を撃退し、その首都を攻略し、王エンアカッラの子ウルルンマを斃した。ラガシュから派遣されたイリという名の総督がウンマを統治し、重い貢税を課して誅求した。エンテメナの挙げた大勝利の評判の威力から、当時ルーガル・キンエシェドドの治下にあったウルクが友好条約を熱望してきた(前二四二〇年頃)。ウルクの援護のもとでエンテメナはウル、エリドゥ、ニップールを支配した。かれはユーフラテス、ティグリス両河を結ぶ運河網を開鑿し、そして勝利と繁栄の生涯を送ったと思われる。

しかし、かれの嗣子エンアンナトム二世のもとで、ラガシュの運命は急変した。最初ウルが離反したが、その独立はエンテメナと結んだ友好条約に従って救援したウルクのルーガル・キンエシェドドの手で、たちまち撃ち破られた。しかしウルクの王は、一度友人の子のために復讐を果たした後は、ラガシュとウンマを躊躇なく自らの領土に加えた。かれはエンシャクシャンナからキシュとアクシャクを継承していたので、これらの征服地を加えて全シュメールに支配権を握ることとなった。かれの嗣子ルーガルキサルシも同じ偉大な地位を保持していたにちがいないが、その没後ウルクの権勢もまた衰えはじめた。最初に北部の諸市が離反した。プズルニラクの治下のアクシャク、ついで名もない酒亭の給仕か娼家の番頭出身で、前二三七〇年頃「都の基礎を固めた」クババが支配するキシュが離反した。ラガシュではエンテメナの治下で市の守護神の祭司であったエンエタルジが権力を握った。また、すぐ北方のアダブでは、ルーガルアンニムンドゥという君主が強大な権力をふるい、一三の敵対諸侯の同盟軍を撃ち破り、長くその地位を保った。ウルでの変遷は全く知られていない。この暗黒時代に最大の権力は、おそらくキシュのクババと、その継承者のプズルシン、およびウルザババの手中にあったようである。これらの君主は諸小国の君主の上にある程度支配権をふるうことができたにちがいない。

### ラガシュのウルカギナ

われわれが多少の報告をもつ当時の唯一の都市はラガシュである。そこでは祭司のエンエタルジとかれの後継者ルーガルアンダ(前二三五三—二三四八年頃)が激しい苛政を加えたため、民衆が反乱を起こし、国内に自由と古い生活様式を復活させることを誓ったウルカギナを王に推戴した。この都では前にエアンナトムとエンテメナが権力闘争に耽ったため財富が極度に蕩尽された。侵略政策に必要な兵員と食糧の補給のために、課税、土地剝奪、個人の自由の剝奪が行なわれた。戦時下では、これらの措置に不満があってもやむをえないと考えられていたが、微力の君主のもとでラガシュが衰退を加えるにつれて、認められなくなってきた。政府の密偵や監視者がいたるところに配置され、宮廷が庶民の犠牲で富み肥り、上流階級と祭司たちがその地位を利用して財を蓄えた。ウルカギナは衷心から改革意欲を燃やし、これらの非政をただそうとした。政府の監視制度は廃止され、財産没収は禁止された。総督や祭司たちを富ませた苛税は軽減されるか、廃止されるかした。総督が個人の所有地として使用した神殿領は神に返還された。ウルカギナはこうした措置による最大の損失を甘受した。かれはその他の処置でも、自分に権力を与えた民衆に奉仕するようにあらゆる努力を傾けた。かれは富者や権力者に抗して貧者を保護した。寡婦や孤児の犠牲を防ぐ措置をとり、都市の犯罪を防止することに努力し、窃盗と暴利と殺人を阻止した。ウルカギナは即位の二年後、自分の地位が十分固まったと考えて、王を称し、キシュの支配権を拒否した。都市の再建と運河の浚渫に着手した。十分な時間が与えられれば、かれは偉大なラガシュを再建したにちがいなかった。しかし、かれは国内改革に力を集中しすぎ、国境外の問題に注意を怠っていた。父祖伝来の敵であるウンマで、当時ルーガルザギシと呼ばれる活動家が支配権を握っており、かれが前二三四〇年頃突如ラガシュを襲撃して、それを完全に破壊してしまった。

### ウンマのルーガルザギシ

ウンマのラガシュ征服は、小国対立の物語中の一こまにすぎなかったが、このウンマの野心的君主ルーガルザギシは、その都の周辺数マイルだけの支配者で留まろうとしなかった。ラガシュ征服を手始めとした幾回かの勝利の末、かれはついにバビロニア南部の覇者となった。またかれはこの征服のなかで、自分の強力さを示すだけでないことを明示した。かれは——自らを盟主にして古代シュメールの連合を復活させるという——すこぶる雄大な計画を秘かにめぐらしていた。この動きの手始めに、かれはその都を、小都市ウンマから、最古のシュメールの王朝の所在地ウルクへ遷した。さらに重大な意味をもって、かれは諸聖地と同盟の中央会合所であるニップールの占領後、そこの祭司たちから「諸地域の王」の称号を授かった。ついで、ルーガルザギシは同盟の盟主兼全国の調停者たる自分の新しい立場を立証する企てに没頭し、一見成功をかち得たかにみえた。この行動のなかで、かれは依然クババの後裔を君主に戴き、南部に名目的支配権をふるっていたキシュの主張に、一顧も与えなかったように思われる。事実、これまで得られた乏しい資料のどこにも述べられていないが、ルーガルザギシがキシュを征服したことは十分考えられる。しかし、より確かなことは、北部の都市の宮廷反乱で、キシュの王ウルザババがその宰酒長サルゴンによって倒されたため、ルーガルザギシの手間が省かれたということである。この反乱の成功は、ルーガルザギシが使嗾した結果だという可能性が多分にある。その結果、ルーガルザギシは新しい家臣が北部の征服拡大に専念している間に、南部の行政に力を集中する余裕をもちえた。反対に、ルーガルザギシがキシュを征服したのであれば、ウルザババの滅亡とともにその宰酒長は自ら征服の生涯を開始したこととなる。ルーガルザギシの碑文中の一節に、かれの支配力が遠く地中海まで及んでいたことを曖昧に語る部分が見られる。しかし、これがかれ自身の遠征を示すのか、または家臣の征服が名目上ルーガルザギシに帰せられたものであるのかは分明でない。いずれにしても、もしかれ自身北部に侵入したのであるなら、その獲得した領土は、いくばくもなく野心的サルゴンによって奪い取られたものであった。

## 三　アッカド帝国の興亡

### サルゴンの生涯と征服

このサルゴン王の初期の経歴は、後世の人から大量の伝説をかこつけられたため晦冥になっている。かれはおそらくキシュの祭司の妾腹の子であった。そしてモーゼと同じように籠に入れられて河に捨てられた。かれは発見した水運び人の手でこの息子として育てられ、長じて王に出仕し、たちまち権力者の地位にのしあがった。サルゴンは反乱に成功すると、自らの都を建設しようと決意し、アッカドの都の建設工事に着手した。この都の正確な位置は、今日なお定説がなく分らないが、たしかにキシュの近辺のどこかにあったと思われる。一方、サルゴンは領土拡張計画にも着手した。それはかれが征服地全体の統一と繁栄は東西南北の四方に向かう貿易路の安全にかかっていることを自覚していたからである。ユーフラテス河上流への遠征の結果、トトゥル（現在のヒート）とマリを占領し、遠くタウルス山と地中海まで侵寇した。また遠征隊が小アジアや海を越えたキプロスまで送られた可能性がすこぶる大きい。かれは北部ではアッシリアを撃ち破った。東方では山の種族に、この平原地で戦利品を得るのは容易でないことを味わわせた。

このようなサルゴンの功業は、その上司をもって任じていたウンマのルーガルザギシにとって堪えきれぬものとなったと思われる。かれは若い出しゃばりの成り上り者に分をわきまえさせるべく、シュメール人の知事五〇人を率いて北進した。アッカド領の一地点ウグバンダで、双方の大軍が遭遇戦を演じた結果、サルゴンが決定的勝利を収めた。サルゴンは捕虜のルーガルザギシを引き連れて南下し、シュメールの主要都市を疾風のように攻略した。ウルク、ウル、ラガシュ、ウンマ、ニップールはほとんど戦わずして陥落した。サルゴンの軍隊は「ペルシア湾で武器を洗い」、征服の完了を誇示した。ルーガルザギシはニップールでエンリルの神殿の門前に曝されて、その権力の終焉が万人に示された。サルゴンはその国の正統の王として即位した（前二三一五年頃）。

アッカドの王は、その長い治世の残りの時期も、ほとんど間断なく戦いつづけたが、また同時にペルシア湾からタウルス山脈の彼方、東エラムから地中海までにわたる大帝国の、国内問題を処理する仕事に没頭させせられた。このことはメソポタミアの王権の概念に、ひとつの重大な変化をひき起こした。このように広大な地域を古い連合組織で統治することは明らかに不可能であり、キシュの第一王朝が創めた軍事力による支配という方法で永遠に成功するという見透しはもちえなかった。このことをサルゴンは身をもって思い知らされた。というのも巨大な規模と威力をもつ駐屯軍を帝国全土に配置しながら、かれの後継者は絶えず反乱に悩まされていたからである。サルゴンの治世の後半、シュメールで起こった相継ぐ反乱を鎮圧するため、かれは駐屯軍の強化、人質の取得、都市の城壁破壊、中央集権的な人的支配組織の発展、などを図らねばならなかった。

北方人であり、またセム人であるサルゴンは、南方の都市国家の制度を強いて保存しようとはしなかった。その代りにかれは、かつて遊牧民であったセム人が、生来部族長にたいして抱いている個人

図１　アッカドのサルゴンの青銅頭像（現在バグダード博物館所蔵）

的忠誠心を利用しようとした。南部人の気持をなだめるためニップールを宗教の中心地として保存したが、かれに忠誠を誓うアッカド人の官僚を集め、この外交団の成員を、各州の知事やその他の重要官職に任命した。サルゴンはこの方法で帝国の平和と統一を実現しようと図った。そしてたしかに商業と貿易のうえで、かれの時代は大繁栄時代の一つとなった。かれの偉大な業績を記念するために、サルゴンは自ら「世界の四方の地域の王」と称した。事実その主張はほぼ正鵠を得ていたように思われる。

### ナラムシン治下の再建

サルゴンを継いだ若い息子のリムシュの治世には、父の晩年以来の反乱が続いた。南部とエラムとティグリス河沿い地域にわたる反乱は辛うじて鎮圧された。リムシュが宮廷革命で斃されると兄のマニシュトス(前二二六六—二二五二年頃)が後を継いだが、再び帝国内に反乱が燃え上がった。もう一度アッカド軍は十分な力を発揮してその反乱を鎮圧した。北と北西向けの貿易ルートは回復された。東ではアンシャンとエラムの支配者、ならびにおそらく南部ペルシアの海岸に当たる「海のかなたの都市の三二王」の連合軍が撃破された。

サルゴンの孫ナラムシン(前二二五一—二二一五年頃)の即位は、キシュとシッパルを旗頭にした再度の反乱で迎えられたが、この機会にアッカドの王は再びその強さを示し、反乱を手ひどく撃ち破った。しかし、ナラムシンは内乱を処理しただけで満足して手控えるような男ではなかった。ほとんど直後に、かれは祖父の軍隊が赴いた遙か遠くの境界まで帝国領土を広げる計画にもう一度着手した。かれは最初マガンの攻撃に向かった。ここは銅像を作る閃緑岩の原産地であり、南アラビアないしアフリカ大陸にあったと思われる。反対の方向で、かれはマリを征服し、ついで遠く前進してトルコ領クルディスタンにある、現在のディヤルバクルの北東地域を平定した。その後の北方遠征で、かれはシリアの諸国を支配下におき、アッカドの支配を再度地中海沿岸まで広げた。ついでカッパドキアへ侵入して、さらに遠い貿易拠点に支配権を確立した。北方と東方でもナラムシンはまた相継いで勝利を収めた。しかしこれらの戦は、貿易の安全を守るよりむしろ国境を守るためであった。スバルトゥとエラムは確実に鎮圧され、東部国境の南北両端に有効な緩衝地がつくりあげられた。しかし、その中間に危険な空隙があったので、ナラムシンはサグロス山中のルルビア人抑圧の遠征を行ない、勝利を占めて空隙を埋めた。

国内行政上では、ナラムシンは同一種族員であるアッカド人を多く官吏に登用し、かれらに個人的統制力をふるわせるという、父祖伝来の政策をとりつづけた。宿営地を設けて駐屯軍をおく制度は継続され増強されたが、同時に統一的暦年制度を定めて、帝国支配に不可欠な統一性を強化した。アッカドの王権による統一を強化するために、ナラムシンを神格化して帝国の個人的保護神とした。

### シャルカリシャッリとグート人の活動

しかし大王の支配は不可抗力の災厄で終わる宿命にあった。帝国は長年の飢饉で疲弊し、絶えず東方の山地から機会を窺う貪欲な野蛮人の攻撃や、内戦にさらされていた。ナラムシンの治世のはじめにルルビア人を撃ち破ったことが危機の到来を遅らせていたが、今やディヤラ河上流周辺の丘陵地に住む種族グート人が平原へ降って、アッカドに迫りはじめた。ナラムシンはおそらくそれに続いた戦闘で斃れた。かれの継承者のシャルカリシャッリは辛うじて首都を持ちこたえたが、諸州は急速に離散し去った。エラムとスバルトゥは独立を宣言し、北東との貿易関係は断絶した。南ではシュメールの諸都市が憎むべきアッカド人の支配を遁れようと熱望していた。これら多くの逆境のなかで、シャルカリシャッリはグート人を撃破してシャルラク王を捕虜にすることに成功したが、自分の権勢を防衛することはできなかった。最後に王はこの敵との戦で斃れ、それ以後アッカドは全く混乱に陥った。三年間(前二一八九—二一八七年頃)に四人の王がアッカドの王位を襲ったが、そのひとりのエルルは疑いもなくグート人であった。ウルク、ウル、その他南部の都市が野蛮人の掌中に陥った。かれらが祭壇を打ち壊し、神殿を荒らし、全領土に破壊をくりひろげても、住民はそれを防ぐ力をもたなかった。

ナラムシン治下の飢饉のすぐ後につづいたグート人の大破壊は、メソポタミアの経済を完全に崩壊させた。主要貿易ルートの壊滅と農業および灌漑の抛棄で、経済は停滞し、その回復には長い歳月を要した。アッカドでエルルが追放された後、ドド(前二一八六—二一六六年頃)とシュドルル(前二一六五—二一五一年頃)のもとで多少安定が回復された。しかしこのアッカドの都はこのとき全権勢を失い、グート人の最後の攻撃の犠牲となった。グート人の破壊があまりにも徹底していたため、アッカドの遺跡は今日なお所在が分らない。

## 四　シュメール人の復興とウル第三王朝

## ウルとウルクの復活と抗争、ウトヘガルとウルナンム

グート人は最初の攻撃後、国の北部に蟠踞し、緩い全国的同盟体制を布いた。その同盟は加盟国家に大幅な自由を許していたように思われる。二一人のグートの王の治世が、平均わずか五年であることは、王たちが相互に葛藤に耽り、帝国の統治に多くの注意を割く余裕のなかったことを物語っている。

全体として、グート人は手に入れた豊かな土地で生活することに満足していた。かれらは被征服民の言葉を用いたり、昔冒瀆した神殿に献納をするなどして、漸次アッカド人に同化した。南部ではいくつかの都市がほぼ完全に独立した。アッカドの崩壊後、ウルクの一王朝がこの地の重要性を考えてその地域の覇権を主張した。一方、ラガシュではウルババを始祖とし、ほとんどグート人の統制に服さない知事の家系が創められた。結局諸都市は、野蛮人から完全に解放されようと決意した。グートの王チリガンの即位の数週間後、かれが地位を固める余裕のない間隙をねらって、シュメール人がウルクのウトヘガルを戴いて蹶起した(前二一二〇年頃)。チリガンはドブルムの戦で敗れて捕えられた。ウトヘガルは国民的英雄として全シュメール人から歓呼をもって迎えられた。

ウトヘガルの征服領域は明白ではない。かれは「世界の四方の王」という称号を名乗り、その領土は帝国的統治制度を思考させたほど広大であった。かれは統治に当って、アッカドの王たちが開発していた帝国組織を再建しようと企てた。かれはアッカドの王がしたように、自己の官僚をかかえ、それらのウルク市民出身の官僚を地方統治のために派遣した。これらの知事の一人ウルナンムは、ウル

クの統治を委されていた。かれは当初、君主への誓約を忠実に守り、主君の生活のために新宮殿を献げるなどの義務を尽くしていたが、すぐこのような束縛に飽き、自ら帝国を樹立しようと決意した。ここでまた、われわれは資料の欠乏に直面している。ウルクが倒され、ウルナンムが覇者となった経緯はほとんど明らかでない。事実かれの全治世(前二一一三―二〇九六年)は比較的知られていない。かれの戦争での成功は、かれの記念碑に描かれた捕虜の絵から窺い知ることができるが、かれが称号を控え目に「シュメールとアッカドの王」としていることからみて、領土はバビロニアの外には広がらなかったと思われる。ラガシュ撃破はかれの治世中の最大戦果であったらしい。しかし、かれは武力征服ではなく、グート時代に見捨てられていた領土に繁栄を回復した再建と社会政策とで、偉大さを示した。かれは窃盗や反逆を禁じ、貧者を富者の圧迫から保護し、統一的度量衡制度を樹立する法典を発布した。その結果生じた平和と秩序のもとで、運河が開さくされ、農業の改良が行なわれた。ウルナンムはこれら数々の事業のほか、首都のみでなくエリドゥ、ウルク、ニップール、ウンマなどの都市に飽くこともなく神殿を建造しつづけた。この面で、地方の知事たちもかれに追随した。知事たちのなかでもっとも知られているのが、ラガシュの多弁な統治者グデアで、かれは自分の土木事業の設計図や建設をきわめて詳細に書き残している。

### シュルギとウル第三王朝の衰微

ウルナンムの治世は、不詳な一遠征の戦場において終わったらしい。そのあとは子のシュルギ(前二〇九五―二〇四九年)が継いだ。この王は父と同じように飽くことのない建築家であり、神殿再建者であった。また同時にかなりの武将であり、かれの指揮下でウルの領土は非常に拡大された。相つぐ遠征の結果、かれは東方のエラムとアンシャンを征服し、北方ではアッシュールを属州の地位に引き下げた。治世の末年にはティグリス河東側のこの二都市間の地域はかれの手中に帰した。ルルビア人およびその他の山岳民を討った数多くの勝利によって、ウルはこの地域の脅威から解放された。北西で帝国をメソポタミアの域外まで広げようという企てはなされなかった。しかしアッシュールを併合した結果、ウルはアナトリアと北シリアに広がる多数のアッシリア人商業居留地を支配することができた。こうしてウルは、直接的征服よりむしろ影響力を通じて重要貿易路を確保し、さらに東部国境の危険を解消したため、帝国の繁栄と平和の拡大にとって情勢は理想的なものとなった。この帝国支配の体制は、シュルギがアッカド王朝の失敗や逆境から多くの教訓を得たことをよく示している。その結果シュルギは、内乱を萌芽のうちに摘みとってしまう仕組みをもつ、完璧な中央集権的官僚組織を発達させている。地方の知事は完全に王に掌握され、地元との密着を避けるように定期的に都市から都市に異動させられた。知事たちは重要任務として税金の徴収と首都への報告伝達に励んだ。また各州の軍隊はすべて王に直属する駐屯軍司令官の指揮下に置かれた。常設の王室走者隊員によって、あらゆる情報が迅速に送られた。もっとも重要なことは、シュルギがニップールの真南に巨大な倉庫を建設し、そこに国内全都市からの貢納品を集めたことである。それによって、原理上はエンリルの財産であるものが、事実上王の財産と化し、緊急時の支出や官吏の報酬に充当することのできる一種の中央国庫が創出された。王にとって従属都市の反乱はもはや、それに伴う財政の欠乏を意味しなくなった。この制度によってシュルギは、帝国の統一を保持するための、軍隊以上に確実な手段をつくりだしたわけであった。非常に成功した統治に基づいて、かれはナラムシンと同じように、「国家統治の天才」と崇められ、神として祀られた。

シュルギが逝去し、ブルシン（前二〇四八―二〇三九年）が即位してからも、国の繁栄はほとんどゆるがなかった。新王が前王の政策を踏襲しつづけたからである。ただアルベラへの遠征は成功したが、ザグロス山中の部族民との闘争は、後年の非運を予告していた。ブルシンが病で斃れると、シュシン（前二〇三八―二〇三〇年）が継承した。この王もまたティグリス河の東で紛争を起こし、その遠隔の数州でかれの支配権を拒否される運命を迎えた。西部でもまた危機が兆しはじめた。これに備えてユーフラテスの中流に巨大な防壁が築かれた。この要塞を楯にして、ウルのシュシン王は祭祀と行政任務を遂行しつづけたので、その継承者イビシン（前二〇二九―二〇〇五年）には危機に対処する任務が加重された。イビシンはもっぱら王国の危機防止に没頭せねばならなかった。

# II　バビロンの第一次制覇

## 一　遊牧民アモル人の出現

### アモル人の進出とウル第三王朝の終焉

イビシンの即位直後から、ウル帝国の解体が始まった。かれは帝国の統一保持に努めたが、州はつぎつぎと独立を主張した。イビシンの勅令様式文書が、エシュヌンナではその治世の二年目以後見出されない。スーサでは第三年、ラガシュでは第五年、ウンマでは第六年、ニップールでは第七年でそれが断絶している。それ以後の時期は、反乱、瓦解の記録が残るのみである。しかしイビシンが直面したのはこれらの国内紛争のみではなかった。砂漠地域からの侵入が重大な危険と化してきた。事実、これらの遊牧民はその後、かれの崩壊した帝国の断片を支配するいくつかの独立王朝を樹立することとなった。侵入者はセム人で、その分派西部セム族に属し、当初はシリア方向からメソポタミアに侵入してきた。かれらは、昔日の同族とちがって駱駝を保有していなかった。したがって、やむをえず全くの砂漠地域を離れて、文明地域の周辺にまといついて、その羊や山羊の牧草を獲得せねばならなかった。かれらの一部は、古くアッカド王朝期からバビロニアに現われており、アッカド王朝滅亡後、その勢力は急速に拡大してきた。かれらはまずティグリス河東方の平原地域に惹きつけられ、つぎからつぎへと新領域に引き移る部族が加わった。しかし、かれらは東方で山脈地に阻まれた結果、やむなく南方に向かい、ディヤラ河を渡ってウル帝国の領土に進出するようになった。この頃になると、文書はきわめて明白にかれらの名を挙げている。かれらはアモル人であった。

イビシンの治世に危機を巻き起こしたのはこの民族であった。イビシンもかれの先代たちも、アモル人を阻止するために領土の周囲に防壁を築いたが、この「マジノ・ライン構想」は無効であった。この砦の一つで、おそらく東を向いていたところから「山地に向いた砦」と呼ばれたものが、アモル人の攻撃をうけて陥落し、その結果遊牧民たちが国の心臓部になだれこむにいたった。イビシンがイシンとカザッル周辺で穀物を買い入れるために、治世の第六年に登用した官吏のイシュビ・イラは、敵のアモル人が平原に現われた報告に接して畏れおののき、穀物を携えてイシンの城内に退いて、君主に報告を送り、かれにイシンの都と近くのニップールとを防衛する任務を与えるように求めた。かれの希望は容れられ、同時にニップールやさらにウルでも守備が固められた。都市の多くは守られたが、侵入者たちは農村地域を完全に支配して、各都市を相互に孤立させ、もっとも重大なことに各都市への穀物補給を断ってしまった。穀物はすべて敵の手中に落ちた。その結果飢饉と完全な経済的崩壊が訪れた。穀物の価格は通常の六〇倍にはねあがった。神々への供具は大幅に削減された。表面上知事の多くはイビシンに忠誠をつづけたが、ウル帝国は終焉してしまった。それ以降は、かつてのウル帝国の各地で支配権を握った諸侯たちの、争覇戦の時代となった。

## イシンのイシュビ・イラの活動

たとえばイシンでは、イビシンから軍司令官に任命されたイシュビ・イラが風雲に乗じて独立を宣言した。アモル人侵略の五―六年後の前二〇一七年には、かれはすこぶる強勢を誇り、「土地の王」と称し、自ら署名した日付入りの文書を公布している。かれの前歴は穀類商で、それ以外では、かれがユーフラテス中流にあるウル帝国の領土マリの出身で、その地域で特別尊崇されたダゴンの神を携えてきたことが知られているだけである。マリでのかれの一族の地位や種族関係は全く知られない。マリはその後アモル人の王朝によって支配されたが、よく想定されているようにイシュビ・イラがアモル人であるという証拠はほとんどみられない。ウル第三王朝の治世では、マリはほとんど西部セム人の血統の形跡をもたないアッカド人の都市であった。イシュビ・イラは首都イシンに移る前、おそらくここで下級の官吏として人生の第一歩を踏み出したのであり、後イシンに軍司令官として派遣され、最後に王位に就くにいたった。軍司令官の地位につくとともに、イシュビ・イラは急速に権力を増大した。

イビシンはイシンをイシュビ・イラに与えるとともに、この地域の主神域であるニップールの防衛をかれに託した。これを足掛りにイシュビ・イラは勢力を拡張しはじめた。イシンの都は堅固な砦で堅められ、アモル人はその占領した国境の要塞から駆逐された。かれはまた依然ウルに忠誠を保つカザッルの知事プズルヌムシュダをはじめとする地方の知事たちに忠誠を要求した。ついで前二〇〇六年頃別の敵が出現した。ウルの崩壊の結果独立したペルシア高地のエラム人が、同盟者のスバルトゥ人とともに渓谷に殺到してきた。それまでにイシュビ・イラは十分防衛力を固めており、治世の一二―一三年にエラム人から順当な勝利を挙げている。しかし、いまや衰微の極にあったウルは、やすやすと山地種族の餌食となった。前二〇〇五年にウルの都は攻略され、ニンガルの神殿は破壊され、イビシン王は捕虜となって連れ去られた。

エラム人が捕虜と戦利品を携えて郷土に引き揚げたとき、かれらはウルに駐屯軍を残した。しかし、エラム人の武力は平原の征服地を保持できるほど強力ではなかった。そしてイシンの公文の記されたウル出土の二枚の泥章によると、一年足らずでイシュビ・イラがかれの旧主の都に或程度の支配権を持つにいたったことが知られる。そして、エラムの駐屯軍はようやく数年後、最終的に降伏している。

このようにしてイシュビ・イラは南バビロニアの支配者となった。かれのその後の支配(前二〇一七―一九八五年)についてはほとんど知られていない。かれの継承者のシュイルイシュ(前一九八四―一九七五年)とイディンダガン(前一九七四―一九五四年)は比較的平和な時代を送って、イシュビ・イラの事業を守成し、征服よりは建築と宗教問題に専念していたと思われる。しかし、イディンダガンはデール(現在のイラクとイランの国境沿いのバドラ)の征服に手をつけねばならなかった。それはかれが息子のイシュメダガンをその知事に任じていることから察せられる。一方、かれの勢力は両河の間で北方に少なくともほぼシッパルまで伸びていた。イシュメダガンがイシンの王位に即いた後、かれが南北バビロニアのほとんど全部――かれが城壁を築いたデール、かれの支配権を認めたニップール、ウル、エリドゥ、ウルクなど――を支配していたことが明らかであるが、かれは一回だけキシュの中かその周辺かで撃破され、敗北を喫している。この敗北の記憶が、マリの占星文のなかに記録されているのは、イシュビ・イラが郷土との関係をなお保っていたことを示して興味深い。

実際にイシンの支配権を打倒した侵入者の一団が到来したのは北方からであった。同様にウル第三王朝の崩壊後独立を達成したティグリス河上流のアッシュールの国は、いまや北方貿易ルートの支配権を得ようと企てたが、イシュメダガンがイラン山地の麓にある貿易路の重要地点デールを領有して、この企てを失敗させた。そこでアッシリア王イルシュマは、アッカドをイシンの支配から解放するという名分を掲げて、ティグリス河東岸を南下しながら、その地域の無法な遊牧民の族長たちの協力を得て川の間の地域に進出した。ウルク、ウンマ、その他の諸都市は攻撃を受け、ニップールは破壊され、おそらく遙か南方のウルさえもが、侵略者によって打ち倒された。しかし、イシン自身は生きのび、アッシリア人が引き揚げたのち、イシュメダガンは秩序を回復することに成功している。建築活動と並んで、大部分聖都ニップールの住民に与えられた特権と関連した社会改革が遂行された。こうした改革政策が、イシンではイシュメダガンの後継者リピトイシュタル(前一九三四―一九二四年)の発布した法律で最高潮に達している。この法典はシュメール語で書かれ、ある点では後世のバビロンのハムラビ法典といちじるしい類似点をもっている。これらの法典の詳細については後の章で述べたい。

### アモル人のラルサ支配とイシンの衰退

イシンのリピトイシュタルの治世で目につくのは、南部でのもう一つの勢力の抬頭である。ウルのイビシンの治世初頭に起こった動乱の間に、ナプラヌムと呼ばれたアモル人の一族長が、おそらくユーフラテス河南方の砂漠から苦心の末メソポタミアに進出してき、自らラルサの支配者の地位についた(前二〇二五年頃)。ラルサはペルシア湾頭の沼沢地に位置していたが、新興勢力のイシンから独立を保つのがようやくであった。一方さらにユーフラテス河西方の乾地にあるイシンからみて遙かに遠いウルなどの諸都市が、急速にイシンの支配下に落ちつつあった。

ナプラヌム(前二〇二五―二〇〇五年)、その後継者のエミスム(前二〇〇四―一九七七年)、サミウム(前一九七六―一九四二年)、ザバヤ(前一九四一―一九三三年)の治世内容はほとんど知られていない。しかし、グングヌム(前一九三二―一九〇六年)の治世でラルサの運命は上昇しはじめた。グングヌムの武力は、かれが治世の初期にイラン高地への遠征で挙げた二回の勝利によって示された。その後かれは、両河平原地での発展に専念した。この政策はイシンからウルを攻略したとき最高潮に達した。当時、両市はたしかに公然と闘争していた。二年後にイシンで起こった王朝の交替は、ラルサの相継ぐ成功と結びつけられるようである。しかし、もしこれが真実なら、グングヌムがリピトイシュタルの娘エンニンスンジをウルのナンナ神の女祭司長に任じ、イシンのイシュメダガンの娘で前女祭司長のエンアンナトマを〝グングヌムの生活のために〟神殿に献上したのは驚くべきことであった。これは両都市の間の友好関係が進められていたことを示すように思われる。そしてリピトイシュタルがイシンで王座を失ったとき、かれとその一家は保護を求めてラルサに遁れたと推測される。

しかし、イシンで王位を得たウルニヌルタ(前一九二三―一八九六年)は、先の国王一族の血縁ではなかったが、かれが実際にリピトイシュタルの地位を奪ったという証拠はない。いずれにせよラルサのグングヌムはウルの滅亡後、イシンがもっていた〝アッカドとシュメールの王〟の名を僭称し、その地域の支配権を握った。ウルを支配することによって、ラルサはティルムーン（現代のバーレン）やその他のペルシア湾岸の土地との貿易を支配するにいたった。またおそらく、ティグリス河沿いでディヤラ河南方の国マルグムを撃破して、ティグリス河東側のディヤラ地域と外交関係を開いた。

国内では、神殿防護と運河建設の政策が活発につづけられた。この政策は、グングヌムの後継者アブイサレ（前一九〇五―一八九五年頃）によっても受け継がれた。アブイサレはとくに国の繁栄の基礎である運河の掘削・補修に専念した。

一方、イシンのウルニヌルタの長期ながら不明確な治世中の目ぼしい進展は、小規模な国内改革と、ラルサに敗北を喫したことだけであった。ラルサに敗れたのは、おそらくウルの支配権回復を企てた結果であった。敗北にもめげず、ウルニヌルタは自ら〝シュメールとアッカドの王〟と称しつづけたが、その虚名は実際と全然合致しなかった。前一八九六年のかれの死は弑虐であったと思われるが、詳細は知られていない。

スムエル（前一八九四―一八六六年）は、アブイサレを継いでラルサの王位に即くと、グングヌムが始めた拡張政策を継続した。かれは三年目に軍を率いて北バビロニアへ遠征し、カザッルを撃破し、同地域のどこかの小都市アクスムを攻略した。かれは四年後ピナラティムを攻略し、その後の地方遠征でキシュを撃破した（前一八八五年頃）。ウルの滅亡以降におけるこれら北部都市の歴史はほとんど知られていない。イシンのイシュメダガンがキシュに敗北したことについてはすでに述べたが、キシュの無名の王アシュドニアリムは、名称不明の敵、おそらくイシンと、八年間にわたって闘争を続けた記録を残しており、かれは最後に敵を撃破した。キシュのもうひとりの王ハリウムは、かれの治世中の一年を、〝ウルニヌルタが殺された年〟と名づけている。もしこのウルニヌルタがイシンの王であるならば、おそらくキシュはこのとき（前一八九六年）、なんらかの形でイシンに隷属していたのであろう。したがって前一八八五年にラルサのスムエルがキシュの軍勢を撃ち破ったとき、かれがキシュの都を競争相手のイシンの王朝から奪取したものと考えられる。しかしその間に、北バビロニアでは新しい権勢が力をふるいはじめていた。その権力は、今日までバビロンと呼ばれる宗教中心地兼首都から、わずか二、三マイル離れたキシュの支配権を、前一八九二年に奪取した。

## 二　バビロンの勃興

### バビロンの起源と環境

バビロンの起源は分明でない。おそらくシュメール人が初めて建設したもので、都名はシュメール語の名称 KA. D. INGIR. RA つまり〝神の門〟を、ここととはじめて交渉をもったセム人が言葉通り bab-ili と翻訳したのに始まった。この言葉が聖書のバベルという呼称を生みだした。その後、この都は bab-ilani 〝神々の門〟と呼ばれ、それがギリシア人によって *Βαβυλών* と綴られ、それから英語のバビロンが生まれた。

アッカドの王サルゴンがこの町を撃ち破ったとき、かれは自国の首都がこの神聖さのお裾分けに与かるようにと、そこの土を少し持ち帰ったと、バビロニアでは伝えている。アッカド王朝末期のシャルカリシャッリがバビロンの神殿の基礎を築き、ウル第三王朝の諸王はここに知事を駐在させた。同じ時代からマルドゥクの神殿エサギラの記述が見えている。

バビロンの最初の支配者は、マルドゥク神の最高祭司であったと思われる。それゆえ、もしこのアモル人の首長スムアブムが前一八九四年に即位して、この都に王朝を創始しなかったなら、この都はただの一巡礼都市として終わったであろう。スムアブムの素性については全く知られていない。かれは、スーサの記録にあるスムアブムか、あるいはデール派遣に因んでエシュヌンナの王の治世の或る年にその名を残しているスムアブムと関係があるとも、ないともいわれている。かれは最初他の王の部下として行動していた者なのか、砂漠から出現してバビロンを攻略征服した者なのかもたしかでない。しかし、かれは支配権を握ったとき、バビロンがメソポタミア全土の支配権を握る都市として理想的な位置を占めているという、自己の発展に有利な情勢を判別する、深い洞察力をもっていたにちがいない。

このときまで、バビロニアの支配力の中心は都市から都市へ移動しつづけていた。それがはじめてバビロンに移行し、かつここに長く定着するようになったことは驚くべきことといえる。しかし、この地域の地図を眺めれば、それはなんら不思議ではなく、この都市が商業中心地ならびに防衛中心地として、このうえもない好適地であることが理解される。バビロンは地域の北寄りにあり、支配中心地として理想的とは思われないが、その位置がもたらす数々の利点によって、激しい政治・経済の浮沈を乗りこえて高い地位を占めつづけることができた。事実、ここは地域全体の首都にふさわしい。ほとんどすべての後世の首都——セレウキア、クテシフォン、バグダード——がこの近隣に建設されている。唯一の相違は、他の都市がユーフラテス河沿いから、より深くて、航行しやすいティグリス河寄りへ移動したことであった。この移動は、後世海上の交通がより重要となったことと、メソポタミアをペルシア帝国が合併して、東部からの攻撃の危険をすべてとりのぞいたことの、必然的な結果であった。しかし、この当時は東方からエラム人が絶えずバビロニアを脅かしていたし、一方西南のアラビア砂漠の野蛮人の攻撃にさらさないためには、首都をユーフラテスの反対側に遠ざけることが重要であった。

バビロンを強大にしたものは、単に防衛的観点だけではない。都市の繁栄は戦争に劣らず貿易にかかっている。貿易ルートの中心としてのバビロンの位置は無比といってよい。バビロンは、メソポタミアの平原が二つの河に挟まれて四〇マイル弱にせばめられた狭隘地帯に位置して、これら両河を通じる貿易と結ばれるとともに、南方の肥沃な平原に接近できる距離内にあった。ティグリス河ルートはアッシリアを経て北に通じ、山地を越えてアナトリアと黒海へ出ている。一方ユーフラテス路はまた、シリアと地中海海岸への天然の道であった。この道はそこから「キリキアの門（山峡）」を通ってアナトリア高原とその西方に通じ、シリアとパレスチナを経てエジプトまで伸びていた。バビロンはもうひとつの大ルート、「ザグロスの門（山峡）」を通ってイラン高地から下がってくるものをも制圧していた。しかし、最後の路線がエラムによって脅かされる結果、バビロンが北方と西方路に活動を集中したのはやむを得なかった。

このようにバビロンは、メソポタミア世界のほとんど全貿易を利用することができた。バビロンの王たちはその支配権を樹立する前に、シリアおよびアナトリアと取引をしていた証拠がある。また王たちが繁栄を持続したのは、この古くからの貿易関係を継続したことに拠っていた。

### スムアブムとスムラエルの功業

これが、スムアブムがその独立を宣言し、城壁を建設して、都を守ろうとしたときの情勢である。領土拡張は急速に進んだ。かれは首都の周辺に城塞を築き、三年目にキシュをその手中に収めた。その後ラルサのスムエルは前一八八五年にキシュの軍隊を撃ち破ったが、これとてもバビロンの発展を阻むことはできなかった。このとき、スムアブムはすでに南方三〇マイルのディルバトの堅城を陥れていた。そして前一八八三年にかれはキシュをもう一度征服していた。同じ年、かれはカザッルを破ったが、ラルサが反撃し、スムエルは前一八七四年にカザッルへの勝利を記録している。こうしてバビロンの南方拡大はラルサの権力によって一時阻まれた。バビロンのスムラエル（前一八八〇—一八四五年頃）の治世の多くは、その地位の強化と、進攻の準備に傾けられた。城郭と防壁が建造され、都の天然資源を増大するために新しい運河が掘られた。またこの間スムラエルは南方で領土獲得を重ねた。前一八六八年頃までには、かれは衰微したイシンの王朝からニップールを奪った。おそらくかれはこの聖地を支配した結果、自らを神として祀らせ、治世の残りを、娘をウルのナンナの祭司に任じたように、宗教問題に没頭して過ごした。

バビロンのスムラエルは北部の諸国との間に紛争をかかえていた。臣下であるヤウィウム王の治めるキシュが終始不安の種を蒔いていたので、二度占領し、破壊した。カザッルではヤフジレルと呼ばれるもうひとりのアモル人の首長が独立して、君主を称したが、前一八六四年に追放された。その二年後の紛争で、カザッルの都は破壊され、ヤフジレルは脱出して刑を免れたが、前一八五七年再び撃ち破られた。北方では、さらに多くの擾乱があり、都の東北約三〇マイルのグドアと隷属国シッパルとが要塞化された(前一八五五年)。

しかし、それまでに南部の運命は変化していた。キシュの南三〇マイルのマラドは、前一八六二年までにスムラエルの手中に陥った。かれはこの方面は十分に安全と考えて、ニップールの近隣に一連の要塞を建造した。スムエルの後継者ヌルアダド(前一八六五—一八五〇年頃)の治世にラルサが大災害に見舞われた。そのときユーフラテス河およびおそらくティグリス河も氾濫し、ラルサの領土の過半を破壊し、新しい川筋をつくりだした。ヌルアダドの治世の大半は、人々を復帰させ、財産を再建するのに当てられた。そしてこの政策は嗣子のシンイディンナム(前一八四九—一八四三年頃)の治世の初期までつづいた。ティグリスの河筋は再び浚渫され、ウルとエリドゥは修復された。

## 三　諸都市の闘争

### イシンの変遷とラルサ

この間にイシンの運命はわずかながら回復した。ウルニヌルタの死（前一八九六年）後、嗣子ブルシン（前一八九五―一八七四年）は、ニップール、ウル、エリドゥ、ウルクを自分の領土と称していたが、それらのうちで確実にかれの手中に握られていたのはニップールだけであった。しかし、かれはウルを攻略して、それを数ヵ月守ることに成功した。かれの嗣子のリピトエンリル（前一八七三―一八六九年）は、なんら目ぼしい事績を挙げなかった。そして、おそらくかれの治世にニップールがラルサのスムエルに奪われた。

しかし、イシンのイライミティ（前一八六八―一八六一年）は、改革政策に手をつけ、領土の拡張さえなしとげた。かれはイシンの近隣のキスッラやその他の国々を撃破し、ニップールを奪回して、修復した。しかし、イシンの国力はバビロンのスムラエルが聖地のすぐ近くの陣地を要塞化するのを阻むほど強力ではなかった。したがって後の伝説によると、イライミティは嗣子をもたなかったので、庭園師エンリルバニをかれの後継者に指名した。エンリルバニ（前一八六〇―一八三七年）は、六ヵ月の動乱ののち、支配権を確立するのに成功したが、かれの治世が進むにつれて、その勢力はしだいに衰微を加えた。

ラルサのシンイディンナム（前一八四九―一八四三年）がニップールを奪回してから、イシンのエンリルバニの王権は再び都のごく周辺に縮小した。そしてイシンも一時はラルサの支配下におかれたと思われる。シンイディンナムはニップールを征服したとき、すぐ北隣のバビロニアの軍隊と対峙するにいたったが、つづいての戦闘で勝利を収めた。シンイディンナムは北部の領土を安定させた結果東方に転じ、ティグリス河下流東方のイブラトを併合し、つづいてエシュヌンナに向けて進撃した。ここでラルサはもう一度完全な勝利を収め、エシュヌンナを破壊した。ディヤラ河の北で、下ザブ河方面にある諸小国は、シンイディンナムの権威を認めた。こうしてシンイディンナムは一時バビロンを中立化し、かれの影響力をユーフラテス中流のラピクムに広げることができた。しかし、東部には擾乱が萌し、七年目にシンイディンナムは危険の予期される地域に備えて、マシュカンシャブラの大城壁を建てなければならなかった。そして、かれは自分の征服が崩壊するのを見る前に生涯を終えた。かれがシアマシュの神殿に入ろうとしたとき一枚の石がかれの頭上に落下し、かれの支配は突如終焉したからであった。

シンエリバム（前一八四二—一八四一年）、シンイキシャム（前一八四〇—一八三六年）、シリアダト（前一八三五年）らが、短期間ラルサの支配を継承した。イシンではエンリルバニのあとをザンビア（前一八三六—一八三四年）が継いだ。東方で起こった混乱は終わりかけていた。シンイキシャムはピナラティムとナサルムを捕虜とし、イシンのザンビアとエラムの支配者に勝利を収めたと記録しているが、これらはかれが主張したより遙かに防禦的なものであった。かれは勝利を宣言するとともに、厳重に首都の防備を更新した。同じ頃ニップールはイシンに奪われ、このときを手はじめに聖都ニップールは、二四年間に一八回以上も支配者が入れ替わる悲惨な時代に移行した。

この間にザンビア（前一八三六—一八三四年）、イテルピシャ（前一八三三—一八三一年）、ウルドクガ（前一八三〇—一八二八年）、シンマギル（前一八二七—一八一七年）らの治下のイシンは、ニップールを奪取するくらいの力はもったが、それを守りきるほど強力ではなかった。一方ラルサは絶えまなく事件に悩まされていた。シンイキシャムは東からの危険に注意を奪われ、かれは他の方面の問題に時間をさくことも、対策をたてることもできなかった。おそらくシンイディンナムがバビロンから奪取していたカザッル地方は反撃の機会を待っていた。そしてシンイキシャムの死(前一八三六年)の直後、ラルサを急襲奪取した。シンイキシャムの後継者シリアダドは、わずか二、三ヵ月支配した後、カザッルの臣下となり、もはや王と称しえず、明らかに都市の単なる知事に転落した。シリアダドのときにこの地の王朝は終わった。

## ラルサとヤムトバルのクドルマブク

カザッルの支配は短かかった。ラルサの工は東方からの危険を阻もうとしたが、その重圧は時とともに増大し、カザッルはそれを阻止する術をもたなかった。そのうえラルサにおけるカザッルの軍隊の横暴、とくに都市の神殿にたいするかれらの冒瀆はひどい憤懣をひきおこしていたので、都の前面に進出した東方軍の指揮者クドルマブクは、征服者というよりむしろ解放者として都に入城することができた。

クドルマブクとかれの父シムティシルハクの名は、ともにエラム語であった。かれの攻撃はエラム人のバビロニアへの周期的侵入の一つと考えられる。しかしクドルマブクは、当時大部分アモル人の支配下にあったディヤラ河の南、ティグリス河の東岸の地域にある国、ヤムトバルの君主であった。かれの称号 udda「父」は、アモル語の adda と同義語と思われる。そして、もしかれが純粋のエラム人であれば、かれが息子のワラドシン、リムシンに純アッカド風の名を付けたのはおかしい。アモル人の首長であるクドルマブク一族の一員が、古くエラム人に仕え、この結果、その一族の幾人かがエラム人の名前を与えられていた、というのがいっそう真相に近いと思われる。事実、クドルマブクがバビロニアを攻撃したのは、エラム人の命令によってであったかもしれない。しかし、かれは一度ラルサを征服すると、エラム人の支配を離れた独立王朝を打ち建て、息子ワラドシン（前一八三四―一八二三年）をラルサの王位に即かせた。

新王ワラドシンの最初の行動はカザッルの討伐であった。カザッルの都は破壊され、その支配者は捕えられ、ラルサで死刑に処された。この活躍につづいて、ワラドシンはバビロンの王でスムラエルの嗣子サビウム（前一八四四―一八三一年）の支援をうけたようにみえる。この支援は当時バビロンの王が乗り出した実際唯一の軍事的冒険であった。というのは、サビウムと、そのつぎにバビロンの王位に即いたアピルシン（前一八三〇―一八一三年）とは、征服より統一に強く関心を寄せ、運河の開さくと城郭や神殿の建造に没頭していた。サビウムの治世の最大の事績は、バビロンにマルドゥクの神殿エサギラを建立したことであった。一方、アピルシンは都の城壁を強化し、領内の重要地点に城郭を築いた。

このバビロンの行動は、北バビロニアに限られていた。そこでラルサは自由に南方に領土を拡大することができた。ニップールは奪回され、大規模な建築計画がウルとラルサで着手された。シンイディンナムの治下でラルサに従属していたマシュカンシャブラは奪回され、カルシャマシュと呼ばれた砦がバビロンから奪取された。これらの軍事行動がワラドシンではなく、クドルマブクによってなされたというのはおかしい。事実ヤムトバルのアッダが、息子の宮殿でどのような地位にあったかを示す証拠は何も残っていない。暦年と誓約はすべてワラドシンの名前でなされている。しかしクドルマブクが行なった建築活動の詳しい記録があり、またビール支給の記録さえ残っている。おそらくかれは夏を半遊牧民の家臣にかこまれてヤムトバルで費やし、冬の間だけ平穏なラルサに引き揚げてそこで過ごしたのであろう。

### ラルサのリムシンの活動

ワラドシンは一二年間支配して没した。かれの弟リムシンはまだ非常に若かった。リムシンが国家統治を認められるまでの数ヵ月間、クドルマブクが自らラルサの王位を占めていたように思われる。こうしてラルサの最終的没落に先立つ六〇年間の高い繁栄の治世（前一八二二―一七六三年）が始まった。中南バビロニア全域は強力なうえ、あらゆる面で開明的な支配のもとで徐々に統一された。リムシンは国家にとってきわめて重要な河と運河の工事にとくに専念し、治世中終始新しい水路の開さくと古い水路の浚渫を祝っている。かれはラルサだけでなく、ウルやその他の宗教中心地でも、その時代の偉大な寺院建築者のひとりに挙げられている。事実、リムシンはその年代記から判断すると、治世の初期の大部分を建築活動で費やしていた。かれが海港を支配したので、ラルサの貿易は栄え、ペルシア湾やさらに遠くの島から出る銅、象牙、宝石などの豊かな資源を開発できた。その結果、商人は富裕となり、好調に発展し、個人の所有財産は非常に増大した。シュメール時代伝来の、政府と僧侶の統制する古い経済組織は、急速に衰退したようにみえる。

リムシンは国内の繁栄を確保するとともに、領土の拡張にも絶えず力を傾けた。かれの初期の遠征についての詳細はなんら知られていない。しかしデール路沿いのザルビルム、イシンの東北のアダブ、イシンとバビロン間のマシュカンシャブラ、エンニギ、などで建築活動が記録されている。イシンとのニップール争奪戦はまだつづいていた。リムシンは三度ニップールの統治権を得て、三度それを失った。かれの増大する勢力に、他の諸都市は脅えはじめた。前一八六九年にイシン、バビロン、ウルク、ラピクム、スチアン人らが連合を結び、ウルクの王イルダメメを指揮者として、かれに対抗した。思いがけなく反ラルサ運動の先頭に立たされたウルクは、四〇年前からイシンの王によって支配されていたのち、おそらく中ユーフラテス地域出身の侵入者シンカシドの治下で自由を回復していた。ウルクに王宮といくつかの神殿を建立したシンカシドのあとは、一時ラルサの宗主権を認めたシンエリバムが継ぎ、ついでシンガミル、イルダメメがそのあとを継いでいた。しかし、バビロニア諸国家の指導権をかち得ようとするウルクの企ては成功しなかった。連合軍はラルサによって手ひどく撃破された。

その翌年ラルサのリムシンはこの勝利に乗じて、ピナラティムやナサルムを占領した。領土拡大は前一八〇三年イラン高地の麓の小丘に立つデールを破壊するまでつづいた。同年イシンの西約二〇マイルのキスッラを征服した。イシンの争奪戦と、それに伴う南バビロニアの争奪戦は絶頂に達した。同時にアピルシンの治下では争いを避け、その資産を守っていたバビロンが、もう一度シンムバッ

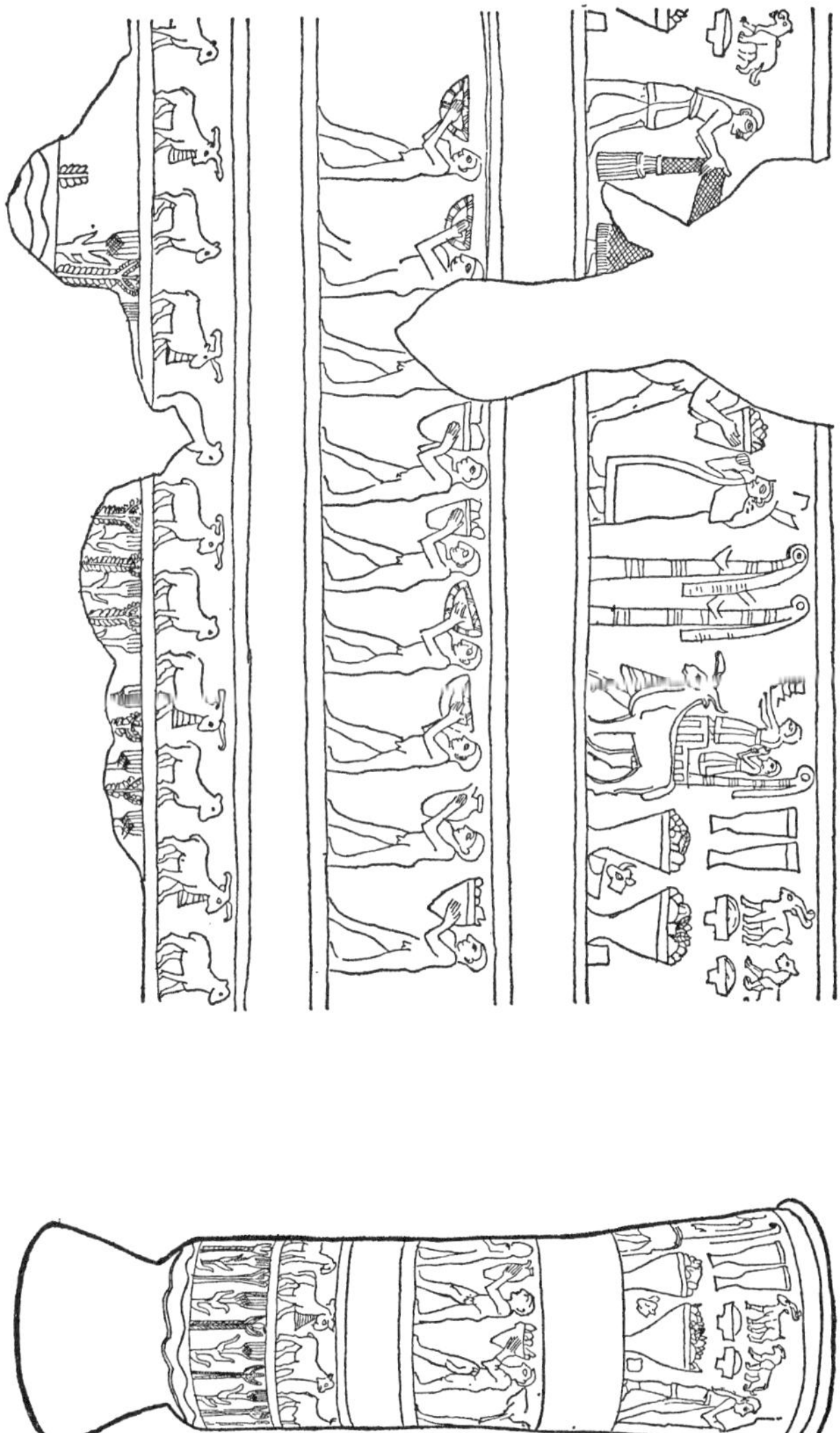

図２　ウルク出土の雪花石膏の花瓶

リト（前一八二二―一七九三年）の治下で、その覇権を主張しようとした。シンムバッリトがかれの治世の初期にウルクやその他の都市と結んだ連合は完全な失敗に終わった。しかしリムシンの東方遠征中の不在を利用して、シンムバッリトはバビロンとイシンの間にある小市エンニギを攻略し、これを要塞化した。このことは、ラルサに少しも影響を与えなかった。というのは、前一八〇二年にリムシンは、イランシェメアの息子アナムの治世に一時復活したウルクをもう一度攻撃し始めたからである。ウルクの都はこのときラルサの属領となった。このときにまたリムシンはニップールの恒久的支配権を握った。しかし、リムシンの南部を完全に支配する事業の進展は、シンムバッリトが介入し、前一七九九年にリムシンを撃破したので、一時阻止された。しかし、これもただ一時の中休みにすぎず、つぎの年イシンはリムシンの軍隊の手に落ちている。

独立末期のイシンを支配したダミクイリシュ（前一八一六―一七九四年）は、迫り来る危険を予知したとき、慎重に都の要塞を改修した。しかし、その防備はリムシンの武力の前にほとんど役にたたなかった。防備はまた二年後、シンムバッリトが北方から襲撃し、リムシンの軍隊からイシンを奪取したときにも、同様に無力であった。不平満々のラルサの王リムシンは、この年運河組織に加えた工事の名を年の称呼とし、この工事を記録するにとどめ、翌年は東部国境の擾乱の討伐にかかりきりであったが、前一七九四年にはイシンに向けて強力な攻撃を開始した。その都に駐屯したバビロン軍は、辛うじて攻撃を防ぎきったが、イシンの支配下にあった最大都市ドヌムは、ラルサの手に陥った。翌年（前一七九三年）、もう一度攻撃をうけたとき、シンムバッリトはリムシン軍を撃ち破ったと主張しえたが、イシンが競争相手の手に落ちるのを防ぐことはできなかった。

リムシンはイシンの攻略をすこぶる重視して、かれの残り三〇年間の治世を讃えた年表にこれを記載している。このときリムシンはイシンを最終的に獲得し、掛値なく〝シュメールとアッカドの王〟、つまりウル王朝の真の後継者、地上の生き神と自称することができた。かれは敵を撃ち破り、国を統一し、繁栄させた結果、その支配をかためる社会改革に手をつけることができた。商人階級の繁栄と増大する土地と家屋へのかれらの投機などを、リムシンは自らの権威を脅かすもの、さらに偉大な祖先、つまりウルの王たちの示したシュメール人の習慣に背反するものとみなした。さらに重要なことに――というのはリムシンは実践的な男であったから――かれの軍隊は長期間よく戦ってきたが、まだ戦いを残していたので、かれらに報酬を与え、同時に国庫からでなく市民の費用でかれらの将来の忠誠を購なう、賢明かつ経済的な政策をとる必要があった。リムシンは、財産を国有化したり、個人の財産を没収したりはしなかったが、家や土地の購入を制限した。そのため富裕な商人階級が急速に消滅した。リムシンの治世の後半以後の業務記録は、ほとんど宮廷の取引きに関するものであり、官僚政治の枢軸である文官と文書が、それに比例して増大していた。

### エシュヌンナの活躍

ラルサ王朝の崩壊を述べる前に、しばらく従来ウル帝国に含まれていた他の部分の状況を眺めてみる必要があろう。この帝国の南部はリムシンの手中にあり、北部はバビロンが支配していた。ウルの王が支配していたティグリス、ユーフラテスのさらに上流の領土は、イビシンの治世の初期に失われていた。たとえばディヤラ地方のエシュヌンナでは、イビシンの第二年以後ウルの年号は消滅している。ここではウル王朝治下のエシュヌンナの知事であったイトリアと、かれの息子イルシュイリアとが反乱を起こし、イルシュイリアはその地の最初の独立の王となり、〝四方八方の王〟の称号を唱えて、ウルの後継者と自任したことを示していた。

エシュヌンナ国の威力はまた、直ちに始まった北方への領土拡張でも示された。イルシュイリアの後継者ヌルアフムは、ユーフラテスからティグリスの東側にわたる北メソポタミアの一般的名称であるスバルトゥとの戦争に成功しており、かれを継いだキリキリは、同じ地域に作戦を行なった。キリキリの息子ビララマは非常に強力で、エラム（かれの娘はスーサの知事に嫁した）のみでなく、デールやシュイルイシュ（前一九八四—一九七五年）治下のイシンとさえ同じように友好関係を保った。ビララマは領土拡張に遊牧民のアモル種族の助けを求めるという斬新な方法をとり、近隣諸都市を攻略、略奪して領土に加えた。アモル人が驕慢となったときはときおり懲罰を加えねばならなかったが、全体としてこの組織は非常によく働いたように思われる。

エシュヌンナのビララマの後継者イシャルアマシュの治世は、宮殿の崩壊をもって終わっている。これはウルの滅びたとき独立をかちとったデールの国王、アンヌムタビルの活躍の結果であった。アンヌムタビルはちょうどかれがエラムとその同盟者を撃ち破ったイラン山地への遠征を終えたばかりのときであり、いまや平原でエラム人の支援者に変わっていた。エシュヌンナは焼き払われ、この都でアンヌムタビルの使節をしていたウスルアワスがその王位に即けられた。すぐのちデールはイシン市のイディンダガン（前一九七四—一九五四年）によって独立を奪われ、その結果エシュヌンナが勢力を回復しはじめた。エシュヌンナのつぎの王ノズズムはラルサのググヌム（前一九三二—一九〇六年）と友好関係を保った。またウルニンマル、ウルニンギジッダ、イビクアダドの治下で、宮殿は改築され、拡大された。アブディエラの治世に、突然エシュヌンナが没落したことは、キシュへの遠征の大敗によるものであり、この敗北のさい王は捕虜となり、ディヤラ河口の地域を失うことになった。そこのトトブ（現在のカファジェ）に独立王朝が創設された。この間、エシュヌンナはシクラヌムとシャリアの治下で衰微をつづけたが、シャリアの息子ベラクムと次代のワラサのもとで、徐々に復興した。トトブや自由をかちとっていた以前の属国が再び征服された。そしてラルサのシンイディンナムがこの都市を攻撃した（前一八四四年）結果蒙った挫折にもかかわらず、イバルピエル一世の治下で領土を拡大しつづけた。都の城壁は補修され、宮殿は再建された。イバルピエル一世を継いだイビクアダド二世は、自ら〝エシュヌンナを拡大する者〟と称し、驕慢にも自らを神として祀らせた。

このとき、南の諸王朝はかれら自身の問題とラルサのクドルマブクの脅威にとらわれすぎていたので、遠くのエシュヌンナに心を向けなかった。さらに北方のバビロンは、サビウム（前一八四四—一八三一年）とアピルシン（前一八三〇—一八一三年）の治下にあり、外国征服よりむしろ国内の強化に専念していた。この結果エシュヌンナのイビクアダド二世は中ユーフラテスを横断して出撃し、以前ラルサのシンイディンナムに支配されていた町ラピクムを攻略することに成功した。この征服によって、かれはユーフラテスからシリアとアナトリアへ伸びる貿易ルートに足場をもつことができた。つぎの王のナラムシンは一方でシッパル、他方でアッシュールを攻略して、領土をさらに拡張することができた。しかし、これらの征服は長くは続かなかった。二、三年でラピクムはその独立を回復し、バビロンはシッパルを奪還し、アッシュールは新王朝のもとで北メソポタミア全土を支配するほど隆盛となった。エシュヌンナの王位をひき継いだナラムシンの弟ダドシアは、北方に遠征して、ラピクムを支配した新王族と婚姻関係を結ぶことで国の独立を維持しようとしたが、かれの死の直後の前一七八五年頃、後継者イバルピエル二世はアッシュールの支配下にたたされた。

### マリの興亡

アッシュールの拡大した支配力は、ウルの旧領土と中部ユーフラテスの一州マリにまで及んだ。このマリはペルシア湾から地中海に通じる古いルート上に位置して、長年重要な貿易都市をなしており、短期間ながらバビロニアの最強都市であったこともある。

マリは古くアッカド帝国に含まれていた。その後ウルの諸王に従属し、その知事によって支配されていた。マリはイシンで王位に即くまでに抬頭したイシュビ・イラの活動を始めた都市である。ウル王朝が崩壊して暫くのち、強力なアモル族の一団が移動してきて、独立の王朝を打ち建て、その諸王は間もなくその影響力を西メソポタミアと北シリアに広げていた。多少とも名の知られた最初の王ヤギドリムは、バビロンのサビウム（前一八四四—一八三一年）と同時代に活動していた。かれの治世で知られていることは、かれが隣国のひとつと戦った事実である。どこか、おそらくカブル河上流の王国のアモル人の支配者イラカブカブは、ヤギドリムが両者間の誓いを破ったと主張し、これへの抗議のためヤギドリムの都を破壊し　その息子ヤフドンリムを捕えた。

しかし、イラカブカブの王国は、反対にエシュヌンナのナラムシンとアッシュールによって打ち倒された。そして一方、ヤフドンリムがマリの王位を回復したとき、イラカブカブの息子シャムシアダドは追放され、自力再起の責務を担わされた。かれはバビロニアのどこかで強力な家臣群を集め、ティグリス河を遡ってアッシュールへ進み、ディヤラ河と下ザブ河間の要衝エカッラテを攻略することに成功した。当時エリシュム二世がアッシュールを支配していたが、その支配は短くて終った。というのは、シャムシアダドはエカッラテで三年間休止したのち、進軍してアッシュールを奪取し、自らアッシュールの王位に即いたからである。

**アッシリアの活動**

シャムシアダドの治下でアッシュールは北メソポタミアを支配する地位に躍進した。それまでのアッシリア地方の歴史は、政治性の乏しい商業的繁栄の歴史であった。アッカド王朝期以前の王については、王名以外はほとんど知られていない。アッシュールはアッカドのサルゴン、ついでウル王朝に従属するという、この地方共通の形態をとり続けていた。

この都は、その独立を得たのち、貿易網の中心として広く影響力を揮い、ティグリス河上流から遠く離れた所に、商人の居留地――もっとも著名なのは現在のカイゼリ（中部トルコの―訳者）に近いカネシュにあった――を建設した。この商業市はおそらくエリシュム一世の治世に築かれたものであろう。イルシュマの息子の、エリシュム一世がイシンのイシュメダガンを攻撃することによって、デールとイラン高原を通る貿易ルートを確保しようとしたことは前に述べた。これらの商業的冒険の結果、アッシュールはイクヌおよびサルゴン一世の治世を通じて繁栄を続けた。エシュヌンナのナラムシンが武力を誇示しはじめた時のプズルアッシュールの末年に、アッシュールの繁栄が急速に凋落を示しはじめた。ナラムシンがこの都を征服した直後、エリシュム二世のもとでアッシュールが自立したのも束の間で、シャムシアダドが砂漠から現われて、この都を攻略し、その権力を復活しはじめた。

シャムシアダドの積極的指導のもとで、かれが獲得した小さな王国は、西方では地中海まで、東方ではイラン山地まで拡張された。われわれがいま問題にしているこの地域で、かれが最初めざしたのは、マリとの紛争を終結することであった。巧妙な陰謀によって、シャムシアダドはマリに宮廷革命を起こすことに成功した。革命のなかでヤフドンリムが討たれ、またその動乱のなかでアッシリアの王が進撃してきて、自分の息子のヤスマハダドをマリの知事に据えた。マリ王の王子のジムリリムはやむなくアレッポへ避難した。つづいてシャムシアダドはシリアに遠征を行ない、カルケミシュ、ハッラン、その他の国々にアッシュールへの忠誠を強要した。ヤスマハダドは、オロンテス河畔のカトナの王女を娶った。シャムシアダドの年長の王子イシュメダガンは、本国により近いエカッラテの知事に任命された。アッシリアの王は強力で組織の整った帝国を支配して、折あらばメソポタミア世界の指導権に挑戦しようと機を窺うようになっていた。

以上は、ラルサのリムシンが最終的にイシンを征服したころのアッシリアの状況であった。この二つの覇権（アッシリアとラルサ）に挑戦するかと思われた唯一の強国はエシュヌンナであった。エシュヌンナは依然ディヤラ地方とその西側地域を支配していた。しかしバビロンでは、ラルサにイシンを奪われた直後の前一七九三年に、シンムバッリトが没し、その王子のハムラビと呼ばれる活動的で明敏な若者が後を継いだ。

## 四　ハムラビの統一と支配

### ハムラビの待機政策

ハムラビはその治世の初期、国権を強化するのに南部の指導権を握るという、先祖伝来の政策を踏襲することで満足していた。此の間かれは後年の偉大な立法活動を予告するような社会改革に手をつけていた。ついで前一七八七年までにかれはラルサ攻撃を始める準備をととのえていた。イシンとウルクはたちまちかれの手中に握られ、つぎの年ヤムトバルにあるリムシンの本国が征服された。しかし、ハムラビはラルサ自身に最後の一撃を加える前に、他の地方からの危険に立ち向かうために引き返したので、ラルサの征服は二〇年以上延期された。

北部ではエシュヌンナの活動的なダドシャが、アッシュールの勢力を凌いでいたように思われた。シャムシアダドがシリアやユーフラテス地域を征服したのも恐れず、ダドシャは前一七八五年夏シャムシアダドを攻撃した。シャムシアダドの年長の王子が指揮したアッシリア軍は、エカッラテの近くで敗北を喫した。エシュヌンナ軍は遠く上ザブまで侵入した攻撃で、アッシリアの王子数人を捕虜にした。しかし、これらの成功は短期間であった。翌年（前一七八四年）ダドシャが没すると、かれの継承者イバルピエル二世が地位をかためる前に、シャムシアダドが南へ深く進撃した。イバルピエルは自国の都を救うことには成功したが、アッシリア軍がティグリス方面、エシュヌンナの東南の河岸に位置するマルグム指して進撃するのを阻む力はもたなかった。この行軍路をみると、シャムシアダドはバビロンの国境を避けて進んでいる。しかし、この脅威からハムラビはラルサの征服を断念し、北へ転じて、アッシリアの脅威に備えるにいたった。

ハムラビの偉大さの大きな理由のひとつは、かれが自らの力の限界をはっきりと認識していたことである。かれはこの時以後待機政策に甘んじ、敵を相互に戦わせる政策をとった。ハムラビはアッシリア軍の兵力を見たとき、一瞬のうちにそれに敵し得ないことを見てとった。慎重にかれはアッシリア王の足下にひざまずいて、臣従した。アッシリアがマルグムを前一七八四年に撃ち破ったのは、バビロン軍の援助によるものであった。翌年、シャムシアダドがラピクム王国に兵を転じたとき、ハムラビは再び軍を派遣してアッシリア王を援けた。同じ頃、詳細は知られていないが、エシュヌンナはアッシリアに屈服した。

前一七八一年頃、シャムシアダドが没し、かれの王子のイシュメダガンが継承した。ほとんどすぐにアッシリアの征服は崩壊しはじめた。マリの前王の王子でアレッポに追放されていたジムリリムは、父の王権を回復するチャンスをつかんだ。エシュヌンナのイバルピエルは急遽再びその独立を主張した。イバルピエルは自力でラピクムを征服し、アッシリア軍を撃破することにさえ成功した。ハムラビだけが敵対行動をとらなかった。前一七八二年から前一七七六年の間のハムラビの編年記は、神の座像の奉納を記録しているだけである。疑いもなくハムラビは時機を待ち、武力を蓄えて事態の推移に注目しながら待機していた。かれはマリが新しく独立を獲得したとき、ひとつの敵国ではなく、二つの互いに激しく敵対する力が北方国境に出現したという事実をすばやく認識した。かれがすばやく決定したマリとの同盟は、明らかにこれに対する回答であった。シャムシアダドの進撃で断念させられたラルサの征服は、北方の紛争が解決されるまでは実行不能であった。したがってハムラビは同時にリムシンと同盟を結んだ。このようにしてハムラビは、かれがアッシリアの微力な家臣になったときから二一三年後、有力な連合の指導者となっていた。前一七七五年以降、城塞建設がかれの編年記の大部分を占めている。ハムラビは攻撃のための強大な武力を徐々に築きあげつつあった。

エシュヌンナとマリの離脱後、アッシリアは他に同盟者を求めはじめ、しだいに東方に方向を転じた。マルグムとグティウムとエラムが同盟に加わった。バビロンとマリとラルサの力の増大するのに直面して、エシュヌンナは結局アッシリア同盟と運命をともにさせられた。このようにして全メソポタミアは、拮抗する二陣営に分けられて、不安定な平和が幾年間か続いた。

### ハムラビの征服

ついに前一七六四年ハムラビは時機が到来したと判断した。北東の同盟国の集めた強力な軍隊を迎え撃って、ハムラビはそれを徹底的に粉砕し、〝シュメール＝アッカド帝国〟の土台を再建したと主張することができた。この勝利の後、ハムラビはアッシリアに中断させられていた事業を十分安全に

図３　ハムラビの凍石頭像（現在ルーヴル博物館所蔵）

成就できると見透した。六一年間在位したラルサのリムシンは、後半生を前半生の栄光の回顧にひたって過ごしていた。イシンがハムラビの手中に落ちたずっと後まで、リムシンはイシンを攻略した年に始まる年譜を書きつづけていた。ラルサはバビロンとの同盟にさして得ることも、寄与することもない状態をつづけていた。この状態はたしかにハムラビが望むところであった。というのは、それはかれが北に関心を向ける間、南の国境を無視できることを意味していたからである。アッシリア連合を撃破したのち、かれの信義に篤い家臣を恥じ入らせたに違いないほどの迅速さで、ハムラビはリムシンの威信の尽きたラルサの都を包囲し、破壊して（前一七六三年）、シュメールとアッカド両地域を、かれの支配下においた。

このようにして、ハムラビは全バビロニアの主となったが、北部での混乱はなおつづいた。ハムラビがラルサを征服した翌年、アッシリア連合はまた反撃しようとした。しかし再び、それは撃ち破られた。そしてティグリス上流地域は、アッシリア国境までバビロンの支配下におかれた。再びハムラビは敵の重圧からやや解放されたと信じて、自分の盟友に立ち向かいはじめた。このとき、かれの感謝の重みを悟らされたのは、マリのジムリリムであった。マリは撃破され、バビロンに服従させられた。同じとき（前一七六一年）、マルグムやその他のアッシリアの同盟国もまた破られた。一方、本国においてハムラビは、〝ハムラビが人々に富をもたらした〟という名の運河を再び掘さくし、これによって、ニップール、エリドゥ、ウル、ラルサ、ウルク、イシンに十分な水を供給した。翌年（前一七六〇年）はなんの軍事的成功も記録されていない。しかし前一七五九年には、かれとの平和条約条項を蹂躙したマリとマルグムが打倒された。二年後には、アッシリアおよびその同盟国との間の戦争が再発し、戦は再びハムラビの勝利に終わった。前一七五六年にはエシュヌンナの運命が窮まった。というのは、このとき、都が洪水によって打ちのめされ、自衛力を喪失した機会を利用してハムラビは行動し、謙虚に〝マルドゥクが自分に与え給うた〟と唱えながら、エシュヌンナを攻略したからである。

最後に前一七五五年、アッシリアに向けて第四次遠征が行なわれた。そして、アッシュールはニネべとともに、確実にハムラビの手に収められた。ここでもう一度かれは、自らの限界を認識した自制力を示し、東と北の山岳地や西の砂漠地へ遠征する企図を取り止めた。安全を確立した帝国で、かれは二一三年の平和を楽しむことができた。一七五〇年に没するまでの残りの治世を、かれは立法と宗教の対策に専念して過ごした。

**ハムラビ法の意義**

ハムラビは古代の偉大な君主の一人と称讃されてきた。この判断は、かれが生涯の終りにはじめて発布し、世界最古のものと考えられている法典から生れている。しかし、近年の発掘で、その法典を世界最古というのの正しくないことが明らかにされた。シュメール人とアッカド人双方の古い法典が、エシュヌンナとイシンとウルで発見された。これらの法典は、ハムラビが明らかに新たに独創的な法律を創始したというより、多くの場合その地域に共通した以前の法律上の習慣や判例を、かれの法典に組み入れていることを物語っている。

しかし法典を拡大・変革し、シァマシュ神の保護のもとにそれを泥章ではなく石の上に保全したのは、ハムラビ自身の業績であった。残念にもかれの改革が一般的慣習にまで結実したという証拠がないので、法典はかれが偉大であったという観念を確証するのには役立たない。かれの法典に関するわれわれの知識は、太陽神の保護にもかかわらず法を彫記した黒色玄武岩の柱が、後世侵入者のエラム人によってスーサへ運ばれ、そこで近代の考古学探検隊によって探しだされたというだけである。

征服者としてのハムラビには、たぶん偉人と考えられる理由が、より多く見られる。ニネベの彼方からペルシア湾にいたるかれの版図は、おそらくかれを世界の王とみなさせるほど巨大ではなかったが、アッシリアの微力な家臣から身を起こした王としてみると、その帝国建設は著しい偉業であった。かれがそれを樹立した方法にはおそらくいろいろ問題があり、領土内で「正義の確立」を誇る王としてみると、とくにそうである。しかし、宮廷内に多くのスパイが潜行していたにもかかわらず、長い間かれの真意を同盟者から隠し通せたのは、かれの外交手腕によるところが多い。待機主義や、敵の離間と各個撃破という政策は、たしかに大きな配当金をもたらした。

ハムラビ帝国の行政についてはよく知られている。かれの書簡が一五〇点ほど保存されているからである。王は、州に関係のあるすべての業務に自ら注意を傾けた。多くの君主が不必要とした問題についても直接知事たちに指示を与えている。棗椰子《なつめ》と胡麻種の採集、小作料の支払い、羊の毛刈りなどのささいな訴訟にも、用水運河の管理や税金徴集と同じほど多くの注意を払った。ハムラビの帝国は真の意味できわめて個人的であり人間的なものであった。

かれは自ら帝国をかちとり、自らそれを支配した。この結果、かれより非才の人間が継承するとともに、かれの帝国は崩壊しはじめた。たしかに同じことがアッシリア帝国でもシャムシアダドの死後に起こった。ここでもそれはあまりに個人的な事業であった。実際、帝国という言葉は、ここで使うには内容のふさわしくない言葉であった。というのは、官僚政治を樹立しようと努めたウルの第三王朝の諸王たちも、征服によってメソポタミア内あるいはその周囲に、真の政治的統合や連合をもたらしえなかったからである。

多くの都市は当然独立した。そして、もっとも強大な都市の勢力範囲が、明確な境界線もなく、年年拡張されたり縮小されたりした。このことは、他国の軍隊がその門前わずか二—三マイルに迫ったときも、その政治主権を主張できたイシンとラルサの場合に、もっともよく示されている。ラルサのリムシンは、ハムラビがウルクと北のイシンを攻撃している間だけ、世界の君主と自称することができたのである。この形態の帝国は安定性を保つことはできない。したがってハムラビの死後、バビロンの影響力が急速に萎縮しはじめたのも驚くには当たらなかった。

### 宗教・文化政策

ハムラビは宗教問題においても永続的影響を残した。かれはニップールや領土内の他の宗教的中心地をめぐって、多くの王朝がその支配権を争ったことを知っていた。主要な神殿が南部にあるが、——事実、目撃したように、いくつかの神殿が相争っていた限り——バビロンのもとで統一する可能性はなかった。そのうえハムラビは異なった人種的要素の住民であるシュメール人とセム人の間の信仰上の対立と取り組まねばならなかった。シュメール人の冥界性の強い信仰は、簡単にセム人の太陽崇拝とは融合しなかった。

ハムラビは一挙にこれらのすべてを変え、かれの王朝より遙かに永続した宗教形態を広く流布させることに成功した。かれはバビロンの守護神であるマルドゥクを、メソポタミアのパンテオンの主神に仕立てるという方法で、それを達成した。この後バビロンは当然最大の宗教的中心地となり、その神は以前には全く存在しなかったような領土統一の紐帯となった。同時に、ハムラビは国語たるシュメール語の漸次消滅する状況を利用して、新しい神の秩序を正当化しようとした。古い伝説を、それが民衆の言葉のなかで存続できるように、当時一般的な外交用語や文学用語と化していたアッカド語に翻訳させた。ハムラビはそうした翻訳の過程のなかで、伝説をかれの目的に確実に合致させた。

当時までの伝説では、主神アヌと原始的竜のティアマトが対峙させられたとき、アヌは竜と対決する勇気をもたなかったとされていた。しかし、バビロンの神マルドゥクは竜を征服することに成功し、その結果すべての神によって王に選ばれた。このようにマルドゥクはその至高の地位を神統譜によって支持された。他の神の地位は正確に限定された。マルドゥク神の神殿は国王の庇護を与えられた。したがってハムラビは、かれの政治的・軍事的成功よりも結果的には遙かに重要性をもった改革を、平和的になしとげたといえる。

他の方法によっても、ハムラビは住民の各種多様な要素を統合するのに成功した。たとえば王としてのかれの地位について、セム人の族長観とシュメール人の絶対君主制とを結合させようとした。よく言われるように、ハムラビの外観そのものが総合を示していた。かれの短い鬚はアモル風であり、一方、かれの服装と帽子はシュメール風であった。これらその他の多くの方法で、ハムラビは長年の外国支配も砕きえない統一を、バビロニアに存続させることに成功した。われわれがバビロニア風とみている文化や生活様式が成立したのは、多くかれによってであった。

# III　バビロニアの生活と法

## 一　バビロニアの法の特性と発生

### 法の目的と形式

メソポタミアで諸王が法典を公布したことについては、前章にいくたびか述べた。これらの諸法典のうち、もっとも総合的で感銘を与えるものがハムラビの法である。バビロンの爾後の歴史を物語る前に、ここでハムラビおよびその以前からの法を考察しておかねばならない。法典を検討するには、必然的に法を制定しようとした社会そのものについての記述も欠かせない。法の全部を描写すれば、バビロン第一王朝時代の生活が表現されよう。しかし法を描写する前に、古代メソポタミアにおける一般的な法概念と諸法典の相互関係を検討する必要がある。それには考察を、都市国家形成と君主制発生の初期にまで遡らせねばならない。

すでにみてきたように、初期メソポタミアでは都市国家が都市神の財産とされており、君主が神の使者ないし管理者と考えられていた。それゆえ、国家はそれを所有した神を慰撫するために創設されたものであり、この目的を阻むすべての行動をきびしく抑制するのが君主の義務であった。君主は国内における法と秩序の普及を保証し、弱者が公正に取り扱われ、事業遂行を阻まれないように監視し、富者と権力者が利己主義に走って、神への奉仕を軽視したりせぬように配慮せねばならなかった。こうして、その地域の習慣に基づいた一連の法体系ができあがった。支配者が争訟の裁定のために参照したのは、最初はこうした不文の法律であった。

即位に当たって、この習慣的法律が守られないことを見出した王、または自国内で特定の悪徳にたいして特別な規定を設けることを望んだ王は、慣習法を強調した法令を公布するか、あるいは慣習法に追加した法令を公布する必要があった。事実多くの王は治世の初期に、このような法令を公布して「自己の領土に公正さを樹立する」基礎を固めた。今日に残っている法典は、この種の宣言である。それは現存する法全体を編集した完全な法典という観点からみれば、結局〝法典〟ではなく、法律の一連の修正か、当時の王にとって重要と思われる特別な問題についての再声明にすぎなかった。かつそれらの法典は、すべて共通の法律的背景に基づいていたので、類似の問題を処理するときには多くの点で相互に近似していた。しかし、ひとりの王が他の王の法を模倣しただけという形跡はない。各グループの法典は、特定の君主の直面する特別な状況を対象としており、共通の法の表明というよりもむしろ共通の法の一連の変種であった。しかし法典の中でときおり非常に大幅に用語の類似がある点からみて、共通の慣習法があったという背景だけでなく、メソポタミアの文書学派中に伝えられている共通の成文法の伝統が存在した、ということも確かである。

このことは法典によく見られる修辞形態からとくに知ることができる。通常、文章の配列は、第一にその領地で正義の基礎を固めるために、また人々に福利をもたらすために、支配者が神によって招かれた経緯を語る前文を叙べ、つぎに王の見出した状況に適合した一連の法が作られ、そして最後にその法が領土にもたらした福利を宣言し、王の碑文を尊重するものへの恵みと、それを冒瀆するものに呪咀を乞う言葉が述べられる、という順序のものである。

法がとった通常の形式は、〃もしこれこれのことが起きるなら、これらの状況下では、これこれがなされるであろう〃というものである。そして、各法は明らかに犯罪の一般的な種類をあげようとするよりも、むしろ個別的な前例を陳述するものであった。たとえば、ウルナンムの法典のひとつは、〃もし人間が他人の鼻をゲシュプの器具（それはどんな器具でもよいのだが）で切ったら、かれは銀貨で四〇シェケルを払わねばならない〃と述べている。これは明らかに判決の陳述である。これまで見た限りでは、鼻の切り取りやゲシュプでの殴打やゲシュプなしでの殴打を一般化しようとする試みは見られない。裁判官はおそらく、他の事件にたいする判決をこの特殊な犯罪への刑罰に基づいて下そうとしている。疑いもなく地方法の写本が作られ、裁判官はそれを参考とすることができた。また、たしかに学校で法律学生に使用させるために部分的抜粋が行なわれた。いくつかの場合、現存するのは勅令の原本ではなく、このような写本である。

### セム人社会の特色と法形式

メソポタミアのセム語社会での法律制度の発展の細部は、むしろ前述のものと異なっていた。しかし現存の法典の作られた時代までには二つの伝統（シュメールとセムの）が不可分に混合していた。セム人の間では、父は家長であり、家長の言葉は法律であった。より大きい集団でも長は類似の地位を保った。族長は一般的には家長たちから成る協議会によって支持されていた。これらの集団では、シュメールの都市国家におけるように、法の基礎は地域の習慣であり、その集団内の犯罪は地域の習慣に従って罰せられた。グループ相互間に起こった紛争は、〃血の復讐〃の手段以外では、全く解決できなかった。

たとえば、一グループの成員が他グループの成員によって殺されたときは、後者のグループの一成員が生命を奪ったことへの償いのために殺されねばならない。このことは、つぎに第一グループの他の成員が殺されるように、相互の殺し合いをくり返させるので、それを阻止する措置を講じさせるにいたった。いわば自己保存の本能による社会利益擁護の要請から、一人の生命にたいして他の者の生命が支払われたなら、または手にたいして手が支払われたなら、問題は解決したとして平和を回復する、という規定が成立した。こうして「眼には眼、歯には歯」という、古代法ではきわめて重要な、またある程度は今日にも存在する、同害刑の観念が成立した。しかし、きわめてしばしば今日と同じように古代においても、犯罪者が犯罪にたいして現物でなく現金で償うことを許されるようになり、また罰金の範囲はあらゆる種類の犯罪を含むほど拡大された。この点では、シュメール人はセム人以上に進歩していたようにみえる。もっとも　この印象は主として例示材料が欠けているためであるかもしれない。

## ウルカギナの法典

多少とも記録にとどめられた最初の改革的法典は、ラガシュのウルカギナ（前二三四七―二三四一年）のものである。このことはすでに第一章で述べた。ウルカギナの改革に関する現存の唯一の記録は、新運河の完成を記念した一片の泥章に見られるだけである。しかし、かれが後世の君主のように公式の〝法典〟を発布したと推定するのは無理ではなかろう。それにしても現存する法典の最古のものは、ウル第三王朝の開祖ウルナンム（前二一一三―二〇九六年）の発布したものである。残念にも泥章全体がひどく破損していて、法典はその一部が解読できるにすぎない。その条項のもっとも重要なものは、ウルナンムの時代に体刑の代りに罰金を払うことがすでに普通の慣例となっていたことを示すもので、このことはすでに引用した。かつその変化は残存している他の部分の条項から確認されている。たとえば、足の切断にたいする刑罰は銀一〇シェケルで、骨折にたいする刑罰は銀六〇シェケルであった。

## エシュヌンナの法典

ウルナンムの法典はシュメール語で書かれていた。二番目に古い現存の法典は北方の都エシュヌンナから出土したもので、アッカド語で書かれており、前一九八〇年頃エシュヌンナを支配したビララマが簡単な序文を書いている。しかし現存する法はかれの時代に転写されたもので、法の原本はより以前に発布されたにちがいない。現存する写本はおそらく法律学校用に作られた抜粋であり、本来の条文構成の特徴である序文やあとがきは残っていない。五九条項が残っているこの法は、その形態、内容、用語の点でハムラビの法典にきわめて近似している。事実、ほぼ四分の三は多少ともそのままハムラビの法典に再生されており、その他がハムラビ法の文章中には全く見出されないだけである。エシュヌンナ出土の法典は、メソポタミアの君主たちがその領内の監視に注いだ配慮や注意を、詳細に証示している。それは刑事犯罪を扱っているのみでなく、価格や賃銀の統制も行なっている。後者については、近代の財政長官さえ適わないほどの厳しい規制を加えている。

ビラマの死後ほぼ五〇年を経て、イシンのリピトイシュタル(前一九三四—一九二四年)が改訂法典を発布したが、その相当部分が今日まで残されている。それはシュメール語で書かれ、本来一〇〇条の法からなっているものであるが、そのうち僅か三五条が読み取れるにすぎない。その前文はリピトイシュタルがアヌとエンリル神によって「この地上に正義を確立し、不平を解消し、武力によって敵意と反乱を排除し、シュメール人とアッカド人に幸福をもたらす」ために召された、という経緯を物語っている。現存の条文は、船の賃借、農場、棗椰子林、土地税、相続、婚姻、牛の賃借の問題を扱っていて、ここでも法がハムラビ法と同じ背景から作成されたことがわかる。法典は普通の形の結語で終わっている。

## 二 ハムラビ法典

### 1 ハムラビ法典の前文

ハムラビ法典は上記のすべてのものより詳細なものである。前文は稚拙で古風な詩形の文体で、法文自身の新鮮な口語形と鮮明な対照をなしている。また前文は文章の長い点で主としてリピトイシュタルの前文と異なっている。というのも、古い法典は都市国家のものであり、ハムラビのは帝国のもので、その大目的にふさわしい精緻さと権威をそなえねばならなかったからである。したがって、リピトイシュタルが「ニップールの卑しい牧羊者でエリドゥを放棄しないウルの剛健な農民、イシンの王、シュメールとアッカドの王」という表現に満足したところを、ハムラビは自らを「潤沢豊沃をつくりだす者、ニップールのためにあらゆる種類のものを設ける者、天と地の紐帯、エクルの熱心な擁護者、エリドゥを本来の地位に回復し、エアブズの儀式を浄めた有能な王、そして地球の四方を闊歩し、バビロンの名を偉大にし、主マルドゥクの心を喜ばせ、生涯エサギラに責任を負う、シンが生んだ王家の子孫」などと、帝国における征服と鎮定を描写した二五〇行の文章で語っている。この詳細な名称のリストの末尾でかれは勅令の要点に触れ、「マルドゥクが余に、国の民衆に正義を垂れ、民衆により統治を行なうように命じ給うたとき、余は国中に真実と正義を広め、民衆を繁栄させたが、同時につぎの法令を発した」と述べている。そのつぎに、大王が公正な道に沿って国を導くための二八二条の法令がつづいている。条章を締めくくる結語は、ここでも主として長さと精細さでリピトイシュタルのものを凌いでいる。法は、ハムラビがこの国に平和をもたらしたのち公布され、被支配民が読みとり、心の平和を見出し得るように、バビロンのマルドゥクの神殿に掲げられた。結語は、かれの法令を支持するものに恩恵が垂れられるようにと祈る一六行と、かれの言葉を歪め、この碑文を破壊するものを呪う二八〇行の文章からなっている。「強大な天と地の神は、かれとかれの子孫と、かれの国土とかれの兵士と、かれの民衆と民族とを、不吉な呪文を以て呪い給え。決して言葉を取り消すことのないエンリルがこれらの呪文を以て呪い結い、呪いの言葉が忽ちかれをとらえんことを」と。

## 2 訴訟と裁判

以下に法そのものを詳しく検討しよう。再び強調せねばならないのは、法典は本質的には判例法の一連の修正であるということである。この判例法は大部分推知し得るだけであって、法典によって体系的な法の全貌を知ることは望み得ない。しかし、バビロニア人の生活の一面は法典によってよく例証されるし、背景はしばしば他の資料によって補うことができる。

法典の最初の部分は、法廷での訴訟手続に関する一群の法である。このグループの条項が高い地位を与えられるのは、訴訟当事者の安全を確保することが重要視されたためである。法の第一条は、人が第三者を死刑に当たる罪で告訴しながら罪を立証できなかったときは、原告が死刑に処せられることを徹底的に明確にしている。この厳しい措置は、偽りの告訴を軽々しく法廷に持ち出させないためのものである。法の第二条は悪霊、悪魔、超自然力を強く意識する社会で、しばしば起こりがちな難題を扱っている。原告と被告の関係は前条の法と同一であるが、原告が立証できない告発は、一種の魔術である、とされた点だけが異なっている。この場合魔術にたいする畏怖が大きいため、被告は自らの有罪の証拠がないにもかかわらず、なお自己の無実を立証せねばならないとされた。かれは、ユーフラテス河に投身して無実を証明せねばならない。もしかれが水に溺れれば有罪とされ、原告は有罪者の財産を取得できる。反対にもし被告が浮き上がれば、かれは無罪とされ、告訴者が死刑に処せられる。面白いことはこの点、普通の法が、有罪者は浮かび、無罪者が沈むとしているのと正反対であることを指摘しておきたい。たしかにバビロニアの方法は無罪者にたいする配慮がより強いことを示している。

法典の次の二条は偽証についてのものである。偽証罪の根底にある観念は、法廷で偽証を行なう者は、裁判される訴訟事項のと同一の刑罰を課せられるということである。つぎの箇条は裁判官の完全な不可謬性を確保しようとするものである。正当に下され完結された判決を変更しようとする裁判官は、かれが判決で科した罰金の十二倍を払わされ、直ちに裁判官の地位から解任される。この措置によって、ハムラビはかれの立法の他の部分にとっての強固な基礎をつくりあげた。それは検察官と証人に誠実さを、裁判官に公正と廉潔を保たせることであり、これによってバビロンの市民は自己の訴訟が公正に受理され、合理的判決をうけられるという信頼感を懐きえた。

バビロニアの裁判所の構成や裁判手続の内容はごく一部が知られるにすぎない。裁判官はグループで着席し、裁判は王宮か司法の神シァマシュ神の神殿で行なわれたようである。ときにはまた東洋で司法執行に好んで用いられる城内の建物内で行なわれた。法廷には警察力はなく、検察官もなかった。訴訟人は、かれらが相互間で解決し得ないときのみ法廷に裁定を求めた。証言は文書のものも口頭のものも認められ、上級法廷への控訴制は普通なかったが、場合によって法の最高権威である王に控訴することが許された。裁判官は本来個人的係争を解決するために雇われた単なる審判者であり、かれらが官吏の身分をもつようになった（ハムラビ時代にはそうであったようである）ときも、決定を強制する力はほとんど持たなかった。裁判官は財産に関係ある場合、敗訴者に文書で要求の放棄を宣言させることができた。或る種の訴訟では、体刑の判決は、判決を凌駕しないように監視する裁判官の面前で、少なくとも被害者の血縁者の手で執行された。他の場合には、この血の復讐の遺制の代りに、王の任命した官吏によって刑罰が執行された。死刑の方法には投水、火焙り、刺殺、さらにおそらく斬首などが含まれていた。

### 3　財産の窃取と横領

つぎの箇条は、私有財産にたいする犯罪についてである。イシンおよびラルサの王朝時代、私有財産の激増したことについては前に述べたが、ハムラビ法典がこれらの箇条に重要な地位を与えていることは、私有財産の重視されたことを物語っている。窃盗の通常の刑は死刑であり、盗品を受け取ったものも同じ運命を負わされた。唯一の例外は宮殿ないし神殿に属する家畜や船の窃盗であった。この場合には金銭での賠償が認められたし、またそれは私有の家畜や船についてもおそらく同じであったと思われる。財産の真の所有者の証明がむずかしいときは、慎重な宣誓手続きがとられ、証人の提出も必要とされた。所有権を主張し、それが自己の所有であることを証明しえなかった者は死刑に処せられた。この種の訴訟では、証人の提出に六ヵ月の期限がつけられていた。盗品を故売した者が告訴される前に死亡したときには、財産は所有者に返還され、買取人は死者の財産のなかから物件の五倍の額の賠償をうけた。

子女は人の個人財産と考えられているため、誘拐の罪がこの箇条に含まれており、その罪は死罪である。同様に子は父の所有物であるので、子が父の他の所有物を売ることは許されない。またそれを受け取ったり買い取って保有した者は、窃盗者とみなされ死刑に処せられた。また逃亡奴隷を匿《かく》まった者には同じ刑罰が科せられた。エシュヌンナでは自己の業務中に横領した逃亡奴隷または喪失財産を、七日以内に返還しない宮廷官吏は、同じ刑に処せられるとしていた。反面、逃亡奴隷を所有者に返還した者は銀二シェケルの褒賞を授けられた。これは、リピトイシュタルの法典の同じ条項で、もう一人の奴隷または銀一五シェケルの褒賞を与える、としていたのと相違している。

夜盗、強盗、略奪がつぎの項に挙げられている。夜盗はことにいまわしい処刑をされた。犯人は処刑されたのち、忍びこんだ家の戸の前に吊るされ、串刺しにされた。窓のない家に潜入する共通の方法は、壁に穴をあけることで、陽焼き煉瓦の建築物では比較的容易な仕事であった。ハムラビの法典にはないが、エシュヌンナの法典では、白昼における強盗の刑は銀一〇シェケル、夜間における強盗は死刑、という差別がつけられていた。またハムラビ法では追剝も死罪にされた。この点でハムラビがその地方長官に管轄区域での法と秩序維持について、重い責任を負わせたことを知る好例が見られる。もし窃盗者が捕えられないときは、盗賊に襲われた者は、かれを保護し得なかったことへの償いを地方政庁からうけた。この条項に見る人情味と著しく対照的なのは、火災中の家で窃盗を働いているときに捕われた人間は、火中に投じて焼殺される、としている苛酷さである。

## 4　国王の兵士と授与地

法典のつぎの箇条は国王に奉仕する兵士、とくに「走使者」、すなわち警官と宮廷伝書使を折衷したような者と、任務がほとんどわかっていない〝漁夫〟などにたいする土地授与に関するものである。一定区画の土地が地位に応じてこれらの兵士に与えられたが、かれらの土地所有権はいくつかの条件で制約されていた。たとえば、かれらは王の使節としていつでも派遣に応じなくてはならず、拒否したり代人を派遣した兵士は、死刑に処せられてもやむを得ないとされた。同時に兵士が国王の任務遂行中に敵手に落ちた場合は、保護措置が講せられる。かれの不在中は息子がその土地を経営することを許され、また子供が若年すぎるときは、その三分の一が妻に生活の糧として与えられた。もし土地がそれを良好に維持するために他の人に与えられているときでも、兵士が脱走してきたり、身代金で解放されたりしたとき、その土地はかれに返還されねばならない。逆に兵士が二年またはそれ以上にわたって自分の任務を逃避していたときには、土地にたいする請求権を失い、それは他の兵士に与えられる。このうちの一箇条はハムラビが臣下の安全について責任を感じていたことを示している。捕虜になった兵士を、一バビロニア商人が外国で発見し、その商人が身代金を払った場合には、商人にその金を返済するのは兵士の義務であった。しかし、兵士がこれを支払い得ないときには、国は支払の責任を担った。こうして兵士は金をつくるために是が非でも自分の財産を処分する、という必要はなかった。

つぎに法典は国王に奉仕する高級武官、連隊長、すなわち募兵官およびその副官などに関するものに移る。これらの武官で、軍務を免除された者を召集したり、〝走使者〟や〝漁夫〟に代人を出すことを許したものは、死刑をもって罰せられる。同様に監督者で、下級兵士を虐待したり使用するなど権利を濫用した者は死刑に処せられる。最後に、立法者は王の授与地の制約に移っている。その土地は売却・交換ができず、妻や娘に譲渡したり、負債の支払に充当したりしてはならない。しかしこれらの規則は、一定の種類の土地所有者に適用されるものである。その他の、たとえば女祭司、商人のような土地所有者は、希望すれば、土地に付随する国王への義務を果たすことを条件に、王の授与地を処分できる。この差別の理由は明白でない。

## 5 農業

### 農地と農業

農業は、民衆に食料を供給するのみでなく、この国の主輸出品をなしたので、バビロニア経済の最重要部門であった。最古の時代から、用水運河と農地の維持は、国の重要任務の一つをなしたほどで、ハムラビ法のつぎの節は、この天然資源の保存と改良に向けられていた。耕作を抛棄された土地は、急いで本来の状態を回復させられ、農民は耕作抛棄の状態が起こらないように絶えず注意を払わさせられた。農民は地主から一年契約で土地を借り受け、土地の収穫の一定比率を地代として支払った。したがって、不良の農民で、怠慢のため充分収穫をあげ得なかった者は、隣接の良好な耕地の収穫と同量のものを、地主に支払わねばならなかった。もし農民が土地耕作に労力を全く用いず、農地を不毛地化してしまったときは、かれはその土地が生産する見込みの穀物を提供するのみでなく、土地を鋤き、耙で均らし、怠慢の全部を埋め合わせねばならない。不毛地を開墾しようとする者は、その完成までに三年の猶予を与えられる。一年目は地代を全然支払わなくてもよく、二年目には通常の地代の半額を支払い、三年目に普通の率の地代全額分を支払う。三年間で良い農地を造成できなかった農民は、法によって土地を鋤き、均らして地主に返還しなくてはならず、かつ耕作を怠けた土地の、一年間分の地代を地主に払わねばならない。

法は暴風雨や洪水の被害から農民を保護する或る種の規定を設けていた。収穫をあげ、地代を支払ったのちに、天災で壁や用水運河が破損したときは、損傷は借地人の手で修復されねばならない。しかし刈り入れ前に洪水が起こり、収穫が減少したときは、地主と小作人との間で、事前に協定した割合で、得ただけの収穫を分割し、小作人はそれ以上の責任を負わされない。損害が莫大で、小作人が地代を支払えないようなとき、小作人が損失を回復するため、次年度にも耕作することを望んだ場合、地主はこれを拒否することはできない。さらに小作人が種子を買う代金を借り入れ、災害のため借金を支払えないときは、小作人はその年は利子を全く支払わなくてもよい。もちろん負債実額は次年度まで繰り越されたのであろう。

土地耕作のための金銭の借用がつぎの節の題目をなしている。借入れは外国貿易業者ならびに金融も兼業する国内の商人からなされる。こうした借入れは、農民が負債を現金で支払わないで畑を商人に譲渡し、自分がそれを耕して収穫を負債の支払に当てる、という形をとったようである。この場合農民が窮地に陥りがちなので、ハムラビは農民を保護する措置を講じている。商人が畑を入手したとき、かれはそれを自分のために耕作する農民を指名できたと思われる。この点は、新立法のもとでも変わってはいない。しかし、ハムラビは、収穫の時期が来ると、畑の元の所有者が作物を取入れ、負債と利子と耕作経費を支払い、残りがあれば自分の収入とするものと規定した。商人に譲渡された畑がすでに植付けされていたときは、それを耕作する小作人は必要でない。この場合は所有者が負債と利子を支払うだけで、耕作経費は負担しなかった。土地所有者が負債を支払おうとしても、穀物を売り得ないときは、かれは負債を王の定めたそのときの交換率に基づいて、穀物で支払うことが許された。次節は以上の程度をこえる偶発事故を扱っている。金融業者に傭われた小作人が、良好の収穫をあげ得なかったとき誰が損失を償うかについてである。明らかに土地を譲り渡したときで、債務者は債務を免れる。商人は自分の小作人を訴えることができるが、旧土地所有者にそれ以上の要求をすることはできない。

### 灌漑組織

つぎに法典は灌漑の問題に移っている。メソポタミアのように、社会生活が用水運河と水路組織の維持にかかっているところでは、灌漑はつねに重要問題である。運河の掘さくと補修に君主が配慮を傾けたことは、すでに述べた。その組織の維持には全市民の参加が必要であった。この組織では、大用水路から小用水路に、それからさらに極小用水路に水が供給され、全耕地が水の割当てをうけられるようになっている。一水路が数人の所有者の土地に水を供給するとき、一部の所有者の怠慢と不注意はその隣人の土地に大きな損害をひきおこす。それゆえ法は、すべての土地所有者にかれの畑を通過するあらゆる水路の堤を保守する義務を負わせ、それを怠って隣接地に広く洪水をひきおこした者は、洪水によって生じた収穫の損害の全部を償わねばならない、という懲罰を明示している。もし加害者が収穫減を償うことができないときは、かれの身柄と財産とが売却され、その代金は損失を蒙った人たちに分割された。損害の小規模のとき、たとえば一人があやまって堰門を開いたままにして、水をつぎの畑に流入させ収穫の一部を損わせたときは、加害者はそれによって失われたと考えられる収穫量分を隣人に支払う義務がある。もし作物の植付け前に損害を与え、水が隣人の溝や周壁だけを損じた場合は、加害者は畑の一年の小作料の範囲で損失を償わさせられる。

### 羊害

羊群が作物生育へのもう一つの障害をなした。古代バビロニアでは、耕作地で雑草の若芽が出ると、葉を伸ばさせないようにすぐ羊に喰わせるのが慣習であった。これは地主と協定を結んで行なうものであり、地主の承認がないのに家畜群に草を喰わせたものは、土地の地代二年分の罰金（穀物で支払ってもよい）を科された。穀物が成育すると羊害による危険が増大するので、収穫前の重要時には害を加えないように少なくとも夜間は羊を柵内に収容させることができた。この期間に羊を畑に立ち入らせた牧童は、他の者の同犯を警めて、無報酬で番をさせられるうえ、畑の六年分の地代を罰金として支払わされた。

## 棗椰子の栽培

法は穀作のつぎに、メソポタミアの第二の重要作物である、棗椰子の問題に進んでいる。棗椰子がメソポタミア経済にとっていかに重大であるかはしばしば述べてきた。棗椰子は食料・酒・酢・蜜・粉末を供給し、その繊維は籠やその他の編物を作るのに使われ、棗椰子の実の皮は燃料や家畜の餌に使われ、最後にその幹はこの国で得られる唯一の木材をなしていた。新しく棗椰子を栽培する普通の方法は、切株を開墾地や従来の穀作地に植えつけることである。植えつけて四、五年後に切株は実を結ぶ。それまでの間、植樹の手入れをする栽培者は、木の間に穀物や野菜を作って生計をたてる。その結果、栽培者は四年間は地主に地代を支払わないでよいが、この間農地の周壁を作ったり、灌漑施設を補修したり、若木の損傷を防ぐなど、きわめて多忙である。五年目以降、棗椰子の実を地主と耕作者の間で折半するが、植付けし残した土地は、栽培者の取り分に含まれると規定されている。栽培者は義務を怠ると穀作地の場合と同じ方式で罰を科せられる。棗椰子畑に転換された土地が、それまで耕作地であったときは、そこに椰子を成育させるのに失敗した栽培者は、無収穫の年数分の地代を、隣接地の収穫を基準にして、穀物で支払わねばならない。いいかえれば、かれはその土地が穀作地であった場合と同じように扱われる。同様に、かれが不毛地を開墾して棗椰子畑とするのに失敗したときは、それを穀作地にしようとして開墾した農民と同じように扱われ、一年間の地代と、鋤耕、耙均らし、除草などの代金を自分で負担しなくてはならない。

成育中の棗椰子を育てる栽培者のもっとも重要な仕事は、植物の授粉である。というのは、棗椰子の木は雌雄のいずれか一方であり、雄花の花粉を雌花に授粉させることで棗椰子の生産は大幅に増加できたからである。授粉を十分に行なった栽培者は、収穫の三分の一を得る権利がある。もし収穫が不良のときは、栽培者は自分で損失を補わねばならず、かつ契約の更新を認められない。最後に法は、棗椰子畑の所有者がその椰子畑を抵当に商人から借金のできることを明示している。その場合には、かれは果実を自分で摘み取り、その利益中から借主に返済することが許された。これは穀作地での処置と同様である。

メソポタミアは木材に乏しい国なので、他人の農園の木を伐り盗ることは当然重罪とされ、樹木一本につき銀三〇シェケルの罰金が科された。イシンでも同じ罰が科され、そのうえイシンでは、果樹園で盗伐中を捕えられた者はさらに銀一〇シェケルの罰金を科せられた。

## 6　財産と商業

### 財産の売買と貸与

つぎには財産の売買と賃貸に関する法が主題となっている。不運にも、法の主文を書いた石柱のこの部分とそのつぎとが抹消されている。これは疑いもなくエラムの王シュトルクナフンテが、石柱を鹵獲したのち、自分の功業を記載するために抹消したが、何かの理由、おそらく王が死んだ結果、記載が行なわれなかったためと考えられる。この欠翰の一部は、他の断片的な資料によって補われるが、それでもなお失われて不明なものが大幅に残っている。第一の箇条は、半分不明であるが、王宮に使われた家屋の売却についてのものである。王宮所属の家屋の売却は禁止されているというほか、詳細

図4

a　石灰岩製怪獣（現在ブルックリン博物館所蔵）

b　アカル・クフ出土のテラ・コッタ牝獅子

c　ウルク出土の花崗岩柱

a

c

b

はすべて不明である。つぎの箇条は小作人と地主との関係についてのものであるが、あまりに断片的で詳細は不明である。明らかなのは、一年分の地代を小作人から受け取った後、年度の終了前に小作人を追い出そうとする地主は、全小作料を返済させせられたことである。他の箇条は、賃借財産の補修の責任に関するもので、隣家の怠慢で財産を脅かされた人の場合を扱っている。隣人の放置によって自分の家に強盗が入りやすくされた家主は、正式に隣人に家屋の修復を要求できる。隣人が承諾しないとき、どうなるかについては、その箇条が欠けているのでわからない。しかし、リピトイシュタル法典の同じ箇条では、放置した家主は、かれの怠慢の結果窃盗にあった隣人の財産を弁済しなくてはならない、と規定している。

### 貿易と商業

土地と財産のつぎに、法は貿易と商業に転じているが、そのうちでまず取り扱っているのは、貸付けと利子についてである。利子率は、銀の貸付けについては年二〇%、穀物の貸付けについてはおそらく三三%、すなわち三分の一であった。現金で返済できない債務者は穀物で利子を支払うことが許された。もちろん現金で借りた元本は現金で支払わねばならなかった。標準利子以上を搾取しようとする金融業者は、罰としてかれの利子および貸付金も没収された。同様にもし金融業者が証書なしに穀物または銀を貸付けした場合には、貸付けたものを失った。また金を渡すとき軽い秤を用い、負債の回収のとき重い秤を用いた者は、貸付金の全額を没収された。法典のその他の規定は、金ないし穀物を借りた者の利益を守ることに関しているが、文章が断片的なため内容は明白でない。ただ一つつぎの点が明白である。負債を返済するための現金や穀物を持たない者は、自分の動産を提供してよく、その買入れの適法性を証明する証人がいる場合、金融業者はそれを受け取らねばならない。

### 組合と商業

組合契約がすぐつぎの箇条で取り扱われており、簡潔なものである。事業遂行のため組合を結成した二人の者は、組合を解散するときは、シアマシュの神殿において利潤と損失を分け合わねばならない。その分け前は事業に投じた資本の額に比例する。

つぎの箇条は商人の業務――商人が金貸ではなく、かれを代理して国中を廻る代理人ないし行商人の傭主として扱われる場合――についてである。このような行商人はバビロンの街頭でもよく見かけられた。かれらは業績に応じて報酬を受けるので、できるだけ大きな利益をあげるように求められた。代理人はあがった利益と旅行中の所要経費などを明細に記録するように求められた。代理人が帰還したとき、商人は事業に投じた全資金とその利子と利益の分け前とを受け取ることができた。利益をあげ得なかった代理人は、怠慢者とみなされ、商人がかれに預けた金額の二倍を返済せねばならない。他方かれが洪水その他の天災で商品を失ったときには、商人がかれに預けた実額だけを返済すればよく、かれが強盗や王の敵に襲われたのであれば全部の責任を免除される。

商人は代理人を傭って、商人自身が供給する穀物・毛・油などの商品を市中で販売させることができる。この場合、代理人は全売上げを帳簿に記入し、売上げの一部を定期的に商人に引き渡さねばならない。全商品が売り尽くされたとき、最終計算が行なわれ、利益が分配される。法は代理人が商人に行なった中間支払の受領証をとっておかねばならないことを明記している。それがなければ、最終計算のとき、中間で実際行なった支払を請求し得ない。つぎの箇条では正しい法手続きと記録の必要が強調されており、もし代理人が商人から金を受け取って、それを受け取らなかったと主張するときは、商人は取引きの際の正規の証人を挙げ、代理人の誤りを証明しなくてはならない。反対に、もし商人が金銭の支払をうけ、それを受け取らなかったと主張するときは、実際支払をしたことを証言する証人を代理人が用意せねばならない。代理人の主張が証明されたときは、商人は債務の六倍を代理人に支払わねばならない。

### 酒亭

つぎに挙げられているのは酒亭である。これはひどく賤しい仕事と考えられていたようで、酒亭を営む女性は、娼家の主人で、酌婦であるとみなされていた。酒亭は、悪人どもの当然の溜り場と考えられ、酒亭の店主は犯罪を企てている者を見れば、当局に通報しなくてはならなかった。通報しなかったときの罰は死刑とされた。女性も男性同様しばしば酒亭に立ち寄ったが、しかし既婚婦人や神と結ばれた高位の女祭司で、酒亭を開いたり、それに出入りしようとしたものは、焚刑に処せられた。焚刑は下賤な人間との交わりから彼女を浄化させる唯一の効果的方法と考えられた。主要な酒は、大麦製のビールと椰子酒であり、レバノンから輸入された葡萄酒も飲むことができた。酒類の値段は法令で定められていた。酒代はふつう穀物で払われたので、種々の酒の定価表を示すことはできない。法に述べられている一種の安酒の場合、六杯の酒が五杯の穀物と等価であるとか、五杯の穀物で五十杯の酒を十分に醸造できたとかいう証拠があるので、酒亭の利益は大きかったと思われる。価格規制とともに消費者保護の別の措置がとられていた。儲けを大きくしようとして、酒の代価に穀物でなく銀を要求し、銀を秤るのに悪い秤を使ったり、ビールの中に水を加えたりする酒亭の主人は、水死刑に処せられた。後者の規則は、刑罰を犯罪に一致させた陰惨な例の一つである。

### 委託と抵当

次節は現金、商品、物貨などを本国の都市に送ろうとする貿易商についてのものである。郵便制度を欠く当時では、貿易商は目的方向に出掛けるあらゆる旅行者を利用せねばならなかった。これは危険きわまる事業であった。高価品には、届けるより持ち逃げしようという誘惑が大きかったからである。拐帯犯の罰は、届けられなかった商品の価格の五倍を返済することであった。

債務と金貸についてはすでに相当述べてきた。実際バビロニアでは、商業や農業の多くが借金しながら行なわれていたので、明らかに商人はこの取引によって莫大な利益を得て、富み栄えた。もし債務者が取決め期限までに借金を返済し得ないときは、商人はその被扶養者——妻・息子・娘・奴隷の一人——などを差し押えることができた。その被扶養者は借金の返済が終わるまで商人のもとで働かねばならなかった。そうでないときは、債務者が別の金融業者に自分の被扶養者の一人を抵当にして、最初の借金を返済する金をつくった。その場合、被扶養者は金融業者に無条件で売却されるか、あるいは三年期限の買戻し権利を保留して引渡されるかした。この期間を経過すると、債務者の家族を債務者のもとへ帰さねばならなかったが、奴隷は金融業者の完全な財産となり、もし望めば金融業者が売却することができた。この規則の唯一の例外は、前の主人の妾となり、その息子を生んだ娘奴隷の場合であり、旧主人は金を揃えれば、彼女を買い戻すことができた。エシュヌンナでは他人の家屋は、商人が債務の返済の代償に引き取ったときも、完全に自由に処理することはできなかった。商人がそれを売却しようとするときは、家屋を公開市場に持ち出す前に、元の持主に買い戻す機会を与えねばならない。

また前節からみて、妻と子供たちは男性の財産とみなされ、主人はかれらを自由に処理する権利をもっていたことが知られる。実際妻や子供は、男にとって牛や穀物よりも価値が乏しいと考えられた。というのも、牛や穀物は生活にとって不可欠であり、金融業者が債務の代償に牛や穀物を差し押えれば、法によって処罰されたからである。もし金融業者が債務者の牛を取り上げれば、罰は銀二〇シェケル、穀物を取り上げたときは、取り上げただけの穀物を返却せねばならないうえ、貸付金の返済をうける権利を失った。

妻は、夫の家庭での地位は弱いが、婚姻の際夫との話合いで、配偶者の負債にたいして相互に責任を負わないという契約を結んでいれば、夫の負債の代償に身を売ることは免れられた。これによって、夫は妻を売れないばかりでなく、配偶者のどちらもが婚姻前の相手の負債について責任を負わず、婚姻後の共同負債についてのみ共同責任を負う、ということが示されている。

メソポタミアの農民は、収穫後の自分の穀物を一度貯蔵する問題をかかえていた。穀物の貯蔵のために国営ないし民営の倉庫があり、その貯蔵料は年三%の率と定められていた。もし倉庫主が農民の収穫を横領して使ってしまうか、または実際に収穫を受け取っていないと主張したときには、かれは罰としてごまかそうとした穀物の倍量を返済させられた。法は金銭や貴重品の安全保管の問題も取り上げている。むずかしいのは、当時は銀行というような制度がなく、家郷を遠く離れている間、自分の財産の保全を図るには、友人に保全を委ねる以外の方法はないという状況にあった。かれが帰還したときに、友人から品物の返還をうけることを確実にする方法は、証人の前で引渡しを行ない、正規の契約書を作成しておくことであった。そうしなければ、旅行する者は友人が財産を受け取ったことを否定したとき、その返還を請求できないからである。否定した場合、委託の証人が出てきたなら、友人は委託されたものの倍額を弁償せねばならない。委託契約にはまた通常の保全条項が付加されている。たとえば、家に夜盗が入り、友人から委託された財産を盗まれた者は、かれが委託された物の価額だけを返済すればよい。エシュヌンナの法はさらに寛大で、もし被委託者が自分の家が盗賊に襲われたことを宣誓できれば、かれは無罪とみなされ、返済を全部免除される。バビロンでは、またエシュヌンナでも疑いもなく、自分の財産が奪われたと偽って主張した者は、偽証したものの倍額を弁済しなくてはならない。

## 7　婚　姻

### 婚姻の契約

ハムラビ法では、婚姻について長い節がさかれている。婚姻には細かい規定があり、配偶者の権利と義務とが明白に規定されている。婚約を結ぶ普通の方法は、まず男の側が(かれが未成年であれば父が)、通常現金で婚約の贈物(結納)を携えて娘の父に会うことである。申出が受理されれば、正式の契約が結ばれ、結納が交され、嫁側が馳走を用意して結婚式の祝宴が行なわれる。夫婦が同棲できる年齢になっていれば直ちにそうする。しかしかれらが幼なすぎれば待機期間が置かれる。嫁は正式には妻であるが、父の家に留まり、夫婦の交わりは行なわれない。この期間、彼女に他人が言い寄ることのないように保護する法律がある。エシュヌンナの法律は、何人も死刑の罪を犯さずに彼女と交わりをもつことはできないとしている。待機期間のその他の特色は、双方とも契約を取り消し得ないことである。契約の破棄については、男の側が破棄した場合には結納を没収され、女の側で破棄した場合は結納を二倍にして返済するものとされている。結婚が成立したとき、花嫁は家から持参金をもって嫁し、夫は自分の財産の一部を妻に分け与えるのが普通になっている。この分け前は、夫の死んだとき、妻が愛する息子のもとで生活を送るときの生活の資とされている。もし彼女が離婚したときには、この分け前は放棄しなくてはならない。持参金は、花嫁が父の家にひきつづき住んでいるとき相続すべき父の財産の分け前に相当している。持参金は彼女が再婚しても彼女のものとして残る。それは彼女が死んだときには彼女の息子に、もし子供を持たないで死んだときには父の家に返却される。

法は婚姻を行なうもう一つの方法を述べている。父が息子のために花嫁を選び、契約が完了して結納が渡されると、娘は舅の家に赴いて住むという方法である。そこで彼女は一見娘のように扱われ、その家の息子が結婚の適齢期になるまで住んでおり、その年齢になってから、婚姻が普通の方法で行なわれる。婚姻は正式の文書化された契約がなければ、たとえ二人が夫婦として一年以上同棲していても、正式のものとはみなされない。

妻の貞潔は何より重要と考えられた。妻が他の男と交わることは最重罪視された。他の男と同衾中に発覚された妻は、堅く縛られて河に投じられる。夫が妻の生命を救おうとするときのみ、この罰は免除される。その場合は王の名で姦通者に特赦が行なわれる。つぎに花嫁がまだ子供で、父の家に居住している場合についての箇条がある。このような娘を犯しているのを発見された者は死罪にされる。娘がその行為に同意していない場合には彼女は罰せられない。姦通は嫌疑だけでも処罰されるもので、夫は妻が行為中に捕えられたのでなくとも、法廷に訴えることができる。この場合、妻は神の前で誓う試罪法をうけねばならない。もし妻の誓いが認められれば、彼女は夫の家に帰ることができる。妻の誓いがなりたたねば、有罪として溺殺される。隣人が不貞を申し立てたときは、彼女はこの章の冒頭の魔法使いの場合のように、河水で試罪法(誓水)に処せられる。ここでは処刑の問題は生じない。彼女は試罪法の途中で溺死するからである。妻が無実と分かれば、彼女は夫の家に帰され、誣告人は笞刑を加えられ、笑いものにするために髭と髪を半分ずつ剃り落とされた。

バビロニアでの宮廷勤務や軍務は、しばしば夫が長期間にわたって家を離れ、夫の不在中、妻は夫についてほとんど通知をうけないことを意味していた。夫は不在中の妻と家庭を支えるに足るものを残すものと期待されている。もしかれがそれをせず、妻が窮乏したときは、妻が他の男と結婚しても罪とはされない。最初の夫が帰還したときは、彼女はその夫の許へ帰らねばならない。しかし、第二の夫との間に生れた男児は父のもとに残される。窮乏によるのでなくて、他の男と結婚した妻は、姦通したものと考えられて、溺殺される。しかし、この場合第二の夫が全然罰を科せられないことは面白い。それはおそらく「男は、現実に夫と生活を共にしている妻を犯したときにのみ姦通者と考えられていた」からであろう。この規則は、自らの意志に反して家を不在にせねばならなかった男性にのみ適用される。もし男が失踪して、夫として、市民としての責任を果たさなかったときは、妻は自由に再婚してよく、第一の夫が帰還した場合も、かれは妻にたいしてなんらの権利をも主張し得なかった。

### 離婚

法はつぎに離婚に移っている。離婚は男の特権であり、男が離婚の権利を行使する最大の理由は、妻が夫の息子を生み得ないときである。離婚の実際の形式は「お前は妻ではない」と厳粛に宣言するだけでよく、それに婚姻関係の断絶を示す印として女性の衣服の端を切ることがつけ加えられる。男が正当な理由なしに妻を離婚することを防ぐために、男は彼女に持参金を返し、また婚姻の際男が彼女の父に払った結納と同額の償いをしなくてはならない、とされている。もし結納のないときは、償いの額は銀六〇シェケルである。

夫が妻を離婚できる理由は不妊だけではない。妻が息子を生んでいても、彼女が浪費家であったり、隣人との駄弁がすぎたり、夫を放置したりして、かれを侮辱していることが証明できたときは、夫は妻を追い出すことができる。このような場合には、彼女は全然賠償金を受け取ることはできない。夫が彼女をさらに辱かしめようとするならば、彼女を女奴隷として家に留め、自分は自由に再婚することができる。

エシュヌンナ法の一節は、妻帯している男性が、他の女性を恋したときを扱っている。この場合、妻が子供を生んでいても、夫は妻と離婚することができるが、男性は自分の家と財産を妻に与えて、愛する女性の許に赴いて生活しなくてはならない。

女性は離婚権を否認されているが、妻は夫の同衾を拒否することによって、問題を強制的に法廷にもち出すことができた。法廷で問題が検討され、女性が貞潔を保ち、かつ妻としての義務を果たしているのに、夫が放埒な生活をし、別の女性と通じていることが明らかになれば、妻は持参金の返還をうけ、父の家に帰ることができた。反対に、検討の末、女性に浪費癖があり、不貞が明らかになったときは、彼女は姦通者と宣告され、溺殺された。

バビロニア人の結婚の主目的は息子を得ることであり、息子を得られぬことは夫の十分な離婚請求理由とされた。上述のように、女性は不妊のほか、子供を生めない病気にかかる可能性があった。バビロニアでは、いちばん離婚の原因となったと思われる病気はマラリヤ熱であり、法文の実際の意味は不明であるが、法が離婚の理由にしようとしたのはこの病であった。もっとも、病気を理由に離婚された女性を夫は家から追い出すことはできず、女性は逆に生涯を夫の家で扶養される権利をもっていた。しかし彼女が立ち去ろうと思えば、持参金を受け取って去ることができた。

次に、法は婚姻に関連する犯罪を述べている。ここでも法典は一般的法則を開示しようとはせず、断片的事例を多数とりあげているだけである。この群のうちの第一の法は、妻が誰か他の者と結婚するために夫を殺害したときで、刑罰は磔刑とされている。また自分の娘を犯した男は、住んでいる土地を追放され、その結果財産と特権を喪失する。一方、自分の息子の嫁を選んでおいて、婚姻後に彼女と同衾した男は溺殺される。もし男性が、結婚実施以前の息子の嫁と交わったときは、女性に三〇シェケルを支払うだけですむが、彼女が親許から持参したものすべてを彼女に返さねばならない。最後に、父の死後母と寝た者の場合が挙げられ、両者に焚刑を科している。バビロニアの慣習では、一家の息子たちは、父の死後、自分自身の母を除外した父の妻と結婚することが望まれていた。しかしハムラビの法では、男児を生んだ本妻を優越した地位にあるものとみなし、他の妻たちから生まれた息子が、彼女と結婚したり、彼女と媾ったりすることを禁じていた。この罪への刑は、息子が家を逐われ、相続権を没収されることである。

婚姻取決め後、たまたま二人が年齢的に若すぎたり貧しすぎて、完全に同棲できないため、待機期間が設けられ、この間に夫婦のどちらか一方が刑罰を覚悟で自ら婚姻を破棄しようとすれば、それができることについては、前に述べた。法はこの種の訴訟に三種類のものを挙げている。第一は夫が他の誰かと結婚することを望んでいるときで、新婦の父は結納と婿が結婚祝宴用に持参した品物を差押えることができる。父が娘の引渡しを拒否する場合、父は結納と祝宴用食料を二倍にして返さねばならない。それゆえ、二つの場合は、拒否した側か、破約した側かが、贈り物の代価を失うことになる。面白いのは、他の求婚者、婿の友人が花嫁を自分の妻にしようとして、舅となる人に友人を中傷した場合を取り扱った条項である。この場合の規則は、前項のと同じように、舅が贈り物を二倍にして返し、中傷した友人はその娘との結婚を禁じられることである。リピトイシュタルの法典では、求婚者はその友人から保護されており、エシュヌンナ法でも、婚姻法はバビロンのとほぼ同様であったと思われる。

## 8 財産相続

### 通常の相続

つぎの問題は相続についてである。あらゆる財産関係の基本的単位は家族であり、古くはあらゆる財産が家族の全員によって共有されるとみられていた。個人の私有権が原則となった後にも旧制度の痕跡が残っている。なぜなら、父は死んだとき、自分の財産の完全な処分権をもたなかったからである。普通の規則では、父の財産は子供が生まれるごとに男女別に分配され、かつ前述のように、妻は婚姻によってその家族に加わったとき、普通彼女に割り当てられた分け前を持っていた。家族を離れて結婚する女性には、彼女の分け前が持参金として与えられ、これは彼女の子供に相続され、実家の財産から分離されている。しかし、この喪失は、息子が結婚したとき得られる持参金で埋め合わされる。未婚の娘は、父の死んだとき、兄弟と財産を分け合う。彼女自身が死亡すれば、兄弟が管理してきた彼女の財産は家族の他の成員に戻され、かれらの間で分配される。子供たちが若すぎて財産管理をなし得ないうちに父が死亡した場合、管理は妻（彼女が再婚したときは、彼女の第二の夫と共同で）に委任され、子供たちが成年に達したとき分割される。この分割は裁判官によってなされ、不正が防止される。しかし、父は寵愛する子にたいし、息子が財産の特定部分を贈与として受け取ることができるという特別な条項を、適法に書かれた文書で作ることができる。これは法の認めた遺言にもっとも近いものであった。それがなければ、分配は普通の方法で行なわれることになる。

### 養子制と相続

男性が子供を持たないで死んだときの財産相続がどうなったかは明白ではない。いずれにせよ、こうした事態は起こりそうではなかった。なぜなら、子供のない男は財産喪失を避けるために養子を迎えたからであった。養子の多くは、かれの地位の低い妻から生まれた子供であった。養子となることによって子供たちは、母が本妻であった場合と同じ地位に引き上げられる。こうした子供のないとき、男性はさらに自分と血縁でない子供を養子にして名跡を継がせることができた。

ここで強調せねばならないのは、法は法そのものを示しているというより、慣習法の追加ないし変更のリストであるということである。法は一般原則というより特殊な問題を取り扱っている。したがって相続に関する項では、おそらくハムラビ自ら決定に与ったと思われる数箇の問題が述べられている。扱われている問題の一つは、夫の子供を生まないで死んだ妻の場合である。普通、妻の持参金は父の家に戻され、彼女の父は結婚するとき夫から贈られた結納分を返還するものとされている。というのは、子供の生まれなかった結婚は失敗とみなされ、交換された贈物はできる限り元の所有者に返すものとされたからである。しかし、法はこの場合をとりあげ、女性の父が結納の返還を拒否したとき、夫は持参金を妻の父に返す前に、それから結納分を差し引くことができるとしている。もう一つの場合は、幼い息子が結婚する前に父が死亡した場合についてである。この場合、兄は嫁への結納を父の財産中から得られたが、弟は得られないことになる。このときには、未婚の息子の結納分を、全兄弟で均分する前に、遺産から引き去るものとしている。

最後は、男性が二回結婚して、双方に子供のあった場合である。父が死んだとき、子供たちは父の遺産をかれらの間で均分しなくてはならない。しかし、それぞれの母の子供は、母の持参金をかれらの間で分割する。リピトイシュタル法でも同じ判決が記録されている。

父が子のひとりに自分の財産を相続させたくない場合、法律は相続権を剝奪できるとしている。しかし、これは息子の罪を調査し、息子が終始反抗的で放埒であったことが証明された場合、裁判官の前で行ないうるだけである。初犯の者は、背徳行為を改悛するように訓され、父の許に帰され、その監督のもとにおかれる。

男が身分の卑しい妻との間の子を養子にし、かれらを本妻の子供と同じ地位におくことは許されている。父の死んだとき、これらの子供は全部平等に相続を行なうが、ただ本妻の子は養子たちより先に自分の分け前を選ぶことを許されている。女奴隷の子で父の養子にされず、正統の子とされなかった者は、父の財産の分配にあずかれないが、父の死後嫡子たちの奴隷の地位におかれることはない。かれらの母も父の死亡したとき、奴隷の地位から解放される。

### 寡婦の地位

寡婦は、彼女が生存する限り、夫の家庭で生活の糧《かて》を得る権利があったし、彼女の持参金と父の財産のうちの自分の分け前とは、自分の生活の資に充てるためのものであった。家族的愛情に欠け、母を父の家から追い出そうと企てる息子たちは、裁判をうけ、刑を加えられるが、その内容は詳記されていない。反対に母は、望めば自由に家を去り、再婚することができた。ただし彼女は、前夫が彼女に分与した財産を息子たちに譲渡せねばならない。彼女の持参金は彼女自身の財産なので、家を去るとき当然持ち去ることができた。しかし、彼女が第二の夫との間に息子を持たないで死んだとき、持参金は前夫との間の息子たちに帰する。

### 娼婦や奴隷との婚姻

リピトイシュタルの法典は、男が妻との間に子供を得られないで、街の遊び女との間に子供をつくった場合をとりあげている。こうなったとき、男は遊び女に生活費を与えるが、子供は男の家で生活することができない。同様に男が本妻を嫌い、別の女を娶ったときも、新妻は本妻のもつ主婦の地位にとって代わることはできない。

ハムラビ法典によれば、自由人身分の女性は、ある種の高級奴隷、たとえば宮廷の奴隷とか、宮廷関係官吏の奴隷と結婚することができる。夫は奴隷のままであるが、二人は一家を構え、自己の計算で事業を営むことができ、夫が死んだときかれの財産は妻と奴隷の主人との間で分割される。もちろん妻は持ってきた持参金を保持するし、この結婚から生まれた子供を、父の主人は奴隷と主張することはできない。

次節は、幼時に父が死亡した子供たちの権利の保護についてのものである。この場合、上述のように財産は、子供が成年に達するまで子供の母、もし母が再婚すれば母の第二の夫によって管理される。この間、母や第二の夫は財産のいかなる部分をも処分することはできない。かれらがそうしないように裁判官は財産目録を作成させる。愚かにも、こうした保管財産を買い取ろうとする者は、その財貨とそのために支払った金銭をすべて没収される。

## 9 女祭司とその権利

### 女祭司たち

バビロンの生活でごく著しい特色の一つは、宗教関係の女性の多いことである。彼女たちの実際の任務は往々曖昧であるが、娘を神殿に奉仕させることは、家族にとって普通の慣習であったように思われる。各種の女祭司があり、その最高位のものは、「神の花嫁」ないし「最高女祭司」であったと思われる。最高女祭司は社会的に尊敬される王の養女となることさえできた。彼女は純潔を誓っているので、些かでも不倫の中傷をした者は、人妻に虚偽の中傷を加えた場合のように、重刑に処せられた。その中傷者は笞刑をうけ、その髭と髪の半分ずつを剃り落とされた。最高女祭司は任期が終わると、尼僧院を離れて再び世間に出ることができる。ひとたび外部に出れば、彼女は結婚することさえ許される。しかし、彼女の身体が神聖極まりないため、何人も彼女の夫さえも、彼女と媾ることを許されなかった。すでに述べたように、最高女祭司は、酒亭に入ることによってさえ焚刑に処された。

最高女祭司には純潔が重視されたが、その他の地位の女祭司の取締りは厳しくなかった。その他の女祭司の一部ないし全部が、実際上神殿の娼婦であった。もっとも、絶対の純潔と神域での売春の動機には実際上相違はなかった。女性としては、神のために独身を貫くことも、神の僕《しもべ》である万人に身を委ねて奉仕し歓喜させることも、神に仕える点では相違はない。したがって、尊貴な家系出身の、神殿職階の第二位の女性で、しばしば「神殿の奴隷」「女祭司」と呼ばれたものが、戦士の求めでその自由になることは汚辱とは考えられなかった。いろいろな点で女祭司は社会の重要な人格とされた。彼女は私有財産を持ち、それを売買することができ、また王から授与された土地を所有し、欲すればそれを売ることもできた。少なくとも幾人かの女祭司は神聖な奉仕の期間が終わると、尼僧院から出ることができ、望むなら結婚することもできた。女祭司が夫の子を生むことができないのは、彼女が尼僧院を離れた年齢によるものであり、なんら純潔の誓いによるものではなかった。純潔保持は娼婦上りの女性にとっては非常に困難なことであった。

「女性・男性」ないし「両性者」と形容される寺院の奴婢階級については、明確なことが何も知られていない。両性者は一種の神殿の執事ないし神殿の女性担当官吏であったと思われ、普通宦官である宮廷執事とは、法律上で区別されている。両職が近似したとされるのは、「両性者」も神殿の女性たちの間にいる行政官ないし訓育官として、実際は断種されていたからであろう。

もう一種の女祭司は「寺婢」または「神殿の遊女」という称呼で知られるものである。彼女たちの機能については彼女たちが非嫡出の子供を生むのを許されていた、という明白な証拠が残っている。また「女信者」は、その宗教的機能が何であったにせよ。嫡出子を生み得なかった。最後に「平女祭司」は結婚することも、子供を生むこともできたが、彼女が正規の女祭司の下位にあるという以外、その宗教的義務に関する証拠はほとんど存在しない。

**女祭司の財産**

法は女祭司のもつ財産の問題をやや詳細に扱っている。女性はいずれも家族財産の分配をうける権利があり、娘は結婚に際して持参金分を持って行くことができた。女祭司は持参金分を、神に仕えている間の生活費にあてるか、またこの間兄弟が彼女のために管理するかしていた。ときには父は、最高女祭司、女祭司、両性者である娘に、その死後の彼女の財産の分け前を運営する管理人を、自分で選択し指名する権利を認めている。この場合には彼女の生存する限り、兄弟でもその財産に何の権利をもち得ない。またときに兄弟が彼女の分け前の運営に失敗し、この財産で彼女を扶養し得なくなる場合が起こる。この場合、彼女は自ら管理人を選ぶことができた。いずれの場合にも、彼女が死亡すると財産は家族に帰属した。また娘が尼僧院に入るとき持参金分を与えられなかった場合がある。彼女が世俗生活に戻らない女祭司や両性者であった場合には、父の死亡したとき家族員としての財産の完全な分け前を受け取るものとされた。反対に、後年尼僧院を離れた女祭司ないし「寺婢」、「神殿の遊女」である場合には、父の死亡したとき普通の分け前の三分の一を取り得るにすぎない。帝国の最高神であるバビロンのマルドゥクの女祭司は、分け前の三分の一を取り得るが、それに関連するすべての義務から免除される。こう区別することの理由は曖昧である。

「平女祭司」の場合、例外なく結婚していたと思われるから、持参金はかなり特異な問題となった。もし父が彼女を夫に嫁がせている場合、彼女はすでにその持参金分を受け取っている。彼女は父が死亡したとき、それ以上父の財産への請求権をもたない。しかし、父が死亡するまでに彼女を嫁がせていない場合は、彼女に持参金を与え、夫を選ぶ面倒をみるのは兄弟の義務となった。

前述のように退任した女祭司は、結婚した場合にも子供を生み得なかった。夫が相続者を得る問題を解決する方法は、女祭司が彼女に代って子供を生む娘奴隷を夫に与えることであった。もし女祭司が夫の要望を叶える娘奴隷を与えないときは、夫は男児を得るために、「平女祭司」と結婚する権利をもった。夫の息子を生んだ女奴隷や「平女祭司」は解雇することもできないが、また本妻である女祭司と同じ地位に立つことも許されない。男児を生み得なかった奴隷は、再び普通の奴隷の地位に落すことも、また売却することもできた。気位の高い「平女祭司」について、男児を得られぬ場合の刑罰は記録されていないが、彼女は離婚された可能性が大きい。また男性が「平女祭司」や「女祭司」と結婚した場合、たとえ彼女たちが息子を生んでいても(平女祭司は自ら、女祭司は女奴隷を使って)、両者を思うままに離婚できるのは奇異である。この種の妻に与えられた唯一の保護権は、夫が彼女にたいして持参金に加えて夫の全財産の二分の一を支払わねばならないということである。これが、彼女自らならびに成年に達するまでの息子の生活の資となった。成年に達したとき、息子たちはその財産を平等にかれらの間で分割した。

## 10　養子と乳母

### 養子制度

男性は名跡を継ぐために養子をとることができ、このことから生じる数々の法律上の問題についてはすでに述べてある。養子をとった人は、子供を成人するまで養育し、家庭内でこれに嫡出子としての地位を保証する責任がある。この義務を少しでも怠った場合、希望する子供は実の両親の許へ帰ることが認められた。しかし養父がその義務を果たし、成年になるまで育てたときは、実の親は何を要求する権利もなかった。養子を取り、のちに実子を得たときは、望むなら養子を除籍することができるが、養父は子供に相続分の三分の一を与えねばならなかった。しかしこれを宅地のうちから与えることはできない。かれはすでに家族の一員ではないからである。

家名の継承は養子制の主な理由ではあるが、唯一の理由ではない。子供のない商人は、家の事業を続けるために養子をとることを望むであろう。この場合の養子制の条件は、かれが養子を商売で訓練することであり、それを果たし得なければ子供は両親の許へ帰ることを許された。

両性者と宮廷執事の養子取りの場合には例外的な規則が設けられている。双方とも実子は生み得ないので、養子にした子供を完全に手許におく権利を与えられている。もし養子が両親を認めないときは、その舌を切断され、もし養子が実家に逃げ帰ったときは罰として眼をつぶされる。この刑罰の厳しさは、宮廷執事や両性者にとって養子をひきとめておくのが困難であったことを暗示している。おそらくこれは、両親の職を継ぐ要望は、子供の去勢を意味したからである。

### 乳母

この養子法の最後に添付されているのが、乳母についての項目である。エシュヌンナの法典から知られるところは、乳母の義務が乳離れまで二年ないし三年つづき、乳母はおそらく女奴隷か神殿の娼婦であり、生活のために小麦と油と毛とを現品給与されるか、三年分の給金として六〇〇シェケルを与えられるかするものであった。ハムラビ法の規定には、乳母がその哺育中に子供を死なせた場合のことを扱ったものがある。以前に子供を死なせた事実を明かさないで、新しい子供の両親と乳母になる契約を結ぶことは禁じられている。この条項を守らないことの刑罰は両乳の切断である。

## 11　殴打刑

### 殴打と殴打刑

法典は家族法のつぎに、殴打の問題に移っている。ここでも法は統一的制度を形成しようとはせず、単独に個々の刑罰の例を挙げているだけである。刑罰の条項から知り得ることは、指導原理が、自由人の場合には少なくとも同害刑、〝眼には眼、歯には歯〟であることである。実際この両刑罰の場合が法典の中で特別に述べられている。これと同様に相手の骨を折った男は自分の骨を折られねばならなかった。父を打った子供はさらに厳しく罰せられ、罪を犯した手は切断された。階級と地位の上位の人を殴打した刑は、また同じように被害者が同位の人である場合以上に厳しい。たとえば貴人の頬を打った場合には牛の皮の笞で六〇回叩かれ、他の者への見せしめのため公衆の面前を引き廻される。同位者の頬を打った場合の刑罰には、同害刑の原則はほとんど見られず、代わりに銀六〇シェケルの罰金を科せられる。街頭の喧騒の中で他人を殴った者は、かれの起こした危険に全面的に責任があるとはされず、また同害刑の原則も適用されない。かれはこの場合、故意に殴ったのでないことを誓わねばならず、そうすればかれの蒙る罰は医師の手当をうけた被害者の治療費を償わさせられるだけである。また、たとえ被害者が死んだ場合にも、殴打者は銀三〇シェケルの罰金を科されただけである。エシュヌンナの法典の刑罰の基準は違っていた。これでは人の鼻を嚙み落としたり、眼を抜き出したりしたことの償いは銀六〇シェケルであり、指の切断は銀四〇シェケル、喧嘩の最中に歯を叩き折ったり、耳を傷つけたり、手足を折ったりしたときの罰は、銀三〇シェケルである。また偶然顔を殴ったり叩いたりしたときは一〇シェケルである。

### 半自由人の殴打

自由人の殴打についての法は、比較的単純な問題であるが、完全な自由人でない者の扱いについては単一の原則では律せられていない面があった。バビロニア社会は、実際上三つの階級に分かれていたが、それをここで多少述べておかねばならない。法典の大部分の条項で主題になっているのは自由人であり、これまでの項目で「人」と述べたときは、自由人をさしていたと考えてよい。奴隷の地位もまたかなり簡単に定義できるが、第三の階級に属する者の地位は遙かに複雑であり、実際に明確に結論できるほど十分な証拠があるとはいえない。かれは自由人と同じように婚姻をし、離婚することができる。しかし、かれの支払う離婚金は自由人の支払うものより少額である。かれはまた、土地と家臣と奴隷を所有する権利がある。この階級の人の奴隷は自由人の奴隷よりも上位におかれ、数回にわたって「宮殿の奴隷」と関連して述べられている。たとえば、宮殿の奴隷ないし第三の階級の人の奴隷は自由人の娘と結婚することができる、と前に述べたところなどに見られる。この二種の奴隷の関連は、両種の奴隷の市中からの逃亡を幇助した罪は死罪である、とする規則などの場合にも窺われる。人がそうした者を宿泊させたり、宮廷の使者が指示したときに引き渡さない場合は、同じく死刑に処せられる。第三の階級の人の奴隷は、或る程度宮廷と関係をもっていると結論せざるを得ないし、かれの主人もまた、或る種の宮廷官吏であったことを意味している。かれらの宮廷との関係は、こうした人から盗まれた財産が宮殿や神殿から盗まれたものと同じ事項に分類されていることで示されている。かれは宮廷領地で労働しているが、そこでの日常の奉仕を離れれば自由であるという最近の見方は、正しいといえよう。それゆえ、かれは中世のイギリスの制度の隷農（ヴィレイン）に対比されてよいであろう。この種の使用人は、奴隷を所有したり土地を売買したりできるような、相当重要な地位に容易に昇進し得たが、かれを自由市民と同様と考えることはできない。

ここで殴打の問題に戻ってよかろう。他の自由人の眼をくりぬいたり、その骨を折った自由人は同種の刑を課される。しかし、自由人が同じ罪を隷農に加えた場合は、銀六〇シェケルの支払ですみ、被害者が奴隷のときはその半額でよかった。自由人を喧嘩中に殺したときの刑は記憶しておいてほしいが、銀三〇シェケルであり、同じ状態で隷農を殺した場合は二〇シェケルで十分の償いと考えられていた。自由人が隷農の歯を叩き折ったときの罰は銀二〇シェケルであり、隷農が他の隷農の顔を叩いたときの罰は二〇シェケルである。自由人の奴隷が主人の頰を殴ったときの刑罰は、奴隷の耳の切断である。ここでは同害刑の原則が便宜の原則に変えられている。というのは、当然の刑は奴隷の手の切断の筈であるが、耳のない奴隷の方が主人の経済的損失が少ないからである。

**妊婦と殴打**

妊婦への殴打は別種のものと考えられている。妊婦を殴って流産させた者は、彼女が自由人の娘であれば銀一〇シェケルを払い、彼女が隷農の娘のときには五シェケル、奴隷の娘のときには二シェケルを支払わされた。その婦人が死んだ場合は、それが自由人の娘であれば刑として殴打者自身の娘を殺された。その他の女性の場合は、金銭の償いで足りるものとされ、隷農の娘のとき銀三〇シェケル、奴隷の娘のとき二〇シェケルを科された。

## 12 諸料金

**外科医の料金**

殴打者の刑罰のすぐのちに、外科医の料金が挙げられているが、これはバビロニアで医師を尊敬していたせいだとはほとんど考えられない。バビロニアの医術の進歩は別章で述べる筈であるが、法は成功した手術四例の料金と、失敗した手術二例への刑罰を記載している。したがって、医術はそれを行なう者にとってかなり危険性のある職業であったことがわかるし、或る教科書が医学生に、死にそうな病人にかかわりあうなと警告しているのは、多分に鋭いセンスを秘めている。法に述べられた最初の二つの手術のうち、一つは一種の体の大手術であり、一つは危険な眼の手術である。第一の手術で人の生命が救われ、ついで眼が助けられたなら、外科医は銀一〇シェケルの料金が得られる。もし病人が隷農のときは料金は五シェケル、奴隷のときは二シェケルである。手術の失敗で、病人が死亡するか失明したときは、外科医の責任とされる。このとき患者が自由人なら外科医は手を切断され、隷農なら多分銀で一定額の償いをさせられた。もし患者が奴隷のときは、手術の種類によって区分される。外科医は死んだ奴隷の代わりの奴隷を主人に提供しなくてはならないし、失明させたときは主人に奴隷の価格の半額を弁償しなくてはならない。

その他、挙げられている手術は、骨折、ちがえた腱などの治療である。手術料金は、自由人の場合銀五シェケル、隷農の場合三シェケル、奴隷の場合二シェケルである。

**獣医、理髪師**

サービス業の料金の問題に及んだのにつづけて、立法者は他の職業の料金を挙げている。牛ないし驢馬の大手術に成功した獣医は、銀六分の一シェケルを受け取ることができ、もし手術で動物が死んだときは、獣医はその価格の五分の一を償わねばならない。つぎに理髪職の料金が挙げられている。法に現われている理髪師は単なる調髪師ではない。調髪師は比較的危険のない職業なのでほとんど規制を必要としない。しかしバビロニアでは理髪師はそれ以上に危険な義務を負うていた。かれは奴隷に所有主の烙印を押す仕事に当たらねばならなかった。烙印を押すときは、その前に奴隷の頭髪を剃り、つぎに頰か額に印を焼きつけるか、切傷をつけるかした。もし奴隷の所有者が変われば、奴隷の烙印はおそらく変えられるか抹消されるかしたが、これもまた理髪師の日常の仕事とされた。逃亡した奴隷は自分の烙印を変えるように理髪師に頼むであろう。この誘惑に負けた理髪師は罪が発覚すると手を切断される。もし奴隷がその主人と称する人の連れてきたもので、理髪師が烙印を変更したのち、持主の違っていること、かつその主人と称する者が他人の奴隷を盗もうとしていたことが発見されたときは、理髪師は自分が罪を犯していることを知らなかったと誓言すれば許される。またその盗人は死刑にされ、他の者への見せしめのため、その屍体はかれの家の戸口へ吊り下げられる。

### 建築家

建築家も王の法規の対象となった。家屋建築家の料金は、二四フィートと二〇フィート四角の面積の住居で銀二シェケルであった。熟練技術者の日給が法律で銀五粒と定められており、一シェケルは一八〇粒であるので、建築家の料金は熟練技術者の七二日分に相当する。かれが材料と労働力を提供したにしても相当の利益を得たに相違ない。バビロンの住宅建築の詳細は後に述べるが、ここで強調しなくてはならないのは、住居は通常陽焼き煉瓦作り、平屋根、窓なしのものであり、住宅面積には一般に中央中庭を含んでいるので、建築費の面積当たり価格は相当廉くなっている筈である。

バビロンでは安普請は嫌われた。また、もし家の壁が損傷し、危険になりはじめたときは、建築家はこれはそれを自分の負担で補強するものとされた。住宅が壊れ、中の家具や家財が傷めば、建築家はこれ

図5　銅製牡牛頭像（現在セント・ルイス市立博物館所蔵）

らを取り替えるのみでなく、代金を取らずに家を再建しなくてはならない。家の崩壊の結果誰かが生命を落とした場合は、同害刑の処置がとられた。そこで建築家は家主の生命の代わりに生命を奪われる。建築家の息子が、家主の息子の生命の代わりに殺され、つぎつぎとこのように生命を奪われる。殺された奴隷は財産とみなされるので、現物で弁済される。住宅の持主は、官憲から住宅が安全でないと警告されることがあり、この場合には建築家ではなく家主がそれを修理する義務を負っている。もしかれが修理しないでいて、壁が崩れて通行人を死亡させたときには、家主は最大の罪を犯したとみなされる。

**船頭の料金と責任**

法は建築家のつぎに、船頭に移っている。メソポタミアの商業では水運が重要な役割を担っており、種々の型と大きさの船舶が河や大用水運河を上り下りしていた。おそらくもっとも普通の型は、山羊皮の空気袋で支えられた木組みの筏である。後尾にある棒と櫓で舵がとられた。それがなければ舟は全く水流のままに流された。もちろん、筏はただ下流に向かって航行できるにすぎず、木材は北方で廉価、南方で高価なので、到着地で筏を解いて木材が売られた。山羊皮は河岸を驢馬の背で北方に送り返され、新しい筏が作られた。さらに竜骨に枠をつけて板を張り、防水ピッチで船底を塗った、より永続する船が作られた。より重いこの船はオールで漕がれるが、ときに帆で助けられ、船長の望むように河を上り下りすることができた。小さな丸型のコラクル型の船が国内の輸送に用いられた。これは葦作りの枠に皮を張って、水をはじくようにピッチを塗ったものである。また用水運河の中で使う屋形船もあった。屋形船はおそらく岸から綱で曳かれた。

河川商業に携わる船頭はときには船の持主であったが、しばしば第三者から傭船して自分の労力を提供した。かれはまた自分の商品を運ぼうとする者に船を貸与する船主であった。料金は法によって定められていたが、法典のこの部分が破損しているので、料金の実体を正確に示すことはむずかしく、また現金で支払われたのか穀物で支払われたのかも分明でない。法は各種の型の船の傭船料を規定している。ほぼ重量六トンの船は一日銀六分の一シェケルで、艀《はしけ》は六〇分の一シェケル、櫓で漕ぐ小船は七二分の一シェケルであった。

河川の交通は輻輳し、しばしば事故があったにちがいない。「道路規則」は今日のものに類似しており、動力船は自然力で動く船に道を譲るものとされていた。櫓漕ぎ船と漂う筏が衝突したときは、つねに、漕ぎ船の船頭に責任があるとされた。もし筏が損傷をうけたときは、漕ぎ船の船頭は筏と筏にのせた商品のすべてを弁償しなくてはならない。船頭の不注意で生じた事故は同じ弁償を必要とした。船頭が傭った船を沈めたり難破させたりしたときは、同じ価値の船をもって弁償しなくてはならなかった。もしそのとき他人の荷物を運んでいた場合は、それをも弁償しなくてはならない。そのうえ、かれはおそらく荷主たちのために別の船を傭い、荷物の輸送を完了し、傭船料を支払わねばならなかった。船頭が沈めた船を引き揚げることに成功したときは、かれは船に価格の半分の現金を添えて持主に返さねばならなかった。

船大工は船の建造と修理とその航行に関係をもっている。疑いもなくあらゆる種類の修理業には料金が慣習的に定められていたが、重量九トンの船のピッチ詰め（塡隙）作業の場合が僅か一件法典に挙げられているにすぎない。この仕事で船大工は銀二シェケルを得た。この種の修理は一年間の保証つきであり、この期間中に起こった仕事上の欠陥は船大工の負担で修正された。

### 役牛の賃借料

傭船のつぎには、近似の牛の借用の問題に移っている。この動物はメソポタミアで犁耕やその他農耕用に広く使われていた。バビロニアの農民は二頭の牛に一台の犁を曳かせたが、二頭を前後に並べて、二頭を横に並べた場合より強い牽引力を発揮させていた。重い牛が軽い牛の後につけられた。また仕事を仕込み中の若い牛は先頭につながれた。体重のある熟練した役畜の一年分の借料は穀物一六ブッシェルで、軽いのは一年穀物一二ブッシェルであった。牛を借りた農民は借りたときと同じ状態で返却するものとされ、怪我があれば、その種類によって弁償金の率が定められていた。笞打ちや叱咤をしすぎて牛の背や尾や角を傷つけた場合は、役畜の価格の五分の一を弁償しなくてはならない。とくにひどい殴打で牛の眼をとびださせたときは、農夫は牛の価格の半額を弁償せねばならず、一方、足の骨を折ったり首の筋肉を傷つけて使えなくしたとき、また殴打や放置で死なせたときは、別の牛をもって弁償せねばならなかった。ただし死んだときの規定には二つの例外がある。田舎では常にライオンの危険があるので、ライオンに襲われたのは農民の責任とされなかった。同様に牛が「神によって打たれた」とき、いいかえれば農民の管理下にあるときに単純に死んで倒れた場合には、ありのままを証言した農民は許されて無罪となる。イシンの法典でも、借りた牛の損害について数ヵ条を割いている。角を折ったときと尾を傷つけたときは、罰として価格の四分の一を弁償し、鼻輪のところの肉を傷つけたときは価格の三分の一、眼の傷には価格の二分の一を弁償させられた。

バビロニア法は、牛がごく簡単に人を殺す恐ろしい動物という観点から規定を設けている。牛はいつ突発的に暴れだすかわからないので、牛が突然綱を解いて街頭で人を突き殺したときは、弁償は必要でないとしている。しかし危険なことがわかっている牛は、常に繋いで抑えておくか、角に袋をかぶせるかしておかねばならない。このことは地方の役人が常に注意し、危険な牛の持主に警告を発している。警告を無視した結果、牛が人を突き殺したときは、弁償が必要とされる。自由人を殺せば銀三〇シェケル、奴隷を殺せば二〇シェケルを要求された。エシュヌンナの法典では、同じ罪の償金がそれぞれ四〇シェケルと一五シェケルであり、また狂犬とわかっているものを持主が放し飼いにしていて人を死なせたときは、同額の弁償を要求された。またもし一匹の牛が別の牛を突き殺したときは、二人の持主が生きた牛と殺された牛の価格を折半して損害を負担し合った。

### 農夫と役畜の賃借料

農耕の問題に及んだところで、立法者は同じ調子で、農業労働者についての規定を挙げている。犂耕者の賃銀は一年間で穀物約三三ブッシェルと定められていて、かれの仲間で先頭の牛を曳く者のは年二五ブッシェルである。つぎに農具の不法借用について定めている。隣人の鋤または耙を盗用したものは銀三シェケルを弁償しなければならず、水車または種蒔き漏斗付きの重い鋤を盗用したものは、五シェケルの弁償を求められた。強く注意された特別のケースは、他人の土地を耕すために傭われ、牛と秣と種子用穀物を預けられた人のことである。適量の食料を与えないで、牛を痩せさせて価値を下落させた者は、預けられた穀物の倍額を弁償しなくてはならず、秣の盗用中を捕えられた場合は手を切断された。また土地を耕す契約を履行しなかったときも罰せられる。たとえば、かれが自分に預けられた牛を犂耕や耙耕に用いないで、他の農民に貸して儲け、穀物を蒔かないで盗んだときは、その罪は刈入れの際、減収や無収穫となって露見するが、かれはその罪にたいし土地の通常の収穫量の倍額を弁償しなくてはならない。もしかれが弁償できないときには、一対の牛の後方にくくりつけられて、耕作しなかった土地を犂や耙のようにひきまわされた。

牛や羊の監視のために傭われた牧童の賃銀は、犂牛と同じく一年間が穀物三三ブッシェルである。牧童は番をする家畜の持主と契約をする。この契約では、かれが生ませねばならない仔羊の数、ミルクや皮革の量などが定められる。ほぼ近似の量を得られなかったときは、牧童は自分の負担で生産量の不足を埋め合わせねばならない。普通雇用の条件には、起こり得る犯罪の表を掲げている。売る目的で家畜の烙印を変更した牧童は所有者に一〇倍を弁償しなくてはならず、不注意で病気を流行させたときは、損失のすべてを自分で弁済せねばならなかった。家畜監視の責任は、家畜が牧草を食うため戸外に居る間のみで、家畜が持主の囲柵の内に帰還したときで終わるものであった。それゆえ、羊や牛が囲柵の中で死んだり、ライオンの襲撃によって殺されたときは、損失は持主が負い、牧童は係りがないとされた。

法はさらに、収穫期に借りる脱穀用役畜の問題を扱っている。脱穀は収穫物を役畜に踏ませて穂から落とす方式で行なわれた。この仕事での借料は、牛で穀物四分の一ブッシェル、驢馬で八分の一ブッシェル、仔動物で一八分の一ブッシェルであった。穀物を運ぶ馬車の借料は一日穀物半ブッシェルと定められ、牛と馭者を含めた一揃いの借料は一日二・五ブッシェルであった。エシュヌンナ法では、同じものの料金が穀物一・五ブッシェルないし銀三分の一シェケルであった。

宮廷に傭われた熟練職人は生計のための割当地を持ち、別に一日三五分の一シェケルの賃銀を与えられた。職人には、大工、皮革工、裁縫工、革編人、建築家、煉瓦焼き、石切工、宝石商、鍛冶工およびおそらく陶工などがあった。宮廷領の臨時労働者は、気温が最高で労働の苦しい春と夏には、一日銀三〇分の一シェケルを与えられた。涼しくて仕事も少ない季節には、一日三五分の一シェケルを与えられた。エシュヌンナの法典では、日傭いの刈入れ人は銀一五分の一シェケル、篩《ふる》い人は一三分の一シェケルを与えられ、月ぎめの傭い人は銀一シェケルを与えられるとした。

## 13 奴隷の売買

バビロニアの法典では、最後に奴隷売買の条項が挙げられている。バビロニアの奴隷はまず捕虜であるか、または自ら身売りしたか、負債のために売られたか差押えられるかしたバビロニアの土着人か、であった。さらにバビロニアの商人が国内市場で売って儲けるために、外国市場で買って連れ帰った者があった。ここで売られる奴隷は癲病を懸念する一ヵ月の保証期間がつけられた。また売却完了後でも、第三者から苦情が出たときは、売却者が苦情を解決せねばならない。外国で買われた奴隷で、その後盗まれたものとか、バビロニアの主人の許から逃亡した者とかと判明することがあった。その場合、元の持主が奴隷の身許を証明できれば、元の主人はそれを取り戻すことができた。しかし、かれは仲買人が外国市場で払ったと同じ金額をまず仲買人に払わねばならない。しかし、もし仲買人が逃亡奴隷と知っていたことが判明すれば（たとえば、外国で奴隷となる筈のない明らかなバビロニア生まれの者であったときなど）、仲買人は奴隷を本来の持主に弁償なしで引き渡さねばならない。主人が身許を証明したとき、それを否認した奴隷は耳の切断の刑をうけた。

奴隷は、男女とも主人の絶対的所有物である。その結果の一つは、主人が自分の女奴隷と自由に関係をもつことができることである。しかしエシュヌンナの法典は、他人の奴隷にたいしてはその自由は許されないとしている。隣人の娘奴隷の処女を奪った者は銀四〇シェケルを支払わされるが、娘奴隷はひきつづき主人に所有される。奴隷の子供はもちろん両親の主人の財産である。その子供が内密にせよ公然にせよ、他人に与えられて養育されていても、要求があれば主人に返却しなくてはならない。宮廷奴隷の子供は、自由民が養子にできるが、かれは養子にしたのに代わる奴隷を提供せねばならない。

## 14 結び

以上がメソポタミアの法典の総括的内容である。それは対象とした社会の全貌を明らかにしようとするものではないが、多くの場合かなり明白に社会のイメージを浮きあがらせている。その社会は、広汎に宮廷の統制をうけているが、広い分野で個人企業を営む希望が叶えられている。また主として商業・農業に基礎をおいた社会である。法典は、現代から遠く離れた所と時にあった社会の成員が直面した問題を取り扱っていることで大きな関心を呼ぶが、それらは多くの場合——たとえば価格・賃銀・婚姻・負債など——われわれが二〇世紀の日常生活で味わうものと、大差のなかったことを示している。

# Ⅳ　バビロンの沈滞

## 一　古バビロニア帝国の崩壊

### サムスイルナとバビロンの衰退

ハムラビ帝国は個人の創造物であり、その帝国の統一を持続するには創設者と同じ個人的才能を必要とした。父の王位を継いだサムスイルナ（前一七四九―一七一二年）は当初はこの重責に耐えるようにみえ、王が直接行政を監督するというハムラビ王の政策を継続して、数年間は相続した領土の平和と統一を保持することに成功していた。王は治世の第一年に租税の軽減を行ない、これによって従属民族の忠誠を固め、以後六年間かれは力を尽くして平和を維持した。ところが、前一七四二年に情勢は急変した。

メソポタミアの有力な地主は、長年の間作物の収穫に東方の山岳地国出身の季節労働者の力を利用していた。疑いもなくこれらの労働者の多くは自分たちの郷土に帰ると、黄金溢れるメソポタミア平原地の豊沃さを語り伝えていた。この物語の強い魅力に取り憑かれて、これまで収穫のための労働者を送り出していたディヤラ河上流のカッシート人が、労働による以上に武力によって平等に文明の恩恵にあずかれると判断し、バビロニア人の抵抗力を試す略奪隊を派遣した。サムスイルナはかれらを撃破したと主張しているが、カッシート人はサムスイルナの軍隊をディヤラ河のかなたまで撃退することに成功した。アッシリアとバビロニアは分断され、カッシート人は自らの王国をティグリス河中流の一角に建設した。

カッシート人の侵入が成功をおさめたことは帝国の他の州に衝撃を与えた。前一七四一年にヤムトバルが、エラムの一州イダムアラズに煽られ、ハムラビの敵の子であるリムシンに率いられて、反乱を起こした。リムシンは南方を急襲してウルク、イシン、ラルサを占領し、父の旧都において王を唱えることに成功した。このとき、サムスイルナの武力はこの脅威に十分対抗できるものであり、素早く報復遠征に乗り出して、リムシンを撃破し、捕虜にした。翌年かれはエラム人を撃退し、ウルクとウルの城壁を破壊し、爾後反乱者が逃げ場として利用できないようにした。前一七三九年サムスイルナは敵の全部を最終的に殲滅したと布告した。

しかしこの点でかれは誤っていた。翌年キスッラが反旗をひるがえし、前一七三七年には無名の簒奪者が煽動して、アッカド人を反乱させた。おそらくこの反乱者はイシン王の後裔で、リムシンの敗北後南方の指導者となったイルムアイルであったろう。再びサムスイルナは南進し、対峙する両軍はウルの南の大湖の岸辺で遭遇した。その結果、ほぼ確実にイルムアイルが勝利を占め、この瞬間からバビロンは南方の支配権を失いはじめた。イシンの城壁は反乱軍を阻止するために強化されたが、それも敵の着実な北進を阻むのに役立たず、バビロニアの武力は防戦によって消耗させられ、バビロンは他勢力の攻撃にさらされるにいたった。前一七三五年に北西からの攻撃を防ぐためシッパルの城壁が強化され、前一七三四年にはエラムと東方の危険に備えてヤムトバルの要塞が再建された。

それらの措置は一時的には成功した。というのも、その後二ヵ年間サムスイルナはその急減する国庫を割いて、シッパル市のシァマシュの神殿を修復し、マルドゥクに金の神座二基を献上するなどの費用を賄っているからである。前一七三一年に、イルムアイルとの間で新しい衝突が起こり、このときバビロンの王は二度目の敗北を喫した。これ以後かれは南と北で失った領土を回復する欲望を拋棄し、再び神殿の修復や神座の献上に浮身をやつしはじめた。前一七二七年にかれがキシュの城壁を強化しているのは、危険が首都に近づいたことを物語っていた。しかし、翌年サムスイルナが救国のためにとった唯一の措置は、干戈をもって敵を撃ち倒している自像を神に献上することだけであった。決定的行動の代わりに神頼みの思想が現われはじめた。

南方と北東での領土喪失の結果、バビロンの商業の大部分が失われた。当時通じていた唯一の商業路は、ユーフラテスを遡ってレバノンと地中海岸に赴くものであった。前一七二五年におけるサムスイルナの最大業績は、アマヌス山から採掘される長さ三〇フィートの黒色玄武岩の塊りを、この路を経由して輸送したことであった。二年後にはこの地中海との連絡路も、ユーフラテス中流地域におけるアモル人の反乱のために、王の掌中から脱落してしまった。同時にイルムアイルの進出したニップールまでの南方においても、危機対策がとられねばならなかった。バビロンのすぐ南辺にあって、かつて王国の発展当初にスムラエルが築いた一連の要塞は、必要がないままに崩壊に委ねられていたが、急遽修復されて、これに大軍が配備された。最初の間はサムスイルナは、西北で或る程度の成功をおさめ、敵のアモル人にたいし勝利を誇ることができた。しかし、前一七一四年にはアッカドの地域で反乱が起こった。サムスイルナが死んだ前一七一二年には、バビロニア帝国は首都周辺の小地域に縮小していた。

### 古バビロニア帝国の崩壊

アビエシュ（前一七一二―一六八四年）の治世は主として信仰行為や神への献納でよく知られている。この行為が記憶されているのは、軍事的成果の乏しかった確証であり、アビエシュは敵にたいして少しも攻勢に出なかったものと思われる。ティグリス河を堰き止めて、平原全面を洪水で浸してイルムアイルを撃破し、捕虜にしようという野心的計画も失敗に帰した。それゆえ南方でのバビロンの努力は、敵の領内まで河が突出している地点に城塞を築くことにとどまった。また北方では、前一七一〇年にカッシート人を撃ち破ったと唱えている。しかしこれ以外では、王は専ら宗教儀式の執行と、神の礼拝に傾倒して過ごしたように思われる。

つぎのアンミディタナ（前一六八三―一六四七年）も、治世の大部分を寺院の装飾や、種々の拝跪態の自像を献納することに費やしていた。バビロンはかなり繁栄していたので、これらの高価な献納の負担を賄い得たに相違ない。それとともにアンミディタナは南方の「海の国の諸王」との戦に、或る程度成功したようである。かれは前一六八八年に「海の国」地域の反乱鎮圧に成功し、それ以後かれの治世は、その終わりまで堅実な発展をつづけ、国内の強化に成果を挙げている。かれは征服地で、用水路を掘り、敵襲を防ぐための城郭を築いた。かれは前一六四九年に、海の国の王イルムアイルの二代後の継承者ダミクイリシュが築いた城壁を破壊した。これは多分ここがアンミディタナの南進の最前線であったことを意味していた。また地方では、かれはバビロン付近に一つの宮殿、シッパルに一つの修道院を建てた。全体としてかれの指導下でバビロンはかなり国力を回復し、アンミディタナはその治世の末年ころ、再び「シュメール＝アッカドの王」の称号を唱えることができた。

かれの子のアンミザドガ（前一六四六―一六二六年）は、より拡張した王国を一時継承することができた。しかし、これはかれが父のときのように、海の国の諸王にたいして優勢を保持していたことを示すものではない。数年間神への献納以外に祝典が行なわれていないことは、祝うべき戦勝のなかったことをはっきり示している。アンミザドガは前一六三八年「かれの国土への重圧を排除し」、前一六三七年にはユーフラテス河口に城郭を築いたと主張しているが、これが極微の勝利を修飾する誇張であることはほぼまちがいない。その治世の後半、記録に「かれはその国土を太陽神のように照らした」とあるのは、誇り得る実際の成功がほとんどなかったことを示している。サムスディタナ（前一六二五―一五九五年）の治世は前王とほとんど変わらなかった。かれの統治も年々の神殿建築と神像の献納で修飾されつづけた。またかれは何回か勝利を得たと唱えているが、かれが頼りとした「シアマシュとマルドゥクの強大さ」が、二神に象徴される領土を絶えず拡大させるほどの威力をもったとはみられない。しかし、かれは力量不足にもかかわらず、西北の貿易路にたいする支配力を持続しようと努め、治世の末頃、アレッポの王がタウルス山地の彼方から来襲した新しい敵ヒッタイト人と対峙したとき、アレッポの王にたいし実際の助力でないまでも、声援を与えたように思われる。そして、かれはその責任をのがれられなかった。ヒッタイトの王ムルシリスはアレッポを奪って北シリアの支配権を握ったのち、犠牲者を進んで援助しようとした者を罰するために、ユーフラテス河畔を掃討しつつ南下した。サムスディタナはこの襲撃にほとんど抵抗できなかった。バビロンは攻略され、略奪された。こうして前一五九五年に、ハムラビ王朝は屈辱的終焉をとげている。

## 二　カッシート王朝の支配

### 印欧語族の出現

バビロンがヒッタイト人に攻略されたときから、古代世界の歴史は新しい段階にはいった。このときまでメソポタミア発展の主役はシュメール語族ないしセム語族が担っていたが、ヒッタイト人がアナトリア高原から現われて以来、新語族の進出がみられた。ヒッタイト人連合の王ムルシリスや、その他の君主の使った言葉はインド＝ヨーロッパ語であった。最後にはヨーロッパの大部分とアジアまでの大地域に広がっているこの大語族は、南ロシアを挟んでバルト海からカスピ海にいたる大平原のどこかで発生したと考えられる。前三〇〇〇年頃その語族は広く分散して、相互に理解し合えないほど多数の方言を分化させていた。この語族から分離した最初のグループの一つが、前一九〇〇年頃中央アジアへ進み——この種族が足跡を印した路は依然として論争の種であるが——、そこで先住民族を支配する地位に立った。小アジア内での相つぐ征服の結果、帝国主義的野心をもつ強力な王国が形成され、その結果ムルシリスの率いた遠征が起こり、バビロンに悲惨な末路をたどらせた。

インド＝ヨーロッパ語族の移動は、別にいっそう永続的影響をメソポタミアに与えた。というのも、のちにヒッタイト人を支配したグループの分離後、他のグループが移動を開始し、最後に西北インドに赴くこのグループの一部が、移動の途中でコーカサスをこえて南下し、アナトリアの同族と同じように、メソポタミア平原に接する山岳地住民を支配するにいたったからである。たとえばザグロス山脈中で、かれらは原住民のカッシート人に強い圧力を加えた結果、これらの部族がサムスイルナ時代にバビロニアに攻撃を加えはじめた。のちにかれらはカッシート人のなかに定着しはじめた。かれらの存在は、カッシート人のいくつかの氏名のなかにインド＝ヨーロッパ語の要素のあることで示されている。

さらに北のザグロス山地とバン湖の間の地域を占拠していたフッリ人と呼ばれる民族がいる。この民族はアッカド時代以前から、平和的に上・下ザブ河周辺の平原に滲透しつつあり、その一部はハムラビ時代までに北メソポタミアを越えて地中海岸まで広がっていた。インド＝ヨーロッパ人の圧力が加わるにつれて、この小川のような動きは洪水に変じ、急速にアッシリアを水浸しにし、シリアを経て地中海岸までを襲うにいたった。かれらがシリア・地中海岸に進出したために、その地域のセム民族が圧迫され、セム人を主体とするヒクソス、すなわち「牧人王」が前一七二五年頃エジプトに侵入し、ここを征服する動きを生んだと思われる。フッリ人はその北方でアナトリアのヒッタイト王国と境を接し、ムルシリスが前一五九五年にバビロンを攻撃した直後、ヒッタイトが衰退するのに大きな影響を与えたと思われる。フッリ人は人口が多く、隣接諸国に大影響を与えたにもかかわらず、大規模な政治的統一を達成するにはいたらなかった。かれらは広い地域に広がっただけで、最後にはその地域民に同化された。しかしカブル河の原流周辺の地域では、かれらが郷土の山岳地を下るあとから、インド＝ヨーロッパ人が踵を接して進出し、フッリ人を追い出した。新侵入者は前一五〇〇年までにこの地域の封建的領主として地位をかため、ミタンニとして知られる王国を建てた。ミタンニ人の成功は、かれらが導入し決定的効力を発揮した新しい武器、――馬戦車――によるものであった。

### ヒッタイト勢力の劫掠

こうしてハムラビ王朝滅亡後の数世紀間、政治引力の中心はかなり北方に移動していた。最古の時代からバビロニアの繁栄は大幅にシリアおよび地中海との連繫に依存していた。いまやこの連繫地帯がバビロンのみでなく、その発展を阻止する者にたいしては見さかいなく挑戦する、若い活発な勢力によって脅かされはじめた。介入はそう遅れずにやってきた。前一五六七年頃エジプトからヒクソスが駆逐され、精力的な第一八王朝が興隆すると、エジプトがシリアに権力を樹立しようとするのは避け得なかった。北方では一時力の衰微していたヒッタイトの諸国とヒッタイト軍が、再び国際問題で決定的実力をふるいはじめた。北部シリアに集中されたすべての活動のなかで、バビロンは僅かに脇役を演じたにすぎない。しかし前一六世紀から一二世紀までバビロンは、伝統的に支配権をふるっていた地域で自己を主張し、当時の大勢力と対峙しようとしつづけた。その姿勢を示す国際政治の概要を跡づけることは是非必要であろう。バビロニア国内の歴史についてわれわれのもつ資料はきわめて断片的で、他国の年代記を流用する必要がある。ヒッタイトの侵入でバビロンが衰微し、その後の君主が昔の繁栄を取り戻そうとくり返し努力したにもかかわらず、さして成功しなかった経緯については、十分な（他国の）資料が存在する。

ヒッタイト人は前一五九五年に突然ユーフラテス河を南下してバビロンを攻略したが、征服地を保持しようとはせず、戦利品とマルドゥク及びその妻ザルパニトの神像を携えていち早く郷土へ引き揚げてしまった。バビロンの旧領は争奪者への賞品と化された。数代にわたって北方の領土を渇望してきた「海の国」では、六代の王グルキシャルが突然提供された機会をほぼ的確に摑んだ。しかし、かれのバビロン支配は永続しなかった。というのは、かれは間もなく北方からきたカッシート人によって駆逐されたからである。

## カッシート王朝の成立

カッシート人は一五〇〇年前に初めてバビロニアに勇敢に突撃して以来、ディヤラ河流域を中心に国を建てていたが、同時に遙か遠くのマリ地方にまで影響力を広げていた。かれらはサムスイルナの後継者の軍中で傭兵として働いて、「海の国」との戦で軍事修練を重ね、数年にしてバビロンに強力な支配権を樹立した。この都を支配したことが明白にわかる最初の王はアグム二世で、その領土はディヤラ河の上流までと、ザグロス山脈まで伸びていた。カッシート国の王名はアグム二世までのが知られているのみで、各王の治世の年数もきわめて曖昧である。知られる最初の王ガンダシュは、前一七四二年にサムスイルナの撃破した侵寇の統率者であったにちがいない。しかし、かれが前一七〇〇年の直前まで王位に即いていないことはさらに確実である。かれをアグム一世が継ぎ、つぎにカシュテイリアシュ一世が継いだ。後者はユーフラテス河畔のカナの王となったかもしれない。そののち、アグム二世までの間を、アビラッタシュ、別のカシュティリアシュ、ウルジグルマシュ、カルバシク、テイプタクジなどが継いだ。アグム二世はバビロンの市民にたいし、かれの支配を正統のものと考えさせるように、ヒッタイト人が二〇年前に持ち去ったマルドゥクとザルパニトの神像を、前一五七一年にカナから持ち帰った。ヒッタイト人がそれをカナに放置していた理由はわからないが、アグムが修復した神殿にその神像を返還し、その神殿を華やかに装飾しつつ、このカッシートの王が〝マルドゥクの手を握って〟樹立した王朝は、バビロンを四〇〇年以上にもわたって統治する政権となった。長い治世ののち、アグムをブルナブリアシュ一世（前一五三〇―一五〇〇年）が継いだが、その治世のときに北方から紛糾の兆が現われた。

ハムラビの治世後のフッリ人の移動で生じた混乱のなかで、アッシリア国は一時、ほとんど消滅していた。この間アッシリアの国については、フッリ人とインド＝ヨーロッパ人貴族とに臣従していたと思われる支配者たちの不明確な名簿がある以外は、ほとんど知られていない。前一六世紀末頃アッシリアの知事たちがその州を再建し、隣国を侵略して領土を広げはじめた。ついでアッシリアのプズルアッシュール三世（前一五一三―一五〇〇年頃）がバビロンのカッシート王朝と衝突した。両者の間で成立した協定からみると、アッシリアの優勢な衝突であったことがわかるが、その結果バビロンは相当後退した。

カッシート朝の次代の王の名も知られていない。かれを継いだカシュティリアシュ三世（前一四八〇―一四七〇年頃）は強力であって、依然独立していた海の国を撲滅する任務を、その弟ウラムブリアシュに授けている。ウラムブリアシュは、エラム遠征中のエアガミル王の不在をねらって海の国を討伐し、いくばくもなく自ら南方の王位を奪取した。兄が死去すると、かれはバビロンの王位にも即き、バビロニア全域を支配するサムスイルナ以来の最初の王となった。この支配は、前一四六〇年頃かれの死去とともに海の国が再び興起したため、中断した。アグム三世（前一四六〇―一四五二年）はドール・エアの反軍の要塞を攻略して、その主神エアを祀る神殿を破壊した。この敗北により海の国の抵抗は解消し、カッシート人の支配に刃向かう者は絶滅した。

## カダシュマンカルベ、カラインダシュとエジプトの進出

カダシュマンカルベ一世（前一四五〇―一四三五年頃）の治世では、西部砂漠の遊牧民族であるスト族との闘争だけが知られている。水の補給欠乏で困憊している軍勢を無理矢理戦線に参加させて、カダシュマンカルベは敵を多数殺戮することに成功した。それ以後カッシート王朝中、このスト族の劫掠は見られない。

カラインダシュ（前一四三四―一四一八年）の即位とともに、バビロニアの問題が国際政治で大きな比重を占めはじめた。一五世紀の初頭ミタンニ王国が北メソポタミアで支配的勢力をもち、シュッタルナ十一世やサウスタタルなどの王のもとで、シリア海岸からアッシリアの東境までにわたる帝国を樹

立した。アッシリア王のアッシュールラビ一世(前一四七三―一四五三年頃)が反乱を企てたとき、ミタンニはこれを打ち破ったが、アッシュールの財宝を、その都のワシュカニに運び去るにとどめた。しかし数年ののち、エジプトのファラオのツトメス三世が精力的な遠征でミタンニ族を撃破し、全北シリアを獲得した。その継承者のアメノフィス二世が、その治世初期に起こった反乱を厳しく鎮圧すると、ミタンニ、ヒッタイト、バビロンの君主たちは慌ててファラオに祝意を表明し、贈物を捧げている。しかし、一、二年の後、おそらくヒッタイトに唆かされた反乱がもう一度起こって、エジプトを駆逐し、代わってヒッタイトの支配が始まった。ヒッタイトの支配はツダリヤス二世とその子アルヌワンダス一世、ハットシリス二世と続いた。ヒッタイトの危険がエジプトとミタンニを提携させたが、この強力な同盟の成功の見込みが高いので、バビロンのカラインダシュ王も熱心に支援を申し出た。カラインダシュは、前王が南メソポタミアを再統合したにもかかわらず、自分が継承してからは名声のうえに眠るだけで、なんら大きな物質的繁栄を齎らしていないことを悟っていた。

シリアとレバノンで敵対勢力が出現したため、バビロンは木材・金属、その他必須商品を入手できなくなっていた。同時に、南方の運河と農耕地がハムラビ死後の相つぐ災害のなかで荒廃し、残った僅少の耕作地は幾世紀もたえまなく使用されたため、カッシート王朝時代までには大部分疲弊してしまっていた。この結果、多数の古代都市――ラガシュ、ウンマ、アダブ、キスッラ、シュルパックなどはいまや住む人も失われ、国は慢性の末期的貧困状態に陥り、外からの恵み深い施恵者の支えなしには、回復できない状態となっていた。これがカラインダシュ王がエジプトとの同盟に心を惹かれた理由であった。エジプトは従属国に寛大に報酬を与えることで名がとどろいていた。同時にカラインダシュは自国がアッシリアに脅かされていることを感じていた。というのも、アッシリア国は依然名目的にはミタンニの家臣であったが、アッシリアの王たちは団結した強力な王国を形成することに成功し、さらに発展しようとしていたからである。カラインダシュはブルナブリアシュ一世が約八〇年前に結んだ国境協定を改新してアッシリアとの同盟を確保したが、当時のアッシリアの王アッシュールベルニシェシュはこれを友情と解釈して喜んだ。というのは、この同盟がかれのミタンニに加えようとしている、今後のあらゆる行動を支えると考えたからである。

**クリガルズ一世、ブルナブリアシュ二世とエジプトの親交**

この同盟の結果、バビロンはクリガルズ一世（前一四一七―一四〇〇年頃）の治下で比較的平和な繁栄時代をもつことができた。エジプトからの財政援助によって、かれはニップール、ウル、エリドゥ、ウルク、その他の都市で野心的建築計画を進めることができた。その最大のものは、近代のバグダードの約二〇マイル西に新首都ドール・クリガルズを建設したことであった。この都は北方との戦争に際して、城砦として使うことができた。クリガルズはエラムを討つ遠征に成功して、スーサを攻略し、その成果を誇って、自ら〝世界の王〟と称した。同時にかれは、より強力な友の憤怒を誘わないように意を配った。かれはエジプトとの同盟を固めるため王女をアメノフィス三世（前一四一七―一三七九年）の後宮に送った。無法なカナーンの諸侯の一団が、エジプトの支配覆滅の計画にバビロンをひきこもうと申出てきたとき、かれは固くエジプトへの誠意を貫いた。

クリガルズの嗣子カダシュマンエンリル一世（前一三九九―一三八一年）も父の政策を引き継いだ。かれはアメノフィスとの間で、妹からの便りがないこと、自分の妻にエジプトの王女を迎えたいこと、エジプトの贈物の少ないこと、などを訴えた音信を数多く交わしている。結局かれはファラオの許にいる妹へ送る大量の金を入手できるし、それによって父の始めた建築活動を継続できるという見込みに釣られて、エジプトの王に説得された。

かれを継いだブルナブリアシュ二世（前一三八〇―一三五〇年）は慧敏な政治家で、その治世中微妙な国際問題を自分に有利に操作することに成功した。かれの最初の行動はアメノフィス三世へ忠誠のメッセージを送ったことであるが、前一三七九年にアメノフィスが死去し、その子アケナーテンが継承しても、ブルナブリアシュは慎重に、エジプトの王である〝義弟〟との友好を継続した。かれの手紙は、その先代と同じく大部分つぎつぎと金銭を求める見栄っぱりの訴えからなっていたが、歴史家にとっては国際情勢の変化を読みとる価値に溢れたものであった。最初の手紙からみても、シリアにおけるエジプトの地位が昔日ほど強くないことが明白である。というのはエジプトで地位の高さを示す秤とされた金が、もはやここに送付されなくなっていたからである。事実、アケナーテンは本国で大宗教改革に着手することに心を奪われて、帝国の統治を閑却しがちになっていた。かれは唯一・真実の神としての太陽神の崇拝と、これを古来の信仰と混同することなく崇拝できる新首都の建設とに、時間と関心を傾倒していたし、シリアの家臣たちの間では内紛が起こり、他の強大国が攻撃の機会をねらっていたからである。ブルナブリアシュの二通の手紙は、かれの音信がエジプト領のカナーン州を通過中に襲撃されて奪われたが、エジプトの宮廷がこの事件を気遣っている証拠が何もない、と不満を述べている。エジプトの支配者がカッシート朝の王女を妃に迎えたことも、バビロン王の信頼を回復することに役立たず、最後にブルナブリアシュは自分の計算で行動をはじめた。ビブロスとエルサレムの事件にカッシート朝が干渉した形跡が見られるが、衰退したエジプトがバビロンの実力行使を許したのは、この二ヵ所のみではなかったようである。しかし、ブルナブリアシュがそれ以上の広汎な征服に専念する時が来る前に、北部シリアの情勢が根底から変化したため、かれはやむを得ず自国に撤退し、新しい同盟者を求めねばならなかった。この突然の退却の理由は、思いもかけぬミタンニの崩壊であった。

**ミタンニの滅亡**

数年前エジプトとミタンニの同盟は不動のものに思われていた。一連の婚姻関係で北方の君主国はエジプトの王と固く結ばれ、アルタタマ（前一四二五―一四二〇年）とシュッタルナ二世（前一四二〇―一三九〇年）のもとでミタンニ国は世界第一級の国家に上昇していた。トシュラッタ（前一三九〇―一三六五年）の即位のとき、多少の国内紛争が起こったが、これとてもかれの北シリア領有を弱化させる気配は見られなかった。前一三八〇年頃、ヒッタイト人が大軍を率い、タウルス山峡を越えて侵寇したが、大打撃をうけて撃退された。戦利品の一部はエジプトへ贈物として運ばれた。しかし、前一三七九年のアケナーテンの即位は、エジプトからの補助金の打切りを意味し、その収入を失ったことで、ミタンニの勢力はたちまち崩れ落ちた。ヒッタイトの王スッピルリウマス（前一三八〇―一三五〇

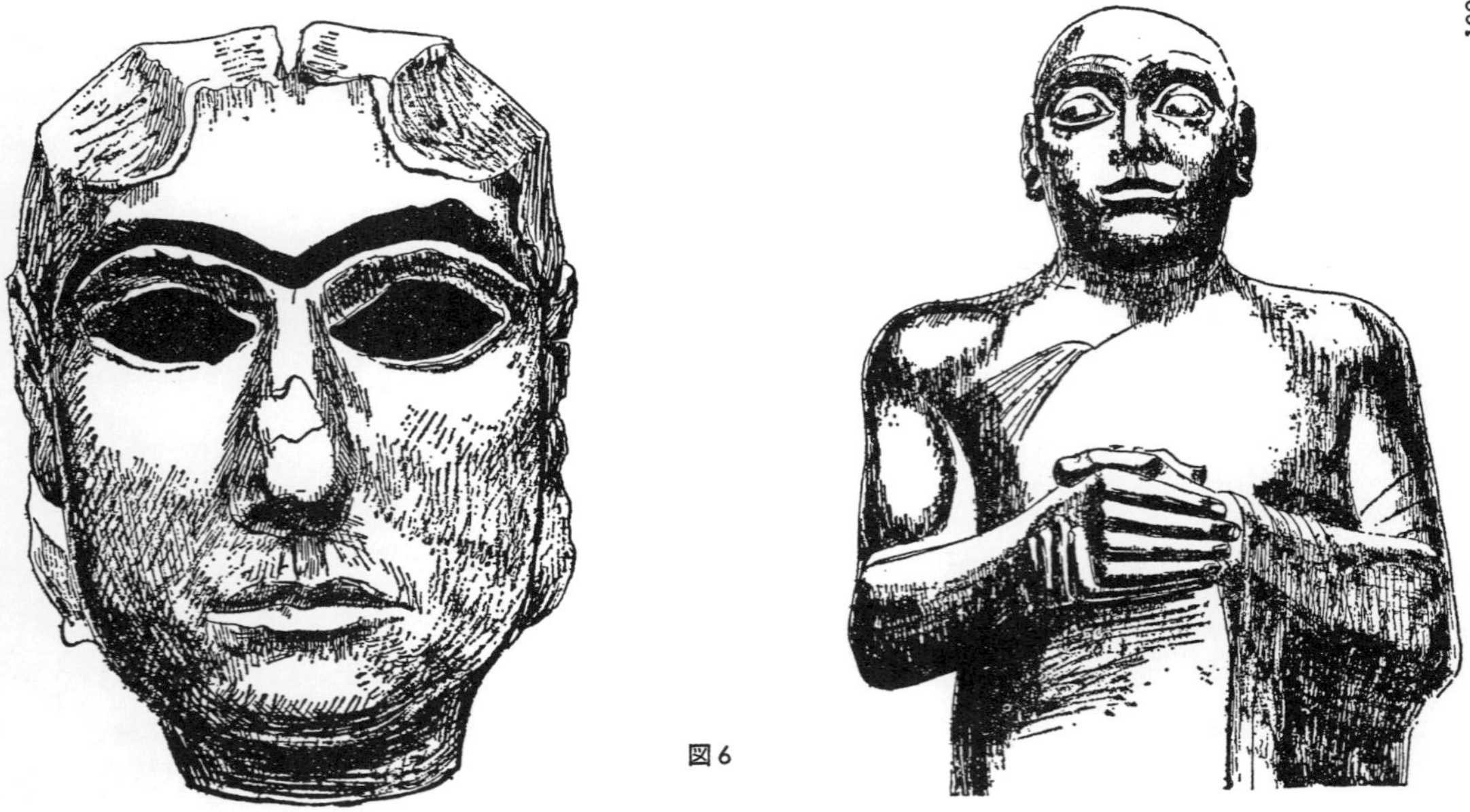

図6

a　ウル出土の婦人頭像

b　ラガシュのグデア像（現在大英博物館所蔵）

年）が新たに攻勢にでたとき、トシュラッタは完敗を喫した。以前の侵寇で、スッピルリウマスはタウルス山峡の出口を扼する平原に結集したミタンニ軍が強大で、到底撃破し得ないことを知り尽していた。そこで、前一三七〇年頃かれは計画を改め、それに従ってユーフラテス河が北シリア平原に曲流する直前の地点で渡河し、そこから突如ミタンニ軍の背後を襲った。トシュラッタの都ワシュカニは奪取されて、たちまち北シリアとレバノンの大部分がヒッタイト王の手中に落ちた。ミタンニ国の東部の領臣であるアルシェとアッシリアは情勢を利用して独立を宣言し、トシュラッタの膨大な領土は、カブル河入口から上流ユーフラテス河沿いの小地域を残すのみに縮小した。トシュラッタの勢力はひどく弱まり、反対派の王族の手で暗殺され、アルシェとアッシリアの支援を得た新王家が樹立された。ミタンニの勢力が完全に破砕されたため、北シリアはいかなる支配者が窺っても容易に攻略できる状態にまで衰微していた。

### ブルナブリアシュとクリガルズの支配ならびにアッシリアの重圧

北方がこうまで混乱していったにもかかわらず、バビロニアのブルナブリアシュは勢力を拡大する力量をもたなかった。ミタンニの没落で、素晴らしく有能な武将であることを示していたヒッタイトのスッピルリウマスからいつ攻撃を受けるか分らぬ危険が生まれていたし、同時にまた、新興のアッシリア国からのいっそう切迫した危険に脅かされていた。アッシリアの独立を達成したアッシュールウバッリト一世（前一三六五—一三三〇年）は、無限の精力と野心をいだき、間もなくエジプトに向かって対等な立場で、権力を固めるための資金を要求した。正当な理由もなしにアッシリアを自分の従属者と考えていたカッシート朝のブルナブリアシュは、これに耐えられなかった。エジプトに送った厳しい抗議の書簡が全然無視されると、ブルナブリアシュは完全に孤立に陥ったことを悟らされた。しかし、難局に直面しながら常に最良の状態を保ち続けたブルナブリアシュは、このときも巧妙な政治工作によって情勢を一変させた。一年後にはアッシュールウバッリトの王女ムバッリトアトシェルアを娶り、アッシリアの王と親密な友好協定を結んでいた。

この方便上の婚姻はカッシート朝の立場をきわめて悲惨なものにした。アッシュールウバッリトはバビロニアの宮廷に影響力をふるえる絶好の機会を見のがすような男ではなかった。ブルナブリアシュが前一三五〇年に死去した後を継いだ嗣子カラカルダシュ二世が、大アッシリア王の孫にふさわしく完全に親アッシリア精神に凝り固まって行動したのにカッシート朝の貴族は狼狽させられた。カラカルダシュ二世はバビロニアですこぶる不評判となり、カッシート軍が反乱に走り、カラカルダシュを殺戮して(前一三四八年頃)、自民族出身のナジブガシュ某を王位に即けることに成功した。しかしこの成功は一時的なものに終った。アッシュールウバッリトが急遽軍を集めて南下し、反乱軍を手ひどく撃破した。ナジブガシュは捕えられて殺され、その代わりにアッシュールウバッリトはブルナブリアシュ二世の子で自分の孫に当るクリガルズ二世(前一三四五—一三二四年)を王に任じた。その結果、バビロンはアッシリアの庇護のもとに繁栄時代を回復し、クリガルズはニップール、ウルなどの南方の都市で、広汎な建築活動に耽り、さらに遠隔のイラン丘陵の麓にもテルを建設することができた。その治世の対外関係の多くはエラムへの遠征で占められている。ブルナブリアシュ二世の死につづく混乱に乗じて、エラム人は南バビロニアの一部を略取することに成功していた。そこでクリガルズは軍を進めて、エラム人をドール・シュルギーと呼ばれる場所で撃破したのち、かれらを山岳地まで追撃し、その都スーサを攻略した。エラムはカッシート国の一州と化され、クリガルズは〝世界の王〟の称号を宣した。

北方ではバビロニア人は非常に慎重に行動しなくてはならなかった。トシュラッタが暗殺されたのち樹立されたミタンニ王国は、アッシリアの支援で辛うじて存立していたのであり、アッシュールウバッリトに匹敵できる武力をもつものなら、敏速に行動すれば非常な成功を収められると思われた。しかし、トシュラッタの王子マッティワザが救いを求めて訪れたとき、バビロンはかれを追い返した。やむなくかれは父を征服したヒッタイトの王スッピルリウマスのもとに赴いた。スッピルリウマスはミタンニの代わりにアッシリアが覇権を握ることは望まなかった。そこでスッピルリウマスは前一三四〇年にシリアに出向き、マッティワザを父の位につけ、ミタンニを自国とアッシリアの間の緩衝国と化することに成功した。こうしてバビロンにとっての好機は失われ、以後一〇年間クリガルズはアッシュールウバッリトの従順な家臣となっていた。しかし、前一三三〇年頃アッシリアの王が死去したとき、かれは新王エンリルニラーリ（前一三二九―一三二〇年）に臣従するのを拒否し、戦いを覚悟してドール・クリガルズの要塞の強化を行なった。ティグリス河畔のスガギと呼ばれる地での戦でバビロンはまず勝利を収めたが、つぎの会戦でクリガルズは敗れ、おそらく敗死したと考えられる。新たな国境協定が結ばれて二王国は不安な平和状態に立ち帰った。この状態はクリガルズの嗣子のナジムアルッタシュ（前一三三三—一二九八年）の治世の間つづき、この機をとらえて王はナムリの山岳地を討伐することに成功した。不運にも同じ時期にアッシリアの王アダドニラーリ一世も国境防衛のために東部山地に遠征中であった。両王は山都カルイシュタルで遭遇戦を演じ、ナジムアルッタシュが敗北を喫してしまった。もう一度両国の国境がアッシリアに有利に調整され、エラム州はバビロンの蹉跌に乗じて離脱し、独立を回復した。こうしてカッシート王朝の領土は再びバビロンの周辺に縮小してしまった。

### カデシュの戦およびヒッタイトとバビロンの同盟

バビロンとアッシリアがティグリス東側の山岳地域の争奪戦に耽っていたとき、シリアでも再び国際情勢が緊迫しつつあった。エジプトでは新王朝が興り、アケナーテンの治下で失われた支配権と威信を回復しようと熱望した。セトス一世（前一三一八—一三〇五年）はオロンテス河畔まで進出して、ヒッタイトに和を乞わせることに成功した。しかし、その後数年間でヒッタイト王ムワタッリス（前一三二一—一二九七年）は同盟国軍と傭兵隊からなる大軍を編成することに成功し、これをもってエジプト軍をその国境まで撃退しようとした。前一三〇四年頃エジプトでラムセス二世が即位するとともに、戦闘が再開された。前一二九九年に二大勢力はカデシュで遭遇した。ラムセスは意気揚々と戦勝を報じているが、結末はヒッタイトの決定的勝利であり、シリアが確実にヒッタイトの手に委ねられたことは、寸毫の疑いもない。

バビロンでは、ナジムアルッタシュの後継者として、王子のカダシュマントルグ（前一二九七—一二八〇年）がカデシュの戦の直後王位に即いた。カダシュマントルグは父がアッシリアに辱しめられた直後に発生したこのヒッタイトの強力な武力行動を見て、ヒッタイトの都に使者を送り友好関係を提案した。前一二八五年頃カダシュマントルグは、ヒッタイトの新王ハットシリス三世（前一二八八―一二六〇年）と結んだ深い友好関係から、ヒッタイト王のエジプト討伐に武力援助を申し出ている。しかし、その頃バビロンにとっての危険は、エジプトだけでなくなっていた。カデシュの戦の翌年、アッシリアのアダドニラーリがシリアに進撃して、ユーフラテス河畔のカルケミシュを奪取できる地点に武力を集結した。この遠征の成功は非常な恐慌をひきおこし、前一二八三年にはヒッタイトとエジプトは慌てて対立を解消して、友好条約を締結した。この同盟に参加することはバビロンにとって明らかに有利であり、カダシュマントルグはかれのかつての奉仕を丁重にヒッタイトに想起させた。実際かれはきわめて緊密にハットシリスと結びついていたので、かれが死去したとき（前一二八〇年頃）ヒッタイトの王はカダシュマントルグの幼児カダシュマンエンリル二世（前一二七九―一二六五年）の継承を確実にするために、バビロンの宰相イッティマルドゥクバラトに、もし若い王子が直ちに加冠されなければ自分は外交関係を絶つという、ひどく高圧的な書簡を送った。かれの手紙がバビロンの宮廷で不快に思われたのは当然であり、暫らくの間、両大国間には多少いんぎんさが欠けた。しかしアッシリアの脅威は大きく、双方とも相手の友好を必要としていたので、数年にして両国の関係は常態に復した。実際ハットシリスはアッシリアの膨張にひどく脅え、バビロンの同盟者の歓心を得ようと焦りすぎたようにみえる。かれは非常に気を配った長い書簡を送って、バビロンの王位継承問題についてなんら他意のなかったことを陳弁し、またバビロニア商人の一団を暗殺したシリアの国民に刑罰を下すと強調した。

## 三　アッシリアのバビロン制圧

### トクルティ＝ニヌルタのバビロン征服

つぎの三〇年間は、バビロンにとって静穏なときであった。クドルエンリル（前一二六四―一二五六年）やシャガルアクティシュリアシュ（前一二五五―一二四三年）の治世については、なんらの報告も残っていない。明らかにアッシリアのシャルマネサルはシリア、東部山岳地、ヴァン湖方面の戦に心を奪われすぎて、南の隣人との争いに力を注ぎ得なかった。アッシリアのトクルティ＝ニヌルタ一世（前一二四四―一二〇八年）と同時代の、バビロンのカシュティリアシュ五世（前一二四二―一二三五年）の治世は、当初多少の動揺が生じたようにみえたが、大部分前王の時代と同じように平穏であった。しかし前一二三五年にカシュティリアシュ五世が東部の山岳国に遠征を行なったので、これが多少アッシリアの利益と対立することになった。多分かれはイランからの貿易路に支配権を握って、ティグリス＝ユーフラテス路がアッシリアに奪われたのを償おうと努めたのであろう。いずれにせよトクルティ＝ニヌルタは、明らかにバビロニアとの関係に決着をつけようと決意した。両勢力の第一回戦は決定的勝敗にいたらなかったが、カシュティリアシュ五世がバビロンに向けて退いたとき、トクルティ＝ニヌルタはかれを急追撃して決定的に撃破した。カシュティリアシュは捕えられ、アッシュールに連れ去られ、かれと一緒にマルドゥクの大礼拝像を含むバビロンの全財宝が失われた。この礼拝像の承認なしには何人も正統の王位を主張し得ないものであった。多くのバビロニア人が都の略奪中に殺戮され、アッシリア人はバビロンが二度と抵抗の拠点とならないように、その全防備を取り壊した。そしてトクルティニヌルタは都を統治する知事を残し、西方の遊牧民と東方のエラム人の双方を討伐する遠征へと出発した。これ以後、バビロンはアッシリアの南境にある単なる隷従的緩衝国と化していたようにみえる。

### バビロンの反抗とエラムの支援

トクルティニヌルタはバビロニアの隣人たちの抵抗を鎮静させ、これを平和化するのには成功したが、ここでアッシリアとアッシリアの政策への支持を得ることはできなかった。反対に外国人の支配は、長く眠っていたバビロニア原住民のナショナリズムを目覚めさせたにすぎなかった。カッシート人はこの土地に三五〇年以上も定住し、これまでに大部分同化されていた。アッシリア軍の到来は、カッシート人とバビロニア人を従来以上に接近させた。七ヵ年のアッシリアの支配（前一二三四―一二二八年）のあと、南部の諸都市が反抗して決起したとき、それが最終的な成功をかち得たのはカッシート人とバビロニア人の共同行動によってであった。前一二二七年までに、反乱軍は聖都ニップールを奪取し、一バビロニア人のエンリルナディンシュミが王位に即けられた。

しかし、かれらがさらに進んでアッシリア人のバビロン領有に抵抗をはじめる前に、新たな危険が東方で生じた。というのは、エラムの王キディンクトランが擾乱の好機をとらえて、バビロニアに下ってきたからであった。国境の都市デールは略奪され、エンリルナディンシュミは捕えられた。カッシート人反乱軍の一首領カダシュマンカルベ（前一二二六—一二二五年）がその後を継承し、エラム人に敗れはしたが、ニップールを救うことには成功した。一八ヵ月の統治ののち、カダシュマンカルベは殺されたか、死ぬかしたが、その前にかれはエラム人を山岳地まで撃退している。かれの継承者アダドシュミッディン（前一二二四—一二一九年）はアッシリア攻撃に乗り出したが、その治世はエラム人の再度の襲撃によって終わらされた。この襲撃でイシンの都も奪われた。

エラム人はおそらく南バビロニアを二、三年の間保持したが、カッシート人とバビロニア人は協力してアッシリア人を駆逐し、バビロンを回復することに成功した。両軍はここに支配を樹立すると、アダドシュムスル（前一二一八—一一八九年）を王位に即けた。かれはトクルティニヌルタが捕えて帰ったカシュティリアシュ四世の息子であり、古いカッシートの王権を回復させるものであった。

### ヒッタイトの滅亡とアダドシュムスルのバビロン再建

アダドシュムスルの治世中に国際情勢は再び大転換をとげた。ヒッタイトとアッシリアの古い対立は調整されて、その国境はユーフラテス河に沿って画定された。この結果、両国間の通商は非常に増大し、アッシリアを強大化するのに不可欠な原材料の多くが小アジアから送られた。しかし、この頃ヒッタイト帝国が崩壊しはじめていた。その擾乱は小アジアの西部諸州に集中したが、アナトリアとシリアを劫掠した大侵略となり、ようやく前一二〇〇年頃エジプトの国境で矛を収めている。この大破壊をひきおこした「海の民族」の正確な構成は、今のところわかっていない。しかし、かれらの侵入によってヒッタイト帝国が滅亡し、アッシリアの小アジアとの通商連絡が回復不能なほど破壊された。こうして原材料の供給地を割取されたアッシリアの諸王は、その征服を持続できなくなり、初当は降盛であったトクルティニヌルタの治世も必然的に衰退に向かった。

バビロンのアダドシュムスルは進んでこの機会を利用しようとしたが、メソポタミアの運命を根底から逆転させてしまった。おそらくこれにはトクルティニヌルタが一半の責を負うべきであろう。トクルティニヌルタはバビロンを破壊したにもかかわらず、マルドゥクの祭祀を自分の都に移入し、この行動でアッシリア人の深い怒りをまきおこしたからである。最後にかれは、前一二〇八年にその子によって暗殺された。暗殺はほぼ確実にバビロンの教唆によったと思われる。というのも、かれの継承者のアッシュールナディンアプリ（前一二〇七―一二〇四年）とアッシュールニラーリ（前一二〇三―一一九八年）は、ほとんどアダドシュムスルの家臣以上のものではなかったからである。かれらの屈従を怒って、アッシリアの民族主義者グループは自国をバビロンの支配下から解放しようとする明白な目的をもって、エンリルクドルスル（前一一九七―一一九三年）を王位に即けた。このとき、王家の遙か遠縁で王位の窺窬者であるニヌルタ・アピレクルは、保護を求めてバビロンに逃亡し、アダドシュムスルはかれをアッシリアの王位に即けるために軍を集めた。それにつづく戦争（前一一九三年）では、バビロン軍の陣営で火災が起こり、このためアダドシュムスルは自国まで撤退した。しかし、ニヌルタ・アピレクルは、その王の不在に乗じて、アッシリアの都を奪取することに成功した。ひとたび権力を樹立すると、かれはバビロンへの従属を拒否し、かれを追放するために派遣されたバビロニア軍を決定的に撃破した。カッシート朝の領土は再びバビロニアの範囲内に縮小してしまった。

### エラムの侵寇とカッシート王朝の滅亡

カッシート朝の次の二代の国王メルイシク(前一一八八―一一七四年頃)とマルドゥクアパルイディナ(前一一七三―一一六一年)の治世についてはほとんど知られていない。マルドゥクアパルイディナは自ら「世界の四方の地域の王」と称したが、その領土をバビロニアの境界外まで拡大したという形跡はなんらない。バビロンにとって好運なことには、アッシリアも当時は同じ弱体状態にあったことである。双方とも暫時は相手を攻撃できる力をもたなかった。ザバブアシュミディンが前一一六〇年にバビロニアの王位に即いたとき、アッシリアで擡頭しつつあったアッシュールダン(前一一七九―一一三五年)が攻撃の機会をとらえた。かれはティグリス河東岸のいつもの街道をとって迅速に進撃し、下ザブ河畔のザバンとその他の数都市を占領した。ザバブアシュミディンは辛うじて攻撃を撃退したが、このため力を消耗しきったので、エラム王シュトルクナフンテのもう一回の抜打ち的侵寇に抵抗する余力をほとんど持たなかった。エシュヌンナ、シッパル、キシュと最後には全国が侵入者の手に陥り、侵寇者は進軍の道すがら、この土地の古い記念碑を集め、トロフィーとしてその都に送り届けた。このときスーサに渡った対象のうちには、アッカドの王ナラムシンがルルビア人を撃破したことを謳った石碑、ハムラビの法典を刻んだ石柱が含まれていた。ついでシュトルクナフンテは、貢納を要求して重税を課し、その子クドルナフンテを残して、税の徴集を監視させた。エラムの王子の最初の仕事はエンリルナディンアッヘ(前一一五九―一一五七年)をバビロニアの傀儡の王に任命することであったが、この傀儡は間もなくその主人に反旗を翻えした。この反逆をひどく怒ったクドルナフンテはバビロニアを激しく劫掠した。バビロンやその他の信仰の中心地は荒廃に帰し、マルドゥクの礼拝像はスーサに持ち去られた。エンリルナディンアッへもまた捕虜の身となった（前一一五七年）。カッシート王朝はかれをもって悲惨な末路を遂げた。

### バビロンの復活とネブカドネザル一世

エラム人はカッシート王朝を打倒しはしたが、バビロニアの実際の支配権を握ったとは思われない。エンリルナディンアッへが捕われたためバビロンの王朝は滅亡したが、より南方でなお抵抗がつづいた。この抵抗の中心はイシンで、民族的感情がそこでもっとも強く見られ、バビロン史家はカッシート王朝がエラム人の制覇で杜絶えることなく、すぐイシン王朝によって継承されたと見ている。これからみて、民族主義者がニップールを奪取して、自らバビロニアの正統な支配者として権力を打ち立てるまでは、長い時間を要しなかったと推測される。新王朝（イシン王朝、または第四王朝——訳者）の初代の王マルドゥクカビトアへシュ（前一一五六—一一三九年）とその継承者のイッティマルドゥクバラト（前一一三八—一一三一年）は徐々にエラム人を駆逐することに成功した。かれはバビロンの近くで最終的勝利を収め、新王朝が完全にバビロニアを支配した。バビロニアの勢力が興隆した頃、アッシリアでは内乱が勃発していた。そしてアッシリアのアッシュールダンが前一一三五年に死去したとき、その継承者のニヌルタトクルティアッシュールは南方の都に逃避せねばならなかった。情勢は完全に逆転していたので、バビロンのイッティマルドゥクバラトはアッシリアの王を復位させ、かれに忠誠を要求することができた。その関係はトクルティニヌルタが一〇〇年前に持ち去ったマルドゥクの神像の帰還したことで象徴されている。

ニヌルタナディンシュム(前一一三〇―一一二五年)の短い治世については何事も知られていない。しかし、かれのつぎに即位したバビロンの王は疑いもなく、この王朝でもっとも偉大な人物であった。バビロンは前王の活動によってエラム人の手から解放されたが、ネブカドネザル一世(前一一二四―一一〇三年)はエラム本国からの侵入者に徹底的に報復しようと決意していた。断輪のある一泥章は、最初は結果が裏目に出たと伝えているが、これが実際ネブカドネザルのことを立証しているのか、より以前の王たちのことを証明しているのかは明瞭ではない。エラムへの進撃が成功せず、陣営で疫病が生じたために、バビロニアの王は慌ててドラピルシンに撤退した。かれはそこも持ちこたえることができず、エラム人の前進に押されてさらに退却せねばならなかった。情勢はきわめて絶望的となり、ただ神を頼むのみとなった。その内容は正確にはわからないが、全くの奇跡によってバビロンの王はエラム人を撃破することに成功して、その地位を挽回した。その後すぐネブカドネザルはデールからエラム領へ進出することさえできた。ナマル地区が攻略され、エラム人は最後にスーサに程近いウライ河岸まで追いつめられた。かれらはそこで徹底的に粉砕され、全エラムが占領され、略奪された。さらにネブカドネザルは北のルルビア人とカッシート人の郷土を征服して、東方山岳地を全面的に支配した。

バビロンの王はこれらの成功に勇気づけられて西方に向かい、ユーフラテス中流の砂漠部族を撃破することにも成功した。かれはつぎに、アッシュールレシシ（前一一三三—一一一五年）のもとで独立を再現し、東部山地でバビロニアの利益を妨害していたアッシリアの征服に目標を転じた。ネブカドネザルは重攻城兵器をザンクーの国境要塞まで運び上げ、腰を据えて長期の包囲戦にかかった。これに反撃するため、アッシュールレシシは機動力の高い戦車を送り出した。バビロンの王は、ひどく戦車を恐れ、やむなく全速力で撤退し、重攻城兵器は敵手に落ちないように焼き捨てられた。つぎの遠征では、かれは前回に難渋した重兵器を携えなかったが、歩兵と戦車ではアッシリア軍の戦力に抗し得なかった。バビロニア人は再び四〇両の戦車と全補給部隊と将軍カラシュトゥを失って退却せねばならなかった。カラシュトゥ将軍は捕虜としてアッシュールに連れ去られた。

この敗北でバビロンは北方への野心を一時放棄した。アッシリアのティグラトピレセル一世（前一一一四—一〇七六年）が本国の東方、北方、西方に向けて一連の大遠征に従事していた間、南方のバビロニアは全く無活動の状態をつづけていたようにみえる。ネブカドネザルの治世の後半と、エンリルナディンアプリ（前一一〇二—一〇九九年）の全治世は全く何も知られていない。海の国の知事の土地授与状が明白にこの時代のものとされる唯一の文書である。ティグラトピレセルが遠征につぐ遠征で不在をつづけたことは、バビロンに誤った安全感を与え、マルドゥクナディンアッヘ（前一〇九八—一〇八一年）はアッシリア領の都市エカッラテを奇襲して、或る程度の成功をおさめた。この途中でアダドとシャラの礼拝像を奪って、それをバビロンに持ち帰った。

このような行為は報復をうけないではすまなかった。間もなく大征服者は北方から降って、この冒瀆に報復した。アッシリア人はティグリス河東岸の途をとって再び二年間の遠征に乗り出し、下ザブ河を渡ってバビロニアまで進出した。マルドゥクナディンアッへの抵抗も空しく、アッシリア軍は前進をつづけてドール・クリガルズ、シッパル、オピスなどを奪い、最後にバビロンそのものをも占領した。前に奪還してきた神像は急いで海の国へ運ばれて保護された。ティグラトピレセルはわざわざそれを追跡しなかった。というのも、かれは初期の征服に加えて南方通商路を獲得し、いまやメソポタミアの全富源を握り、争う者なき支配者となっていたからであった。しかもかれの治世は、アッシリアとバビロニアをほとんど二〇〇年間再起不能に陥れる極度の惨禍の中に終る運命にあった。この災難は、アラム人の抑えきれない圧力と、西部砂漠から現われたセム人遊牧民のもう一つの移動の波とによって生み出された。

### アラム人の進出と第四—八王朝

アラム人の膨張は、他のあらゆるセム人の移動と同じように中央アラビアの砂漠で始まった。侵入が突如としてではなく、文明圏の周辺に迫る遊牧民の漸増で長期的に行なわれるのは、ハムラビ時代以前からの趨勢であった。最初、それを撃退するのはきわめて容易にみえた——このことは前一四五〇年頃アラム人の一グループであるスト族をカダシュマンカルベが撃破したときに述べた——が、最後には周辺地域を人口上でも圧倒する程、その圧力は強化されるにいたった。第一一世紀末頃には、かれらは北メソポタミアに勢力を確立し、さらにアッシリアとバビロニアの中間の地域を通って、ティグリス河東岸の平原まで進出していた。その同じ頃に、アラム人と血縁関係をもつグループであるカルドゥ人、すなわちハルデア人がペルシア湾に沿った海の国に移住しつつあった。ティグラトピレセルは最初これらの遊牧民に強力な攻撃を加え、厳しく阻止するだけの力をもっていたが、かれの治世の末年には、アッシリア人は自国の存続のために全力を傾けねばならぬほど衰微していた。破滅の直接の原因は、住民が人肉を食い合わねばならぬ程になった苛烈な飢饉にあった。これがアラム人に機会を与えた。かれらはすばやく移動してきて、疲弊した土地を攻略した。アッシリア人はかれらによって北方の山地に追い払われた。それから情勢はさらに悪化した。飢饉につづいて未曽有の暴風雨に見舞われ、このために疫病が発生し、アラム人とアッシリア人の双方が大量に死亡した。さらに南では同じ状況が、マルドゥクナディンアッヘをバビロンの王座から転落させた（前一〇八一年頃）。かれは末路さえ知られていない。マルドゥクシャピクゼリ（前一〇八〇－一〇六八年）は間もなく、アラム人族長たちの率いる巨大な連合軍と直接に対峙することになった。連合軍に国土を脅かされて、かれはやむなくアッシリアに救いを求めに出かけた。このとき、アッシリアの新王アッシュールベルカラ（前一〇七三－一〇五七年）自身も、どこの助力でも喜んで受けいれたい程の絶望的状態にあったので、固い友好の表明が行なわれたが、アッシリアが実質的援助を為し得たという証拠は何も存在しない。マルドゥクシャピクゼリは素手で本国への帰途についた。かれはシッパルに到達したとき、前進を阻まれた。かれの不在中にアダドアパルイディナと呼ばれたアラム人の族長がバビロンを攻略し、そこで自ら王の地位に即いていたからである。

アダドアパルイディナ（前一〇六七－一〇四六年頃）の即位後、バビロニアの歴史上もっとも暗黒の時代が始まった。この頃には多数のアラム人が定住し、メソポタミア全域にわたって小国家を建設しており、かれらは一度も政治的統一組織をもつことができなかったが、全通商中枢を保有してバビロニア経済に完全な支配権を築きあげていた。バビロニアの新王はアラム人であったにもかかわらず、かれは古い文明中心の一つに定着して、出身民族から脱離してしまっていた。そのため、間もなくかれは砂漠の同胞たちの攻撃を受けて、これを防戦せねばならなくなっていた。再びバビロニア人はアッシリアに救いを求め、そして再び、かつこの度はアダドアパルイディナの王女をアッシリアの王に嫁がせることによって永遠の友好の強化が表明された。そしてバビロニアの王は前一〇五四年アッシリアの簒奪者を追放して、ティグラトピレセルの幼児シャムシアダト四世に、父の王位を継がせることができたが、かれらの同盟でさえ、アラム人の進出を阻止する力はほとんどなかった。アダドアパルイディナの死亡の状況は全く不明であり、バビロニアではかれの継承者の名前さえも知られていない。次代の王はおそらくマルドゥクアッヘ・エリバ（前一〇四五年頃）と呼ばれ、その次をマルドゥク云々という、前一〇四四年か一〇三三年頃まで支配した王がついだ。イシン王朝の最後の王はナブシュミリブル〔(前一〇三二―一〇二五年頃）であり、〃世界の王〃と自称する程の妄想者であったが、その治世については称号と現実が全然一致しなかったということ以外に、明瞭なものはない。

イシン王朝の後は海の国出の王統が短期間継承した。その初代のシンマシュシフ（前一〇二四―一〇〇七年頃）はシッパルのシアマシュの神殿を修復した事業で知られるだけであり、その治世は別の戦乱中に、かれがエアムキンシュミに暗殺されたことによって終焉を告げている。数ヵ月後にはエアムキンシュミがカシュナディンアッヘ（前一〇〇六－一〇〇四年頃）にとって代わられ、かれの死去とともに同王朝（海の国の王朝、第五王朝——訳者）は終焉を告げた。

つぎのバジ家（第六王朝——訳者）の名で知られる三人の王の治世にも、依然として貧窮と内乱の状態がつづいたが、その王朝に関しては王の名とその在位年数以外には何も知られていない。その王はエウルマシュシャキンシュミ（前一〇〇三－九八七年頃）、ニヌルタクドルスル（前九八六－九八四年頃）、シリクトシュカムナ（前九八四年頃三ヵ月）である。

つぎの王マルビティアパルスル（前九八三－九七八年頃）は、エラムの出身者であったといわれる（エラム王朝、第七王朝——訳者）が、その名はバビロニア風である。かれの事績も全く知られていない。

ナブムキンアプリ（前九七七－九四二年頃）の即位によって、やや永続的王朝（第八王朝——訳者）の時代が始まったが、国内の情勢はこれによっても直ちに好転はしなかった。実際アラム人はバビロンのすぐ近くで行動し、都とボルシッパの間の渡河点を脅かしている。このことは、ナブムキンアプリの治世中、ボルシッパの神ナブのバビロン搬入を阻止され、数回にわたって新年の祭典が中断されたことを意味する。こうしてバビロニアでの葛藤はつづき、さらに数代のあまり知られぬ王の治世中、通商は遮断され、もっとも重要な祭典が中止させられた。ニヌルタクドルスル二世は前九四一年頃に九ヵ月間支配したにとどまり、かれのつぎにマルビトアヘイディンとシアマシュムダンミクが継いだが、その治世の詳細はわかっていない。シアマシュムダンミクの治世に北方回復の兆しが初めて現われている。

## 四　アッシリアのバビロン支配

### シァマシュムダンミク、ナブアパルイディンとアッシリアの再進出

アッシリアは一五〇年以上の間、ティグリス河上流流域の小国として、辛うじて弱体な地位を維持してきた。しかし、アッシュールダン二世（前九三四―九一二年）は復興の基礎を置いた。かれは強力な軍隊を編成して、北方と北東の山岳地帯で幾回となく勝利を博した。かれの次代のアダドニラーリ二世（前九一一―八九一年）は発展をつづけ、東部山地へ遠征して、急速にバビロニアの勢力範囲と接触しはじめた。当時バビロンを脅かすアラム人の圧力は低下しはじめていたにちがいない。それゆえ、バビロンの王シァマシュムダンミクは軍を集結して、新しい敵を迎え撃つことができたが、かれは下ザブ河南のヤルマン山近くで決定的に撃破され、ティグリス河の東側でデールに及ぶ一条の領土をアッシリアに割譲させられた。幾許もなくかれはナブシュムイシュクンによって暗殺されたが、新王もアッシリアの南下を阻止する体制を、いささかも好転させることができなかった。再びバビロニア軍は撃破され、ナブシュムイシュクンはシッパルとドール・クリガルズの南辺線をその北境として認めることを余儀なくされた。しかしアダドニラーリはバビロンを征服州として扱う考えはもたなかった。かれは西方をより広く征服する夢をいだき、南方では和平と友好を保つ政策をとろうとしていた。新国境協定が作られ、婚姻付きの同盟によってその協定が保証された。これによってアダドニラーリは、アラム人やハニガルバトその他の西部諸国を迎え撃つことに力を注ぐことができた。トクルティ

ニヌルタ二世（前八九〇—八八四年）がアッシリアの王位を継いだとき、バビロニアとの間はすこぶる友好的であったので、かれはティグリス河をトり、ユーフラテス河を遡る平和的遠征を行ない、その途上ドール・クリガルズとシッパルで、それぞれ一夜を明かしたようである。かれの後をアッシュールナシルパル二世（前八八三—八五九年）が継ぎ、一方バビロニアではナブシュムイシュクンをナブアパルイディン（前八八一—八五一年）が継いでいた。

アッシリアの王は長い治世の初年から、東方、北方、西方に活発な戦争と征服の政策を展開し、南方ではバビロンとの友好政策をつづけていた。しかしアッシリア軍が北シリアへ進出したことを、バビロニア人は喜んで見過ごすわけにはいかなかった。バビロニア人はアッシリア人がアラム人の武力を粉砕した点ではアッシリア人に感謝したが、地中海への豊かな通商路の支配権がアッシュールナシルパルの手に落ちることを、少しも望んではいなかった。ナブアパルイディンはアッシリアを直接攻撃する力をもたなかったので、かれはカブル河の河口にあるスクヒの君主シァドドと結んで、アッシリア軍の前進を妨害しようとした。王の弟ザブダヌの率いる三、〇〇〇人の軍隊が派遣されたが、従軍した予告者の助力にもかかわらず、アッシリア人の手に捕えられる破目となっただけであった。ナブアパルイディンは抵抗の無益さを自覚して、急いで友好関係を復活し、かれの治世の残りの期間を、シッパルのシァマシュの神殿をはじめ、その他アラム人の侵寇で破損された建造物を再建したり、献納に力を傾注したりして送った。

**マルドゥクザキルシュミ、マルドゥクバラトスイクビとアッシリアの伸勢**

前八五九年にアッシュールナシルパルが逝去し、シャルマネサル三世（前八五八—八二四年）が即位したとき、アッシュール＝バビロンの平和条約が改訂された。前八五〇年頃バビロンの王位に即いたマルドゥクザキルシュミが、弟マルドゥクベルウサテの反乱に遭ってアッシリアに救いを求めたのは、この条約に基づいてであった。シャルマネサルは直ちにアッカドに進軍し、メトルナト市を攻略した。ついでかれは反乱軍の拠点ガンナナテに向かった。マルドゥクベルウサテは勇敢にも市外でこれを迎え撃ったが、シャルマネサルはこれを市中に撃退し、周辺の土地を劫掠した。翌年（前八五〇年）アッシリア王は再び南進してきた。ラヒル市は攻撃されて略奪され、ついでガンナナテが陥落した。マルドゥクベルウサテは山岳地に逃走し、アルマンに立て籠った。この町はただちにシャルマネサル軍によって攻略され、マルドゥクベルウサテは戦場で討たれた。アッシリア王はこの征討を終えると、再び平原地帯を南下して、バビロンの主神殿の周辺で凱戦行進を催した。クトハ、バビロン、ボルシッパは犠牲と高額の贈物をもって讃えられた。ついでシャルマネサルは、海の国のカルデア人部族の討伐に進んだ。バカニとエンラディは陥落し、両市の王アディヌは貢納を強制された。アッシリア軍がペルシア湾の海浜まで進軍すると、海の国の王イキヌは金・銀・鉛・銅・象皮・象牙などの大量の贈物を携えて、アッシリア軍を出迎えた。メソポタミアは再び一人の支配者のもとに統一された。

しかし、その統一は永続しなかった。シャルマネサルの治世の終わる前から、アッシリアの諸州で反乱が広汎に勃発し、シャムシアダド五世（前八二三—八一一年）は、王位に即くと秩序回復の任務に直面させられた。かれは状況があまりにも絶望的になったため、やむなくバビロンに救援を求めた。最近アッシリアに臣従したばかりのバビロンの王マルドゥクザキルシュミは、遠慮会釈なく、きわめて屈辱的な条件を出した。かれは深慮遠謀をもって、条約文中でアッシュールの前にアッカドの名を記入し、シャムシアダドには王の称号さえ認めなかった。そこでバビロニア軍はティグリス河沿いに北上し、一年後にはアッシュールを再び征服して、シャムシアダドを王位に復させた。

しかし、アッシリア王はひとたび地位を確保すると、よくある筋で、その上級君主の地位を認めることを拒否した。当時バビロンではマルドゥクバラトスイクビ（前八二一―八一四年頃）が王位にあったが、前八一五年には東方山岳地から降ってくるアッシリア軍を迎え撃たねばならなかった。襲撃は全く不意討ちで、王が軍を召集するまでには、東北地域の住民は算を乱して、ディヤラ河中の島上の要塞ドール・パプスカルに逃げこんでいた。結局この町は占領され、バビロニア側は大量の兵員と武器を失った。マルドゥクバラトスイクビが、エラム人、カルデア人、その他の同盟者を含む軍隊を結集して出陣したときは、もはや手遅れであった。両軍はドール・パプスカルの近くで遭遇したが、アッシリア軍が決定的勝利を収めた。バビロニア軍は死者五、〇〇〇人、捕虜二、〇〇〇人を出し、バビロニア王の天幕や寝台までも鹵獲されてしまった。翌八一四年シャムシアダドは再度下ザブ河を渡って、ガンナナテまで進軍した。このときマルドゥクバラトスイクビはアッシリア軍を迎え撃つ気力も萎え、命からがら南方に敗走した。かれはニミットイシャッリ近くで追いつかれ、乱戦のなかで捕えられた。シャムシアダドはデールまで南下したが、それまでにババアヘイディン（前八一四―八一三年）の編成したバビロニア軍の抵抗を破ることができなかった。しかし翌年の第三回の遠征では、バビロンの新王を捕虜とし、ティグリス河東側の全バビロニア領をアッシリアの手に収めた。ティグリス河を渡ってバビロニアの本土に進出したシャムシアダドは、クトハ、バビロン、ボルシッパなどを凱旋軍のように進軍し、領土の支配者となった自己の地位を民衆に誇示するように、神々に献納を行なった。さらに、かれはペルシア湾に向けて進軍し、海の国のカルデア人からも貢納を受けた。最後に新国境協定が結ばれて、バビロンは再び固くアッシリアの手中に掌握された。

### セミラミス女王

シャムシアダドに征服されてから暫らくの間、バビロンの歴史は明白でない。前八一二年から八〇三年まで代々の王が南方でアッシリアへの抵抗をつづけているが、かれらの行動はもちろん、そのうちの数人は名前さえも知られていない。ナブムキンゼリ、マルドゥクベルゼリ、マルドゥクアパルイディナ二世などは、当時在位した王のなかに含まれる。アッシリアではシャムシアダドが前八一一年に逝去し、それ以後、前八〇六年まで妃サンムルアマトが統治権を握った。彼女こそ、ギリシア文学や近代文学で、強権な女王として描かれているバビロン出身の気丈な女王セミラミスにほかならない。彼女の治下で、ボルシッパにおけるバビロンの神ナブの祭祀がアッシリアに移入されたが、アッシリアが南方を政治的に制圧していたという証拠はない。

### アダドニラーリ三世とティグラトピレセル三世の侵寇

サンムルアマトの男児アダドニラーリ三世は前八〇六年に成年に達し、統治権を引き継いだ。前八〇三年にかれが海の国に遠征した記録のあるのは、バビロニアの王朝の反乱が最終的に鎮圧されたことを意味していよう。またこの頃エリバマルドゥク（前八〇二―七六三年）と呼ばれるカルデア人が、新王朝を樹立したが、その支配は最初アッシリア人の支援をうけて固められた。捕虜のバビロニア人たちは郷土に還され、アッシリアとバビロンの住民の間には平和的共存が成立した。アッシリアのアダドニラーリがシリアや東北部山岳地への遠征に耽っている間に、バビロンのエリバマルドゥクは、当時国内の主要都市周辺の畑や果樹園を劫掠していたアラム人を領内から駆逐する仕事に、後顧の憂いなく力を傾けることができた。かれはこの掃討でかなり成果を挙げたが、その統治権が都からそう遠くまで伸びたとは思えない。バビロニアの大部分は、別のカルデア人族長たちのもとで、ほぼ完全に独立を保っていたようである。前七九六年と七九五年に、アッシリア人がデールを攻撃したことは、アッシリアとバビロンの同盟がすでに崩れていたことを物語っている。しかもアッシリアは当時北方で新しい擾乱に脅かされて、バビロニアへの大規模な遠征に時間と武力を割く余裕を失っていた。アダドニラーリが前七八三年に逝去し、シャルマネサル四世（前七八二―七七三年）が継承したが、かれの治世に、バン湖の近傍に都をもつフッリ人の一国ウラルトゥが抬頭し、アッシリアの武力は著しく制約されていた。次代の継承者アッシュールダン三世（前七七二―七五五年）の治世を通じて衰勢がつづき、アッシュールニラーリ五世（前七五四―七四五年）の治世には勢力を消耗し尽していた。

一方、バビロンにも非勢の状態がつづいていた。エリバマルドゥクは、前七七〇年と七六六年にうけたアッシリアの侵寇を阻むことに成功したが、かれが前七六三年に死去した後を継いだナブシュムイシュクン（前七六二―七四八年）は、かれも自国内の擾乱に力を削がれて、アッシリア衰退の好機にと内乱を処理する力さえもたなかった。バビロンの王は都から僅か数マイル隔ったボルシッパで生じた混乱に乗じることが全くできなかった。

### ティグラトピレセル三世の征服

この状態に直面して、ナブナシル（前七四七—七三四年）は外部に援助を求めざるを得ず、まずかれはアッシリアに当った。ここではちょうど反乱者がその武将ティグラトピレセル三世（前七四四—七二七年）を王位に即けることに成功していた。国の軍事的光輝の回復と将来の北方遠征に備えて背後の固めを熱望していたアッシリア人は、直ちに求めに応じた。ティグラトピレセル三世は、最初の遠征でティグリス河の東岸を下ってバビロニアのアラム人諸族を攻撃した。そのうえ、かれは直ちにこの地域で新統治政策を採用した。かれは諸部族を鎮圧し、ドール・クリガルズ、シッパルその他の抵抗拠点を攻略すると、新二要塞カル・アッシュールとドール・トクルティアパレシアッラを築造し、ここにアッシリア軍を駐屯させ、自らの館と、任命した知事の館を建造した。中央と東部バビロニアは南のペルシア湾頭までアッシリアに服属し、アッシリアに納める租税を徴収し、そこの住民の多数を放逐して他地域の被征服民と交換した。バビロンのすぐ周辺の地域だけがナブナシルの掌中に残っていたが、かれもまた自分の身に、やがて同じ運命が迫るであろうと予測していたにちがいない。しかし、ナブナシルはその都を救う手立てを講じる力を全くもたなかった。かれはアッシリアの王が他地域の討伐に没頭していた間にも、都に近いボルシッパにさえ支配力を持続できなかった。前七三四年にナブナディンゼリがナブナシルを継いだが、新王は一州知事ナブシュムキンによって暗殺された。この暗殺者も一ヵ月後には一アラム人の一族長ナブムキンゼルによって討たれ、バビロニアは極度に無法な住民の掌中に完全に握られるにいたった。

アラム人が即位した報に接すると、ティグラトピレセル三世はやがて再び現地に赴いた。いまやかれは、前に講じた措置が十分でなかったことを知って、その後の数年間、組織的に都市を破壊し、住民を放逐し、今度のような自立要求を望めなくするような措置を講じつづけた。前七二九年までにナブムキンゼルは、バビロン南方辺のサピアの城に追い詰められ、この籠城中に討たれた。アッシリアの武力に戦慄した海の国の王マルドゥクアパルイディナは、ティグラトピレセルの足下に伏して、貢物を献上した。征服者はバビロンに引き揚げ、そこで前七二八年マルドゥクの手を執り、プルと名乗ってこの地の正統な王となった。

### サルゴンの征服と支配

前七二七年にティグラトピレセルが逝去しても、バビロンではすぐに変化は起こらなかった。かれの継承者シャルマネサル五世（前七二六―七二二年）はウルライの名でバビロンの王位に即き、行政組織は従来のものを持続した。シャルマネサルは父ほど才幹のある武将でなかったので、下臣である海の国の王マルドゥクアパルイディナは、徐々にその支配力を北方に拡張することができた。シャルマネサルは前七二二年簒奪者サルゴン（前七二一―七〇五年）によって暗殺された。かれの死後の混乱中に、マルドゥクアパルイディナはバビロンの支配権を握ることに成功した。かれはアッシリアの支配に抵抗するために、エラムの王クンバニガシュの協力を得ており、エラムの王は同盟者を援助するためにバビロン平原に進撃してきた。サルゴンは急遽軍隊を召集して反軍を鎮圧しようとした。両軍がデール前面で激突したとき、アッシリア軍は撃破され、マルドゥクアパルイディナはバビロンを保持できた。かれはアッシリア人の没収した土地の返還など、民衆の支持をえる措置を講じて自己の地位を固めた。サルゴンはシリアとパレスチナで起こった別の反乱の鎮定に出向き、ついでさらにウラルトゥの討伐に赴くことを余儀なくされていた。しかし、アッシリアの王も前七一〇年頃には、再び余裕を得てバビロンに出向くことができた。このことを予想していたマルドゥクアパルイディナは反アッシリア連合を結成しようと努め、さらに当時のユダヤの王ヘゼキアから支援を得ようとする企てさえして失敗を重ねた。かれはさらに軍を増大して防衛を強化しようと手を尽くした。しかし、この措置は老練なアッシリアの武将にたいしては効果をもたなかった。サルゴンはデールから疾風のように南下して、エラムとバビロンの間に楔を打ちこみ、さらにペルシア湾頭までのすべての抵抗を鎮圧し終えた後、ユーフラテスを渡って、その西岸を堂々と北上した。マルドゥクアパルイディナはバビロンを逃れ出て、エラムに支援を求めたが、成功しなかった。バビロンの市民はかれの去ったのち、城門を開いてアッシリアの王を歓迎した。大歓呼のなかで(あるいはいつもサルゴンがわれわれにそう信じさせたように)、サルゴンは地元の神々に犠牲を捧げ、ボルシッパの昔の運河を再び掘さくし、ナブの神がバビロンに渡れるようにした。サルゴンはそこで新年を迎え、その日バビロンの新王としてマルドゥクの手を戴いた。

サルゴンはその進攻後数ヵ月間、さらにカルデア人にたいする作戦を継続した。マルドゥクアパルイディナを支持したハマラヌ部族は、ボルシッパに退いていたが、ここで撃破され、殲滅された。マルドゥクアパルイディナ自身は軍を結集して、ペルシア湾頭の沼沢地中の一城塞ドール・ヤキナに退いていた。かれはここで橋を落とし、ダムを決潰させ、都市周辺の畑地にユーフラテスの水を氾濫させて必死に防戦した。こうした防禦策でも、かれはアッシリアの攻撃を阻むことはできなかった。かれ自身も腕に傷を負い、都が攻略され、略奪されて了う前に、辛うじてエラムに逃亡した。サルゴンはそれを追跡しようとはしなかった。サルゴンはマルドゥクアパルイディナがシッパル、ニップール、バビロン、ボルシッパなどから連行していた人質を解放し、かれらの領地を返却した。つぎにサルゴンはウル、ウルク、エリドゥ、ラルサ、その他カルデアの支配下におかれていた南方の都市の自由を復活して、神々をその神殿に復帰させた。最後にサルゴンはエラム国境までにわたって国内を平定し、国境に防塞を築いて、爾後の戦乱を阻止しようとした。ペルシア湾上遥かなティルムーン（今日のバハレーン島）の王さえ貢物を献上してきた。

## センナヘリブ治下のバビロニアの反乱

サルゴンは前七〇九年から七〇五年までバビロンの知事として統治した。かれの逝去とともに各地に反乱が起こったが、かれの子センナヘリブ（前七〇四—六八一年）がアッシリアの王と声明されるとともに反乱も終熄した。センナヘリブは前七〇四年と七〇三年にバビロンの正統の王と認められているが、実際の統治はおそらく弟に委ねていた。しかし前七〇三年には、センナヘリブの治世中苦悩の種であったバビロンの擾乱の、最初のものが現われている。まずマルドゥクアパルイディナの代官のマルドゥクザキルシュム二世がバビロンの王位を奪ったが、僅か一ヵ月後にはマルドゥクアパルイディナ自身がエラム軍を率いて出現し、難なく旧家臣にとって代わった。全バビロニアがたちまちかれのもとに結集し、センナヘリブはアッシリアの地位を回復するために急遽南下してきた。理由は明らかでないが、マルドゥクアパルイディナはその軍を二分しており、一軍をクトハに、他の一軍をそのやや南方のキシュに配備していた。アッシリアは一軍をキシュに向かわせ、王自身が率いた別の一軍は、より低速でクトハに向かって前進した。最初キシュへ攻撃を掛けたが失敗し、司令官は王に救援の使者を送ってきた。激怒したセンナヘリブは急いでクトハを攻略して、キシュの包囲軍を援護するために南進した。包囲攻撃はたちまち効を奏し、マルドゥクアパルイディナは再び命からがら逃走した。バビロンはそれ以上抵抗を示さず、センナヘリブの手に落ち、多くの財宝が戦利品として持ち去られた。アッシリア軍は五ヵ年間にわたってマルドゥクアパルイディナを追って沼沢地を探したが、発見できなかった。カルデアの手にあった八八の城塞都市と八二〇の村々が占領され、センナヘリブは腰を据えてバビロン問題の解決に当たった。このときかれは解答として、アッシリアの宮廷で薫陶をうけたバビロンの王子ベリブニ（前七〇二―七〇〇年）をバビロンの王に任命した。かれはこれによってバビロニアのナショナリズムを宥め、同時にアッシリアの利益を守ろうと考えた。しかし計画は惨澹たる失敗に帰した。センナヘリブが帰国した直後、ベリブニはまだ希望を捨てないマルドゥクアパルイディナ軍、およびもう一人のカルデア人ムシェジブマルドゥクの軍と合流した。センナヘリブは急遽引き返してきて、連合軍をビットトで粉砕した（前七〇〇年）。ムシェジブマルドゥクは沼沢地

図7　ナラムシンの石碑（現在ルーヴル博物館所蔵）

に逃走し、ベリブニはアッシリアに送り返された。マルドゥクアパルイディナは国内の神々の像を携えて、海を渡ってエラムの海岸まで逃亡してしまった。再度、海の国の諸都市は略奪を蒙り、センナヘリブはバビロンを確保する方策をたてねばならなかった。今度の対策は、自分の長子アッシュールナディンシュムを、占領した都の王位に即けることであった。

六年間（前六九九—六九四年）バビロンの周辺は平穏に過ぎ、その間センナヘリブは後のバビロンの反乱への来援を抑える、あらゆる手段を講じた。かれは、まずティグリス河の東方山地にいる部族を討伐し、ついで海軍を編成してエラムの東岸に住むカルデア人の残党を攻撃した。その遠征は成功した。かれの艦船は敵よりは波浪によって多くの損害を蒙ったが、カルデア人を撃破してから、エラムの数都市を破壊した。しかし、不幸にもこの討伐の隙を衝いてエラムの王がバビロニアに侵入する成りゆきとなった。シッパルは劫掠され、アッシュールナディンシュムが捕えられてエラムに連れ去られた。バビロンは陥り（前六九四年）、ネルガルウシェジブが王位に即けられた。前六九三年までには北部バビロニア全部が反軍の手中に落ち、センナヘリブ軍はアッシリアとの連絡を断たれた。そののちアッシリア軍に運が向いてきた。まずエラム軍が撃破され、ついで快速戦隊がウルクを攻略することに成功した。アッシリアへの帰還の途中、アッシリア軍はさらに運に恵まれて、ネルガルウシェジブの率いた小部隊と遭遇した。そこで起こった戦闘中バビロンの王は友人に欺かれて捕えられ、センナヘリブの面前に連行された。アッシリア人が本国に帰ったとき、バビロンの王は最後の姿を公衆に曝される辱しめをうけた。

王を失っても、バビロニア人の抵抗は終わらなかった。八年前ベリブニの反乱に加担したカルデア人のムシェジブマルドゥクが、このときエラム人の援助を得て帰還し、自ら王位を取得した（前六九二—六八九年）。センナヘリブはその冬遠征し、エラムの山中まで敵を撃退しようとした。かれは敵を撃破したが、厳しい寒気に耐えられず、最後には平原に退却を余儀なくされた。春が立ちかえったとき、エラム人とその同盟者の混成軍は、ムシェジブマルドゥクを助けてアッシリア人を国外に駆逐しようとして、バビロニア平原に降ってきた。センナヘリブはティグリス河東岸のハルーレに陣を構えた。かれは自分の勇敢な行為を誇張して大勝利を挙げたように述べているが、明らかに潰滅的敗北を喫した。ムシェジブマルドゥクは完全にバビロニアを支配し、センナヘリブは巨大な首都ニネベに引き揚げて、再起を図った。前六八九年にエラムの王が逝去して、センナヘリブは思いがけない好運に恵まれた。バビロンは孤立し、センナヘリブは疾風のように攻撃してきた。都は攻略され、ムシェジブマルドゥクは鎖に繋がれて、アッシリアに連れ去られた。かれの都は組織的に破壊された。住居・神殿・壁は壊され、火を放たれ、灰燼は市中を貫流する運河に投入された。つづいてユーフラテス河の堤防が切られて、全市区が洪水に見舞われ、沼沢と化した。センナヘリブはバビロンが完全に抹消され、その跡は完全に忘却されたと確信している。

### エサルハドンの侵寇

その後八年間（前六八八—六八一年）センナヘリブは名目上バビロンの王であった。都は存在しなかったが、周辺地区の行政がまだ必要であり、その任務は王子のエサルハドンに委ねられた。かれは着任したとき、バビロンを非常に憎んでいたが、やがて父の破壊もバビロニアの反抗を抑圧する効果のないことを悟るにいたった。このことをかれは前六八〇年にアッシリアの王位に即いたときに痛感させられた。というのは、海の国の王ナブゼルキットイリシルが南方で反抗をはじめ、アッシリアの王位を窺う者を支持し、その名を掲げてウルクを攻撃するのに直面したからである。最後にナブゼルキットイリシルは撃退され、エラムに遁走し、そこで討たれた。しかし、かれがバビロンで支持を集めたことは、エサルハドンに父の政策の脆さを悟らせた。エサルハドンは知事として在任中、バビロニア人を妻に娶り、かれは母とともにマルドゥクやナブやその他のバビロンの神々の信仰に帰依していた。その結果個人的感情と政治方策が結びついて、かれに宥和政策をとらせるにいたった。神と星と惑星がバビロン再建を支持しているという宣托が下された。前六八〇年の吉日に、大工、石工、金属細工人が工事のために派遣されたが、かれらが都に到着したとき騒擾が生じた。センナヘリブの破壊後、地方のダクッルという部族が、荒廃した田畑と農園の廃墟へ移動してきて、これを自らの所有地と主張していた。かれらはエサルハドンに正式に提訴したが、却下されていた。ついで起こっていた反乱は鎮定され、神殿の建設が始められた。神殿と防壁がこれまで以上の規模で再建され、どうしたわけかマルドゥクの神像でなく、エアの像がマルドゥクの神殿に復原された。バビロンの市民に権利と特典が回復され、都の偉大な時代が復活するかと思われた。

エサルハドンはバビロニア人のために十分尽くしたので、背後を脅かされることはないと確信して、長く抱いていたアッシリアの野心——エジプト征服——を実現するため西方に出掛けた。かれの最初の攻撃が不吉な失敗に終わり、その知らせがバビロンに届くと、それだけでエラム人は再び攻撃に乗り出した。シッパルは占領され、大虐殺を祟った。しかし王朝間の内紛のためエラム人は成功を持続することができず、やがて新王のときアッシリア人と再び和を結んだ。この頃またエサルハドンの妻も病床に伏した。王と王妃は地元で神に祈禱のできるように、ウルクに居所を移した。エサルハドンの大量の供物も甲斐なく、その妃は前六七一年に身まかった。つづいてエジプトへの第二回遠征が敢行され、この度は前回よりも成果を収めた。しかし、エサルハドンの征服は、かれがその地を去るとすぐ崩れ去り、かれは第三回の攻撃に掛からねばならなかった。かれは出発に先立って国の将来に備える措置を講じた。アッシリアの王位は、以前からの決定にしたがってその子アッシュールバニパルに与えられるものとし、もう一人の王子シャマシュシュムキンをバビロンの皇太子に正式に任命し、王の死後シャマシュシュムキンは独立の王となり、兄のアッシリア王のつぎに位するものと定められた。

### アッシュールバニパルの支配

エサルハドンはエジプトへ引き返す途上で逝去し、アッシュールバニパル（前六六八―六三一年）がアッシリアの王となった。アッシュールバニパルは即位の直後、弟のバビロン王の地位を確認した。間もなくマルドゥクの神像が新装成った神殿に大歓迎のうちに帰還した。二人の王は同位であったが、こうした制度が円滑に運営されないのは明白であった。アッシュールバニパルはバビロンに建てた石碑に弟の名を記載するように配慮したが、真の権力は自分にあることを明示した。シャマシュシュムキンは都のすぐ隣接地の統治を認められるだけで、そこでさえアッシリアに直接報告を送る官吏がいて、かれの独立性は制約されていた。さらにアッシリア軍がニップールに駐屯して、かれの行動を牽制した。アッシリア王はバビロンに馬匹・戦車・兵員、その他を贈ったが、これも弟に真の武力を与えるというより、明らかに弟を慰撫する狙いのものにすぎなかった。

一七年間バビロンの隷従的歳月がつづいたが、周辺地域はそれほど平穏ではなかった。数回にわたってエラム人が侵寇し、鎮圧された。バビロニア内でも住民中のアラム人分子がつぎつぎと擾乱を起こし、西方と北方では遊牧民と、より定住的なシリア民族が虎視たんたんとアッシリア襲撃の機会を窺っていた。最後にシャマシュシュムキンも引き入れられて、前六五二年に憎むべきアッシュールバニパルの統治に抵抗する大連合が結成された。エラムとその国境周辺の部族、バビロニア、西方の砂漠民族、シリア、パレスチナと数年前に独立を回復したエジプトまでが、バビロンの王の統率下に結束し、戦に乗り出した。シャマシュシュムキンは、今後兄がバビロンで犠牲を捧げる行為を認めないと、兄に通知し、南方のアッシリア軍駐屯地を攻撃した。間もなくエラム人の略奪隊が合流し、かれらはウルクを占領し、周辺の国々を略奪した。ついでウル、エリドゥ、その他海の国全部がバビロン側に加担し、暫らくの間シャマシュシュムキンは優勢を示していた。しかし、間もなくベリブニと称するカルデア人がアッシュールバニパルを支持して海の国を奪還し、同時に北方でアッシリア軍がティグリス河東方の今は不明の地バブサメの戦で勝利を収め（前六五〇年）、バビロニア中心部への進路を切りひらいた。間もなくシッパル、クトハ、ボルシッパ、バビロンが包囲され、状況は完全にアッシリアにとって有利に転じた。徐々にその他の都市が攻略され、前六四八年七月にはバビロンの希望は完全に断たれた。街頭には飢餓と病気で斃れた屍体が高く積みあげられ、生き残った者は人肉を喰ってを命をつないだ。砂漠のアラブ人が都を救おうと企てたが、失敗に帰した。最後に都が降伏する直前、シャマシュシュムキンは宮殿に火を放ち、火中に身を投じた。

ひとたび都を征服すると、アッシュールバニパルは驚くほど寛仁さを示した。征服者は、なんらかの形で反乱に加担した疑のある者はアッシュールに連れ去り、舌を切って処刑したが、そのあとは寛仁な態度に転じた。バビロンの街頭の屍体は取り除かれ、作法通りに浄められ、都市の神々に宥撫の祈りが捧げられ、地方へ逃れていた市民は呼び戻され、旧居に落ちつかされた。カンダラヌと称する、他に業績の知られぬバビロン人が都の知事に任じられ、バビロンはもう一度アッシリア帝国に強く掌握された。前六五二年の大連合の、他の加盟国はこっそり消え去り、エラムと砂漠のアラブ人だけがひきつづき騒擾を起こしていた。二回の遠征によってアッシュールバニパルはエラム軍を撃破し、スーサを占領して略奪し、全土を組織的に劫掠した。エラムは前六三九年までに文字通り消滅し、その後中東史上で重要な役割を演じることはなかった。同じころ、アッシリアは西部砂漠へ数回の遠征をくり返し、改めてアラブ部族を服属させた。こうしてバビロニアは静穏となり、その両側の土地も力を削がれていた。その後突然この時代の記録は中断する。国内の事業は同じように続いたと思われるが、沈黙は不吉な兆を孕んでいた。アッシリアの終焉が近づいていた。

# V　バビロンの第二次制覇

## 一　アッシリア支配の終末

### アッシリア支配の動揺

前第七世紀後半には、往時の強大なアッシリア帝国が解体しはじめた。間断ない征服と膨脹政策そのものが、衰退の重要な原因をなしていた。というのも、アッシリアの武力の中核である、もっとも秀れた原住民戦士が、しだいに被征服民族や傭兵によってとって代わられ、これらの源泉から得られた兵士は、アッシリアを強化・拡大するのに生命を捧げるほどの熱意をもたなかったからである。これとともに地理がアッシリア人に不利に働いた。メソポタミアには、アッシリアが権力を保持し強化するための天然の境界がなかった。アッシリア人は絶えず膨脹し、新民族を征服しつづけねばならなかった。かれらは、これらの民族――エラム人、ウラルトゥ人、その他――そのものが、アッシリアにとってその背後にいる野蛮人群との緩衝圏をなすという点を自覚しなかった。最終的にこの地域と当時知られている世界との大部分を征服したのは、背後に出現したこれらの野蛮人であった。

メソポタミア域内では、バビロン人が独立を達成しようとして、つぎの機会を窺っていた。アッシユールバニパルが前六四八年のバビロニア占領後知事に任じたカンダラヌは、当初は忠実なアッシリアの家臣であった。かれの領地はその前任者のものよりさらに限定されていた。領地は北方ではシッパル、南方ではウルクまでであって、中央部の都市ニップールにアッシリア軍が駐兵し、いかなる反乱活動をも効果的に抑止していた。それ以上の事態の予防のためと、南方でアッシリアの利益を監視するために、「海の国の行政官」が任命された。アッシュールバニパルがこの職に任命したのはカルデア人の支持者ベリブニで、かれは王の忠実な奉仕者となった。こうしてバビロニアは再びアッシリアにしっかりと掌握されたようにみえた。

しかし、前六三三年頃、アッシュールバニパルが死亡すると、情勢はたちまち変化した。アッシリアの王位を代々微力な王が継承しつづけたので、ほぼ二〇年間王に忠誠を捧げてきたカンダラヌが独立の機会をとらえようとする誘惑に駆られたのもおかしくはない。アッシリアの新王シンシャルイシュクンはすぐさま脅威に対応する措置をとった。かれはニップールの駐屯軍に警告を与え、「海の国」に新行政官を任命した。前任者のベリブニがどうなったのかは全くわからない。新行政官のナボポラッサルはベリブニの子であり、おそらくベリブニは生命を全うしたのであろう。いずれにせよナボポラッサルは反軍に向かって迅速に行動し、ウルク侵入に成功した。アッシリアから送られた軍はそれほど成功しなかった。そして前六二七年にカンダラヌが死去したとき、アッシリア人はバビロンの継承者を任命できなかった。実際アッシリアの弱点はあまりにも歴然としていた。それゆえウルクでの成功で気負い立ったナボポラッサルは、帝国の崩壊を支えるより、自分の利益になるように振舞った方がよいと決断し、バビロンの反軍を攻撃する代わりにニップールに進撃し、これを包囲した。住民はすこぶる困窮して、食料を得るためにやむなく子女を売るなどした。最後にはアッシリアの駐屯兵が追い出された。

しかし、前六二六年の九月までに、シンシャルイシュクンはその軍を再編成してバビロニアに進軍し、国境要塞のシュズナクを占領して焼き払った。そこで軍は二分され、一軍はニップールに向かって疾風のように前進し、より大勢の第二軍はゆっくりとバビロンに向けて前進した。このときバビロンの反軍と合流していたナボポラッサルは、アッシリアの両軍を迎え撃つ力のないことを自覚した。小軍がニップールへ向かう直線路上にあるキシュに接近したとき、かれは全く抵抗せず、守神を保護のためバビロンに移し、アッシリア軍がニップールに到着したとき、かれはその都の防備を擲って、ウルクに退いた。アッシリア人はニップールを占領すると、市民を徴集して派遣軍を編成し、ナボポラッサル軍を追撃した。しかし北方から届いた通知で、アッシリア人は急遽撤退した。バビロンをめざしたアッシリア軍の主力は決定的に撃破され、バビロンにおけるアッシリアの優位は終了した。

### ナボポラッサルと新バビロニア帝国の建設

前六二六年の一一月二三日、ナボポラッサルは自らバビロンの王と宣言した。かれはそれまでにシッパルでアッカドの王として認められていた。バビロンはかれの即位によって新たな強大時代に移った。しかし、最初かれの政策は自己の地位の強化に向けられていた。ナボポラッサルはアッシリア人と異なり、緩衝国家の価値を悟っていた。かれのとった最初の行動は、アッシリア人が持ち去った神神を返還してエラムの友好を獲得することであった。エラムとの友好は、アッシリアの失地回復運動に備えて、ナボポラッサルの背後を守るためのものであった。翌年シンシャルイシュクン軍は再びバビロニアに進撃した。もう一つの国境要塞シャパッズゥの神々は、保護のためにバビロンに移された。アッシリア軍はその後ティグリス河を渡って、シッパルへ向けて進軍した。この都市の神々は叩き毀され、隣のサッラトの都は攻略され、散々に略奪された。バビロンの反撃は成功しなかったが、アッシリアもその優勢を拡大できず、自国に撤退した。南方ではニップールの駐屯軍が依然もちこたえていた。翌年の夏にもアッシリアは遠征を行ない、この都に水を供給しているバニト運河を支配して、多少の救援に成功した。しかし、ナボポラッサルの陣営に一度攻撃をしかけて失敗した以外は、ほとんど軍事行動に出ないで撤退した。

翌年（前六二三年）エラムとバビロンの中間の国境地帯にあるデール市が、アッシリアの支配から独立を宣言して、問題は一そうニネベに近づいた。この秋もう一度ニップールの駐屯軍の救援が企てられた。しかしナボポラッサルはそのときまでに武力を強化し、アッシリア軍を撃破したのみでなく、勝ちに乗じて敵国まで北進するにいたった。その後、ニップールの駐屯軍が、アッシリアの支配権を示すために必死の出撃を試み、暫くの間、かれらは成功をつづけ、ウルクの攻略さえ敢行した。しかし北方からの援助が絶えては武力の持続を望むべくもなく、最後には急速に増大するバビロンの武力に圧倒されてしまった。

### ナボポラッサルの攻勢

それから数年間、ナボポラッサルはアッシリアの領土にたいして毎年出撃をつづけたが、それ以後前六一六年までは出撃の記録がない。この年バビロニア軍は、シリアや地中海に向かう古来の通商路を通って、ユーフラテス河沿いにカブル河まで前進した。各地の抵抗はとるに足らなかったが、アッシリア王にとっては強い刺戟となった。王は自国軍を動員した。数ヵ月の後、かれはバビロニア軍の陣営からわずか上流の地点カブリヌに陣を張った。しかし、ナボポラッサルがその都市にたて籠ると、シンシャルイシュクンは意気阻喪してあわてて退却した。ナボポラッサルはすばやくそれを追撃して、散々にアッシリア軍を撃破した。カブリヌは陥落し、アッシリア軍はハッランに退いた。ナボポラッサルはこの城を攻略できず、その南方の三市を略奪して、戦利品を携えてバビロンに帰還した。アッシリアが新しい同盟者を得て、同盟者エジプトからの派遣軍によって戦力を増強したからであった。一見、これは奇異な組合せであった。エジプトがアッシリアの支配を断ち切って独立してから、まだ四〇年にもなっていなかった。しかし諸事件の重圧が一転してかれらを結束させた。エジプトから見ると、アッシリアは北方と東方から侵入する蛮族にたいして緩衝の役割を果たす国であり、そのうえアッシリアの存在は、エジプトのシリア支配を妨害する唯一の勢力ともいうべきバビロンの勢力の強化を防ぐのに役立った。エジプト軍がシリアに出現すると、ナボポラッサルは大急ぎで引き揚げた。アッシリア軍はカブリヌまで追撃したが、追尾できず、再度撤退した。

ナボポラッサルは、シリアでの挫折を意に介さず、エジプトの進入できないでいる地点を躊躇なく攻撃した。かれはティグリス東岸へ出撃して、ディヤラ河の南でアッシリアを撃破し、はるか下ザブまで追撃した。かれはこの政策を継続して、翌年早くティグリス河上流にかけてアッシリアの心臓部を衝く野心的な遠征を行なった。このとき古都アッシュールは包囲されたが、ナボポラッサルも深入りしすぎた。ナボポラッサルはアッシリアの反撃にあって、やむなく包囲を解き、全速力でティグリス河沿いの道を南下したが、すぐ後をシンシャルイシュクン軍が追跡した。バビロニア軍はひどく追い詰められ、下ザブの南岸にあって、要害無比と伝えられる天然の城タクリットにほうほうの態で逃げ込んだ。ここでバビロニア軍は逆に一〇日間包囲されたが、アッシリア軍もすぐ断念して、再び北へ引き返して行った。しかし、いっそう危険な敵が国内に進入しはじめていた。一一月頃に、前年バビロンの王自身が作戦を展開していたディヤラ南方の地方を占領したメディア人の出現がそれである。

### メディア人の出現とニネベの滅亡

メディア人は前一千年紀以来イラン高原地に侵入していたインド＝ヨーロッパ人種の小さな一群である。前八三四年頃のアッシリアの記録は、かれらがハマダン地域にいたと述べているが、当時のメディア人は、統合された民族というよりも、近縁部族の緩やかな集合体にすぎなかった。前六五三年にニネベ攻撃の際戦死したフラオルテスは、部族連合を結成したが、このとき以降もほとんど三〇年間、メディアはスキタイ人に隷従していた。スキタイ人は北方から現われた好戦的遊牧民の集団で、アッシリア、小アジア、シリア＝パレスチナに恐慌をまき起こしていた。最後にフラオルテスの嗣子のキアクサレスが、スキタイ人の支配を覆えすことに成功し、スキタイ人の軍事知識を用いて、軍を強力な戦争機構にまで再編成していた。いまアッシリアの国境に現われたのはこの軍隊であった。

翌年の夏（前六一四年）、キアクサレスはニネベに直進して、それを包囲下においた。しかし、理由はわからないが、かれはその包囲を解いて西北に進撃し、隣の都市タルビスの攻撃に転じた。それはおそらく、かれがニネベの都を奪取するには武力が不十分と悟ったためか、あるいはスキタイ人の介入が、かれに目的を放棄させたためであろう。タルビスの攻略後、メディア人はティグリス河を下って、前年ナボポラッサルが攻略に失敗したアッシュールの攻撃を開始した。この都は二度目の悲運を免れることはできなかった。都は完全に破壊され、住民は多数が捕虜となり、残った者は殺された。

これはナボポラッサルにとって、見逃すことのできない好機であり、かれは軍を率いて北上し、メディアに支援を与えようとした。しかしメディアの侵入はあまりにも迅速で、バビロニア人はアッシュールが陥落したのちにようやく現地に到達したにすぎなかった。都の廃墟のどこかで、ナボポラッサルとキアクサレスは会見し、友好条約を結んだ。この条約の保証のため、おそらくナボポラッサルの息子のネブカドネザルと、キアクサレスの孫娘のアミティスの婚姻が成立した。両指導者はニネベ攻略の計画に合意したうえで、冬を過ごすため本国に引き揚げた。

前六一三年には中心計画に些か支障が生じた。アッシリア王はその都に釘付けされていないで、バビロンに反抗をした友邦を支援するため、中部ユーフラテスの渓谷に遠征した。反乱を鎮定するためナボポラッサルは現地に急行した。かれは島上の町ラヒルを占領したのち、これもまた島の中につくられた上流のアナトゥの要塞を攻撃した。河岸から精巧な橋が築造され、攻城機械が城壁に近づけられた。しかし、攻撃の最中にアッシリア軍が出現したので、ナボポラッサルは慌てて撤退せねばならなかった。

明らかに、この年（前六一三年）はニネベの包囲がなかった。それはおそらくメディアの侵入がなかったためであろう。このことの理由は楔形文字の資料にも見出せない。推量できるのは、メディアが国内紛争の鎮定に手をとられていたことと、スキタイ人をアッシリア攻撃に加担するように説得していたためと思われる。いずれにせよ、その翌年（前六一二年）、キアクサレスはメディア＝スキタイ連合軍を率い、バビロニア軍を併せた統合軍の総司令官としてアッシリアの都に最後の攻撃をかけた。全軍はティグリス河沿いに北上し、都を包囲して攻撃を加えはじめた。三ヵ月に近い戦闘ののち、異常な洪水のため損傷をうけた城壁に、七月か八月に突破口がつくられた。都は占領され、略奪され、焼き払われた。シンシャルイシュクンも炎上する都の中で最期を遂げた。メディア人は戦利品をかかえて本国へ引き揚げ、ナボポラッサルに国内の支配を委ねた。

### アッシリアの滅亡

ニネベは陥落したが、アッシリアはまだ最終的に滅亡はしなかった。包囲攻撃中、都の運命の尽きたことを悟った多数のアッシリア人が、アッシュールウバッリトと呼ばれた貴族に率いられ、奇計をもってバビロニアの戦線を突破し、西方に逃れ去った。かれらはカブル河を渡って、アッシュールウバッリトが知事をしていたと思われる、アッシリアの一地方州の都ハッランに移った。ナボポラッサルはかれらをカブル河まで追撃し、さらに多くの戦利品を得、またニネベ以西の都市から貢納を徴したが、カブル河を渡ってハッランを攻撃することはできなかった。これに勇気づけられて、アッシリア人はアッシュールウバッリトを新王に任じ、腰を据えてつぎの攻撃に備えた。

前六一一年にはメディアの動きは何も知られていない。バビロニア人が再びユーフラテス河を遡って、ハッラン周辺を略奪・破壊しながら夏を過ごした。ナボポラッサルは小さな成功と、少なくとも一都市を攻略する成果を挙げたが、アッシリアの新首都を単独で攻略できる武力はないと考えて、もう一度バビロンに引き揚げた。翌年も同じく不成功に終わった。この頃までに、ハッランのアッシリア人にはエジプトの援軍が合流し、その提携はバビロンの王にとって脅威となってきた。しかし、夏になると、おそらくナボポラッサルの求めに応じて、メディアの一軍が援助に出現したので、すっかり仰天したアッシリア人とエジプト人は、ハッランを放棄し、ユーフラテスを渡って逃げ去った。メディア人とバビロニア人は無防備の都に進入して、略奪し、「月の神」の神殿を破壊したうえ、冬を過ごすために本国に引き揚げた。メディアの駐屯軍がバビロニア軍の一隊を麾下において、アッシリアのあらゆる攻撃に備えて、ハッランの防衛に当たった。

翌年の春、アッシュールウバッリトはエジプト人とアッシリア人の大軍を率いて、バビロニアの援軍が到着する前にハッランを奪還しようとして、攻撃をかけてきた。この通知が届くやいなや、ナボポラッサルは北進したが、かれがハッランに到着する前に包囲は解かれ、援助を必要としなくなった。このときもアッシリアの撤退理由はわかっていない。おそらく、残された守備軍だけでも包囲を破るほど強力であったからか、あるいはバビロニア人より以前にメディア人が到着していたからと思われる。ナボポラッサルはその都を迂回して、北東の山中に急進し、村々を焼き、不穏な山地人を監視する駐屯軍を配置した。別の伝承は、かれがアッシュールウバッリトを探し求めたとしているが、アッシュールウバッリトについては爾後の記録が残っていない。またナボポラッサルはウラルトゥを経て小アジアのリディア領へ進むメディア軍を援助していた、とも伝えられている。遠征は前六〇八年の夏にも続けられ、さらに山地の町々が略奪・破壊されたが、その詳細は全く分からない。

## 二　新バビロニア帝国の興隆

### 介入したエジプトとの戦い

この間にエジプトは動きはじめていた。新任のファラオ、ネコは、シリアでの権益を守ろうと決意していた。その地にいるエジプト軍が寡兵なことはわかっており、ネコは全軍を召集してカルケミシュに向けて出発した。驚いたことには、ネコがメギドの峡谷に到達したとき、かれの軍隊はヨシア王の率いるユダヤ軍によって阻止されていた。この王は数年前アッシリアから自立し、いま旧宗主国の同盟軍に援助を拒否する態度に出た。結果は明らかであり、ユダヤ軍は撃破され、ヨシアは殺され、エジプト軍はシリアに向けて進撃した。

二ヵ年以上もナボポラッサルはシリアで比較的小規模な作戦を進めることで満足していた。かれはアッシリアの残した真空をエジプトが埋めるのを許す気はなかったが、さしあたり全面的な会戦で勝利を得る目算がたたなかった。そのうえ、かれは年老い、健康を失いつつあった。かれは前六〇七年には戦場に一ヵ月いただけで、やむなく本国に引き返し、嗣子のネブカドネザルに指揮権を委ねた程である。秋にはナボポラッサルは健康も回復し、もう一度軍を指揮できるようになったので、ユーフラテスを渡って奇襲をかけ、カルケミシュのすぐ南のユーフラテス河の橋頭堡キムフの町を占領した。かれはこの町を守備するための駐屯軍だけを残して、前六〇六年バビロンに引き揚げた。

キムフはエジプトにとって死活的要衝をなしていた。それは渡渉点を抑えるのみでなく、南方からの補給線を近くで扼していた。エジプト人は迅速に行動し、たちまち町を包囲下においた。ナボポラッサルは再び軍を結集して河を遡ったが、今度もかれは立ち遅れた。四ヵ月の籠城ののちキムフは陥落していた。ナボポラッサルが敵の領土に近い、しかも緊急時に救援の手の届きかねる遠隔の地に前哨駐屯地を置くことは、かれの戦術の不思議な弱点であった。このときにもかれは、局面を挽回するために、遙か南のクラマティでユーフラテス河を渡って、河岸の数ヵ村を占領したが、再び駐屯軍を敵中に残したままバビロンに帰還した。エジプト軍が前進すると、駐屯軍はやむなく絶望的な陣地から撤退した。

前六〇五年には情勢は全く逆転した。ナボポラッサルは老齢と病のため、気骨の折れる勝敗のつきがたい遠征に再び軍を率いて乗出すことを望まず、遠征をネブカドネザルの手に委ねた。しかし理由はわからないが、エジプト人はキムフとクラマティから撤退しており、ネブカドネザルは五月末か六月の初め、カルケミシュの近くで渡河し、これらの町を急襲して占領した。エジプト軍が組織的抵抗をはじめる前にバビロニア軍はすでに市内に突入していた。街頭でも市の周辺でも白兵戦が展開した。町は戦闘中に炎上し、エジプト軍は潰滅した。戦争前に逃亡し四散した者たちは、南方へと追い詰められて、一部はオロンテス河畔のハマト地域で粉砕され、残りの者はかろうじて地中海岸までたどり着いたが、そこで追いつかれ、誰ひとりとしてネブカドネザルの怒りを免れることはできなかった。エジプトの下級の領臣であったユダヤの新王エホイアキムは、慌ててバビロニアの王へ臣従を誓い、人質を提供した。この人質のなかには予言者ダニエルが含まれていた。八月までにネブカドネザルはエジプトとの国境に到達していた。

バビロン軍が比較的容易にシリアとパレスチナを征服した理由は、エジプト軍がその地域に全くいなかったことと以外に見出されない。ネコは孤立した駐屯軍を捨てて去るというナボポラッサルの失策からなんの教訓も学びとっていなかった。ネブカドネザルが同じようにエジプトから孤立したカルケミシュの駐屯地を占領したとき、必然的に全シリア州がエジプトから失われた。おそらく前年エジプト人が、勝利に乗じてユーフラテス河を南下進撃していたなら、結果は逆転していたであろう。しかし、エジプト人は支配範囲を河という自然の障害線にとどめ、バビロンの出撃に留意しなかったので、ネブカドネザルはカルケミシュまで反撃することができた。この成功で、シリアとパレスチナの王国は、たちまちネブカドネザルの膝下にひれ伏すことになった。

ネブカドネザルがエジプトに侵入する計画をもっていたとしても、その実行は許されなかったであろう。その年(前六〇五年)の八月一五日、かれの父が死去した。その通知が届くや否やネブカドネザルは砂漠越えの最捷路をとって、九月六日にバビロンに帰還し、即日ナボポラッサルの継承者として即位した。そのうえ、同年かれはシリアにとって返した。抵抗はなんらなく、進軍は地方の領主を威圧し、貢納の義務を領主に想起させる効果を挙げた。春になると、かれは再びバビロンに帰り、マルドゥクの手を戴いて新年の祭典を祝った。それに続いて、かれへの服属を確実にするために、もう一度シリアに遠征をした。このときティル、シドン、ダマスクスなどの国はおそらくかれの支配を認めたが、しかしアコン王の治めるアスケロンはエジプトに救援を求める途を選んだ。アスケロンの町は破壊され、王は廃位され、バビロンの領臣のアガが王の代わりに任命された。平和を確保するためにネブカドネザルは王の二子を含む多数の人質を引き連れて、バビロンに帰還した。

前六〇三年と六〇二年の情勢は同じ過程をたどり、ネブカドネザルが帝国の争う者のない支配者であることを示した。シリアの属領から貢物が流入し、戦争による消耗がないことから、軍備は着実に増大した。前六〇一年ネブカドネザルは直接エジプトを撃破できるだけの兵力をもったと判断した。この点では、かれは誤算をしており、エジプトの国境近くでのせり合いののち、かれは再びバビロンに引き揚げねばならなかった。軍の損耗はすこぶる大きく、かれは次の一年間、本国で戦車の製造、馬の調教、兵員の補充に没頭せねばならなかった。しかしファラオのネコも同じ難局に直面していたにちがいなかった。というのは、かれもなんらアジアへの進出を企てず、バビロニアの属領を偵察することで満足していたからである。前五九九年の二月ネブカドネザルは損耗を補充するためシリアに帰ってきた。かれはまずエジプトと親しく、そのために背後から脅威を与えると思われるアラブの遊牧民を討たねばならなかった。かれらの服属を確実にするため、前五九八年三月バビロンに帰還する際、かれらから貢納を取り、その守護神を奪って帰った。

## ユダヤ人の抵抗とエルサレムの攻略

パレスチナでは、バビロニア軍がエジプトと戦って敗北したという報道に接して、予言者エレミアの警告にもかかわらず、エホイアキムはファラオに寝返る理由が十分できたと考えて貢納を停止した。それにつづく推移の詳細は、現存の資料があまりにも少なくて知りがたい。おそらく前五九八年の秋、バビロニア軍はエルサレムに進撃してきて、エホイアキムを廃位し、代わりにエホイアヒンを王に任じた。一二月初めにはエホイアキムが死亡したが、それが自然死か否かは断じがたい。ほぼ同じ頃バビロニア軍が、パレスチナめざして本国を進発した。

王の更迭にもかかわらず、ユダヤの忠誠が些かも鮮明とならないので、前五九七年一月ネブカドネザルは都を包囲し始めた。包囲の進行中、ラヒシュや周辺の他の都市が攻略され、破壊された。前五九七年の三月一五日にエルサレムが陥落した。おそらくエホイアヒンが、都を破壊から救うため、降伏を申し出たからであった。いずれにせよ、ネブカドネザルはこの都の人命を助け、その代償として宮殿とソロモンの神殿の財宝を含めた苛酷な貢納を要求した。都の占領の二週間後、エホイアヒンは自分の母と妻と国中の指導者層を伴って、バビロン流罪の長い旅にのぼった。かれらとともに武器製造に熟練した一、〇〇〇人の工匠と、それを用いる七、〇〇〇人の兵士が同行した。貧困で役に立たない市民のみが残され、エホイアヒンの伯父のマッタニアがその統治者に任命された。汚辱と隷従の印として、かれはその名をゼデキアと改めさせられた。エルサレムの偉大な時代は終了した。パレスチナでの勝利は、ネブカドネザルにすこぶる自信をもたせた。この年の末、かれは護衛も連れないでシリアに出かけて、貢納を集めた。帝国の他の地域は依然として平穏であり、メソポタミアのユダヤ人流罪者は新しい家に落ち着いた。エホイアヒンとその家族はバビロンの宮殿に留められたが、そこでかれらの家族に与えられた食料の支給について記載した泥章が発見されている。一般のユダヤ人は分散させられたが、或る者は少なくとも予言者エゼキエルのように、ニップールの近くに住居を与えられた。

前五九六年に東部国境で帰属不明の敵が擾乱を起こしたが、バビロニア軍が接近すると、反軍は撤退した。この頃まで、ネブカドネザルが東部国境に向けて行動しなかったのは、おそらくメディアとバビロニアの同盟がなお生きていて、両者が別々の地域で自由に利益の追求に耽り得たからであろう。ネブカドネザルは前五九五年をバビロンで送った。その年の末宮廷反乱が起こったが、鎮圧された。少し後に、ババアフイディナという名の官吏が反逆罪で処刑され、財産を没収されたが、おそらくかれは首謀者の一人であったろう。ネブカドネザルはその反抗者を厳しく処罰し、春にはバビロンを出て、年々の貢納徴収に赴くことができた。西方は依然静穏で、かれは今度も軍の護衛なしで旅をすることができた。しかし、つぎの数年間に情勢は変化しはじめた。エジプトのネコは前五九五年に死去し、その嗣子プサメティクス二世（前五九五—五八九年）とアプリース（前五八九—五六九年）が支配力をアジアに伸ばそうと熱望した。前五九〇年にプサメティクスは反乱を使嗾するために、軍を率いてフェニキアまで進んだ。アプリースもこの政策を継承し、海上からティル、陸上からシドンを攻略して、海岸に足場を得ようとした。この結果、ユダヤのゼデキアは、エジプトとの約束を信じ、予言者たちの反バビロニア熱に押されて、ネブカドネザルへの貢納を拒否した。エレミアのみは事態を見透していたが、その力で王の決心を変えることはできなかった。前五八七年の一月、バビロンの王は小領臣が国王にたいして侮辱行為に出たのを怒って、シリアに出陣し、オロンテス河畔のリブラに本営を置いた。かれは海岸からのエジプト軍の攻撃に備えたうえ、一軍を南下させてエルサレムを包囲した。エルサレムはエジプトの救援を頼みにして籠城をつづけた。しかしアプリースはリブラの敵の本営を衝いてエルサレムを救援することの困難を知り、海路でエジプトに帰り、南方からパレスチナへ向かおうと考えた。かれの進軍に脅えたバビロニア軍は暫時エルサレムの包囲を解いた。しかしアプリースはバビロニアの巨大な軍勢を見て、興奮から覚め慎重になった。ネブカドネザルはこの機会をとらえて、ラヒシュや周辺の離反都市を奪回し、ついで再度エルサレムを包囲した。前五八六年七月には、市中に疫病が蔓延して、城壁には突破口ができた。ゼデキアは敵の包囲戦線を突破してヨルダンに向けて逃亡した。しかし、かれはエリコの近くで捕えられて、リブラのネブカドネザルの本営に連行され、臣従の誓約を破った罪を問われ、その償をさせられた。ゼデキアの息子はかれの眼前で殺され、ゼデキアは目をくり抜かれ、鎖に繋がれてバビロンに連行された。民家の立ち並ぶエルサレムはこのとき大規模な破壊をうけた。全財産は持ち去られ、城壁は壊され、神殿・宮殿・民家は焼き払われた。最上層の市民七〇人がリブラに連行されて死刑に処され、残りの市民の大部分は追放された。

いちばん役に立ちそうもない市民のみが残され、ゲダリアが知事に任命されたが、数ヵ月ののち、かれは暗殺され、残った少数のユダヤ人はエジプトに逃亡した。アプリースはかれらを温かく迎え、住居を与えた。

### ネブカドネザルの末年

ユダヤを討ったのち、ネブカドネザルはフェニキア征服に鉾先を転じた。これは困難な仕事となった。シドンはたちまち占領されたが、ティルの城はエジプト軍の救援を欠きながら、前五七三年まで抵抗をつづけた。ネブカドネザルがこの遠征を始めたのと同じ頃、同盟国のメディアが小アジア西部のリディア王国と勝敗のつかない戦に没頭していた。紛争は仲裁によって解決されたが、メディアの代表は当時キリキアの討伐に従事していたバビロンの高官ナボニドスであったと思われる。このこともまた、二大勢力がなお友好関係を持続していたことを示していた。しかしネブカドネザルはその治世の終了前に、メディアの気持に疑いをもち始めたようにみえる。というのも、かれはバビロンの北方で、シッパルからオピスにかけて大防壁を築き、これを補強する運河網を周辺に配し、北方からの攻撃を著しく困難にしていたからである。

不幸にも現在、ネブカドネザルの治世の末年の部分についての歴史記録は全く欠けている。この時期以後の外征について残る唯一の記録は、断片的な文書で触れられている、前五六八年のネブカドネザルとエジプトのファラオとの間で行なわれた会戦のものである。この会戦はおそらくエジプト国境に近い砂漠中の小競り合い程度のもので、バビロニアの王が紅海の貿易路を支配しようと努めたこと

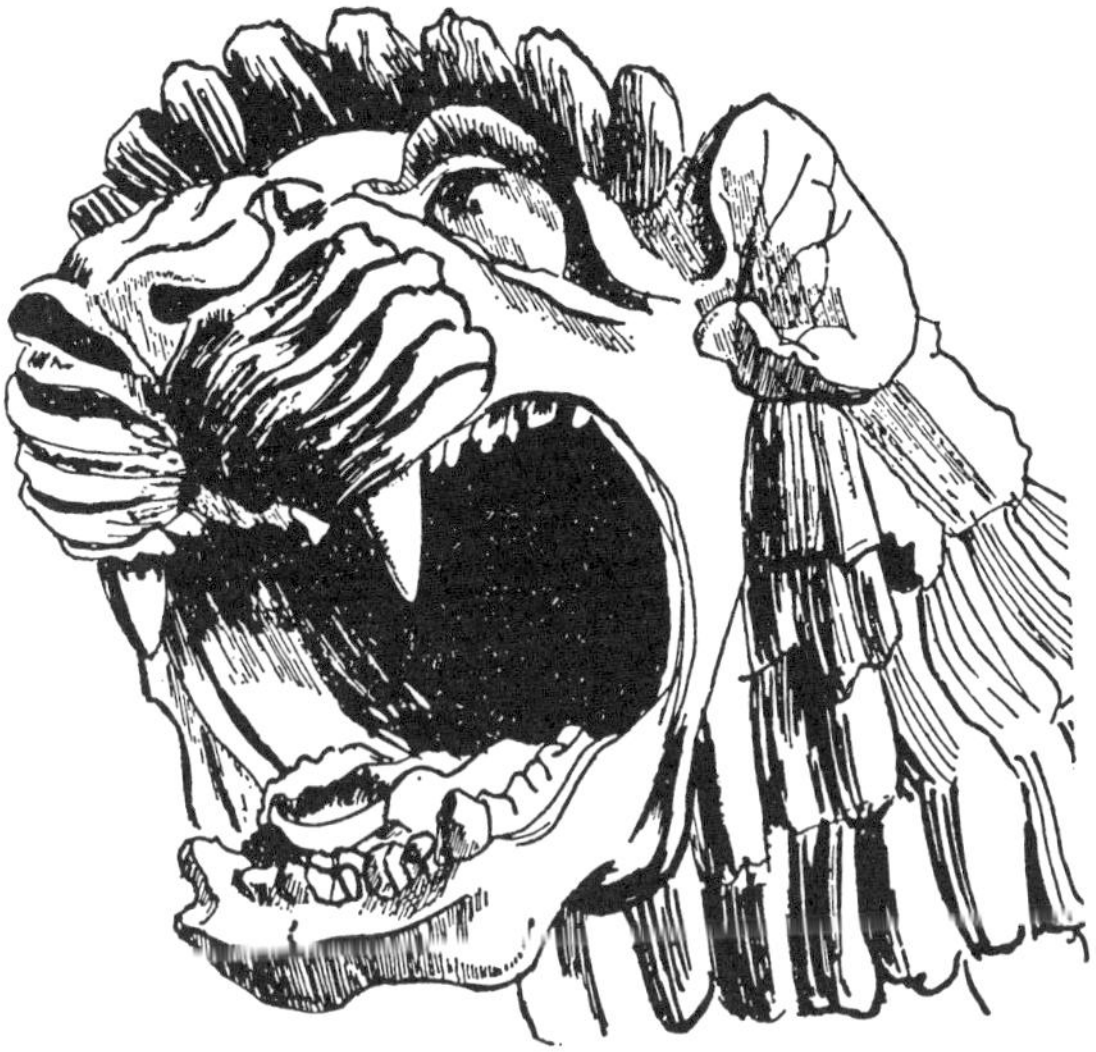

図8　テル・ハルマル出土の粘土製獅子

を仄めかしている。これを除くと、当時の歴史には大きな空白がある。その空白は今後の新しい発見によって埋められねばならないものである。しかし、われわれがその全領土での、またとくにバビロンでのネブカドネザルの建築活動から判断すると、当時この都は繁栄の絶頂にあったと思われる。コールドウェーの発掘で明らかにされ、後章で描写するこの都は、この偉大な建造者の記念物であるといえる。

**ネリグリッサルの前後**

ネブカドネザルは前五六二年に死去し、その息子のアメルマルドゥクが王位を継いだが、この王については、無法で放埓な統治をしたと記録されているだけであって、かれの罪悪の明確な点についてはわからない。アメルマルドゥクは流罪中のユダヤのエホイアヒンを憐み、かれを牢獄から出して終生食卓を共にさせたというが、多分この異邦人にたいする耽溺が、バビロンで王の評判を落とさせた一つの理由であったろう。そしてかれが天寿を全うしたのか、それともネブカドネザルの治世のような軍事的栄光を熱望する軍の将校団によって暗殺されたのかは、明白でない。

アメルマルドゥクの逝去後前五五九年に王位に即いたネリグリッサルは、シリアとパレスチナの討伐で輝かしい勲功を立て、ネブカドネザルの王女を妻に娶った老練な武将であった。ネリグリッサルは軍功のある背景をもちながら、帝国の拡張を図るよりも建築活動に強い関心を寄せており、――バビロンやボルシッパの神殿、ユーフラテス河畔の用水路網――これらがこの武将の王位継承後の活動の総計であり、かれがバビロンの外へ足を向けた唯一の旅行の目的が、持ち去られた女神像をグティウムから持ち帰ることにあったと、数年前までは思われていた。しかし、一九五六年に新資料が刊行されると、事情はがらりと変わった。ネリグリッサルはかれを支持して王位に即けた人々の期待に恥じない生涯を送ったように思われる。新資料は、ただ一回の遠征を詳細に述べているが、それを治世中の唯一のものと考える理由はない。この作戦は前五五七年の末、ほとんど三〇年間バビロンの属領であったキリキアの肥沃な平原に西部山岳地の王アップアシュが侵入したときのことである。ネリグリッサルが近づくとアップアシュは山麓に退き、軍を配してかれの接近を防ごうとした。しかしバビロニア軍はその防衛線を突破し、険しい山地を踏破して、かれを都まで追撃した。バビロニア兵はこの都を攻略・略奪したのち、さらに四〇マイルもかれを追跡し、最後に南転して海岸に向かい、そこで沖合二マイルにある島の要塞ピトスを攻撃して成功を収めた。バビロニア軍は前五五六年二月都に帰還したという。

この年の四月ネリグリッサルは逝去したが、かれの死亡時の状況はハッキリしない。しかし翌年までにメディアがハッランを含む北シリアを領有しているので、この地方を防衛しようとして戦死した可能性もある。反対にメディアが、かれの死後の動揺に乗じてバビロニアの一州を占領したのかもしれない。というのは、ネリグリッサルの若い嗣子ラバシマルドゥクが王位に即いたとき、バビロニアには人民の不満が充満していた。いくつかの都市はかれを認めることを拒否した。それはかれがネブカドネザルの王女の生んだ子でなかったかららしく、数日後には対立候補が広く受け容れられた。三カ月足らずの後、ラバシマルドゥクは暗殺され、その対抗者が王位に即いた。

## 三 ナボニドスの即位と生涯

### その母と経歴

新バビロニア王朝の最後の王ナボニドス(前五五六—五三九年)は、軍事上・外交上の長い閲歴に輝く中年者であった。かれの即位は、以前考えられたように神官としての力でなく、ネブカドネザルの主要基盤であった高い軍事能力によっていたことが明らかである。大王麾下の武将の二人までが大王の死後、数ヵ年のうちに王となり、そしてもう一人の前将軍が大王の帝国の最終没落に主役を演じる宿命となった。

ナボニドスはバビロニア人ではなかった。その父ナブバラトスイクビはシリアの領主の家に生まれ、シリアの政治的重鎮であり、母はハッランの「月の神」の女祭司であった。したがって、ナボニドスは、ニネベ没落後アッシュールウバッリトとその亡命者群が避難して来るまで、シリアの一神殿の清浄な雰囲気の中で育てられていた。二年後ハッランが破壊され、神殿が略奪されたとき、この女祭司とその息子を含む多数の市民がバビロンに連れ去られた。それから後のことは、大部分推測によらねばならないが、前五九七年頃王族の子ナボニドスは一種の都市知事となり、前五八五年には、ギリシアの史伝によれば、リディアとメディアを仲裁するバビロニア側の代表者となっていた。これは流罪の女祭司の子供にしては異例の昇進であった。その点で、かれの母がバビロンに着いたとき、ネブカドネザルの後宮に送られ、王の愛妃となったという想定には、首肯させる理由がある。彼女の息子は前五五六年までには、王国中でもっとも権力のある男となっていた。かれが自らネブカドネザルおよびネリグリッサルの継承権者で、かれらと同じ地位に民衆の歓呼をもって選ばれたと声明した、という所伝を疑う理由はほとんどない。

### シリアの回復

いったんその地位を確立すると、ナボニドスの最初の関心は、失ったシリア州を奪回することに向けられた。メディアが前六一〇年にハッランを劫掠して以来、「月の神」の神殿は荒廃しきっており、ナボニドスは神殿の往時の栄光を回復する念願を永い間抱きつづけていた。しかしまずかれはメディア人を駆逐せねばならなかった。かれはこれを単独で行ない得る能力をもっていたが、予想できる同盟者をながめまわして、メディアの属領である南ペルシアのアンシャンの反乱軍指導者を選び出し、占星者にもはかって同盟の可否を確かめた。幾何もなくナボニドスがシリアを攻撃し、この破壊に乗じてアンシャンの領臣キルスがメディア国を内部から討つ、という密約が成立した。

前五五五年にナボニドスは全国から兵員を召集して、約束の役割を果たし、つづいてハッランに進軍した。ナボニドスにとって十字軍以上に重大であった遠征は成功裡に終わった。かれは神殿の基礎工事を起こす一方、二年前ネリグリッサルが勝利を挙げたキリキアに向けて小規模な作戦を行なった。間もなくバビロンではシリアを愛護した結果が現われはじめた。神殿が復活され、大量に供物が捧げられたが、祭司たちは儀式の慣習についての王の考え方が、ほとんど全部自分たちの考えと異なることに気付かされた。ナボニドスはマルドゥクを民族神とみなさず、自分の最高神であるシリアの「月の神」シンへの単なる仲介者としていた。かれはシッパル、ウルなどの主神殿で祭祀の方式の変革を要求し、古い記録を楯に変革の理由付けをしようとしたが、その努力は極端に不評であった。その他の神殿は、祭神をバビロンの中央祭殿に移されるという汚辱にさらされた。政治上でもナボニドスは外国人を重要行政職に任命して、バビロンの支配者層や祭司を疎外した。最終的衝撃となったのは、この土地の繁栄の基礎とされる新年の祭祀が前五五四年に催されなかったことであった。その祭は、少なくともかれの治世の末年である五四五年まで停止された。

### テマの征服と建設

ナボニドスがその後精緻な軍事行動を計画したのは、かれの人気の衰えに対応するためであったといえよう。かれは、王位にのぼったのが戦士としてである以上、自分が偉大な擁護者や前任者に匹敵することを戦場において示さねばならないと決意していた。「月の神」の神殿の造営中の前五五四年を、ナボニドスは孤立化したシリアの反乱分子の撃滅のために過ごした。翌年の春かれはレバノンに進撃した。かれは病気に罹ったため一時やむなく戦いを停止したが、年末までには十分に健康を回復し、軍を率いてヨルダン河東岸の昔の隊商路沿いにアドム、すなわち聖書に見えているエドムまで南下し、そこでシンディニの町を包囲して攻略した。この時点でナボニドスは、息子のベルシアザールをバビロンから呼び寄せ、冒険的な大軍事行動の門出に備えて、息子に王国の統治を委ねる措置をとった。

テマのオアシスは、アラビアの砂漠の北部、アカバ湾からほぼ一〇〇マイル東方にあり、アラビア各地との通商の天然の中心地であった。ここは、北方のダマスクス、南方のシェバ、東方のペルシア湾、西方のエジプトを結ぶ隊商路の集結地であり、バビロニアがそれを支配することは時とともに重要になっていた。ペルシア湾がたえず沈下することで、バビロンの支配する海港を通じての海外貿易は年とともに減少しており、帝国の繁栄を維持するために通商の新中心地確保の必要が強くなっていた。おそらくネブカドネザルが着想した、新通商中心地を略取することは、その継承者にうってつけの事業であり、ナボニドスが国内を見渡して、その理想的なチャンスが到来したと考えたのは、咎められないことであろう。平和愛好者のアマシスの統治するエジプトが介入するとは思われないし、東北ではアンシャンのキルスが、三年前に結んだ契約の役割を実行してメディアの君主に反乱を起こしていた。ベルシアザールはすでにバビロンで有能な行政官としての能力を発揮していた。したがって、ナボニドスは自分の企画を全く自由に実行できると考えた。ナボニドスはエドムから南進してテマを占領し、その王を捕えて、生命を奪った。

テマ遠征の理由を指摘するのは容易であるが、ナボニドスがテマを占領したあと、そこに前五四五年ないしおそらく前五四〇年まで滞在した理由を説明することは遙かにむずかしいことである。いろいろな説明ができよう――自発的退位、強制された解任、月の神の崇拝を広める希望、病気予後、他人の訪客――、しかし、どれ一つとして証拠をもって真実といえるものはない。もしかれが単にこの地域の通商確保をめざしていたのであるなら、有能な武将とか、王族の一員――たとえばベルシアザールを――この地方の知事に任命することでも足りた筈である。明らかに王が引きつづき滞在する必要はなかった。もしかれがバビロンを遠ざかったのが個人的不評をそらすためのものであったとすれば、新年の祝典や王としての宗教的義務などを省略して逆効果を招いていることが理解できない。もしかれがエジプト王との同盟を求めていたのなら、エジプトとの通商を妨害する限り、達成できない筈である。もっとも確からしい理由は、ナボニドスがキルスとの協定後、東北と北方への膨脹を阻まれた結果、王国の将来は西方にあると考えるにいたったことである。テマの遠征はこの発展への手始めであり、それによって帝国の中心が移動した。ナボニドスはテマを、第二のバビロンとして建設した。かれはテマを帝国の新首都とし、その後はバビロンを単なる州都とする予定で、ベルシアザールにバビロンを統治させつづけた。これがかれを憎悪するバビロンの輿論に対応した行動として、もっとも真実らしく考えられる。

## ペルシア王キルスの抬頭

しかし、ナボニドスの、西方帝国をつくって「月の神」の最高指導力のもとでテマから統治するという新構想は、一つの恐るべき誤算にたっていた。前五五三年にはアンシャンのキルスは単に小国の王であったかもしれないが、その武力は成長していた。ナボニドスはアラビアの砂漠に退いていたため、それを見落として、対応措置をとらなかったし、対策をとったときはすでに遅きに失していた。

アンシャンの王は、メディア人と同時にこの地域に移動してきたインド＝ヨーロッパ人種に属していた。かれらは九世紀の半ば頃、はじめてアッシリアの記録に見えており、当時かれらはウルミア湖の南西に生活していたが、その後一五〇年間にしだいに南下して、エラムの領域に移動し、最後に南ペルシアの今日のシュスタールの東、パルスマシュとして知られる地域に定着した。最初かれらはエラム人の家臣であったが、エラムの衰退後、かれらは周辺地域のアンシャン、パルスマシュの西北、パルサなどへ徐々に発展をしていた。パルサは現在のファールスで、そこからペルシア人という名称が生まれた。

ニネベの没落によってメディアの権力が増大すると、ペルシア人はこの新しい君主に臣従したが、いつしか新興のペルシアの首長カンビセスがメディアの王アスティヤゲスの王女を娶るにいたっていた。この結婚からキルスが生まれた。キルスは前五五九年にアンシャンの王になると、すぐ自国の自由を確立するための支援者をさがしはじめた。キルスは前五五六年ナボニドスと協定を結んだのを頼みに、ちょうどナボニドスがアラビア遠征に出発した前五五三年、主君にたいして反乱を起こし、三年間の闘争ののち祖父を撃ち倒して、メディアの王位を獲得することに成功した。つぎの二年間は帝国の他の部分の征服に費やされた。またほぼこの頃、ネブカドネザル軍の元司令官で、当時バビロン帝国のグティウム州の知事であったゴビラスが、ペルシア王に奉仕を申し出てきた。前五四七年にはキルスは発展の構えを固めていた。キルスはティグリス河をアルベラで渡り、カブル河を渡り、北シリアを通って軍を西へ進め、小アジアに侵入した。

秋までに、かれはハリス河に到達し、そこでリディアのクロスス王と干戈を交えた。双方とも決定的勝利を得られないまま、クロススは都のサルディスに退き、救援を求めるために使者を各地に派遣した。その派遣先の一人にナボニドスが含まれていた。おそらくバビロンは、ネブカドネザルの治世の末年頃、メディアの力を牽制するためにリディアと同盟していたのであろう。しかし、いまやナボニドスは自らの同盟者ペルシア人と戦うために軍の提供を求められるという苦しい立場におかれた。幸いにもキルスはこの難問の決断に時間をかける余裕をナボニドスに与えなかった。キルスはたちまちクロススをその都まで追撃して、全く無防備の都に襲いかかった。サルディスは陥り、クロススは処刑された。

### テマの放棄とバビロンの陥落

こうして数ヵ年のうちに、西アジアにおける勢力均衡は完全に一変した。バビロンは北東が安全ではなくなり、小アジアとペルシアのすべての資源を包蔵し、あり余る力に溢れて急速に発展しつつある、新興の一勢力の攻撃にさらされることになった。かくてバビロニア帝国がつぎの目標となるのは自明であったのに、砂漠の都にいたナボニドスはどうしたわけか、これを洞察することができなかった。当時バビロンで起こった省筆できない唯一の事件は、前五四七年シッパルに近いドルカラシュで母后の逝去したことであった。ベルシァザールとバビロニアの軍隊は三日間の喪に服し、テマのナボニドスにこのことを報告した。二ヵ月の後、服喪を丁重にするようにとの指示がアラビアから戻ってきたが、ナボニドス自身がバビロンに戻ってくる気配は全くなかった。

クロススを撃破したのち、キルスはさほどの妨害をうけないでシリアへ勢力を広げることができた。たとえナボニドスが砂漠に活動中であったにしても、ベルシァザールが父に代わって北方地域の確保に力を傾けなかったのは、全く不思議であった。キルスが地方の神官や領主を莫大な賄路で誘惑し、我欲から属領化するのではなくバビロンを暴政から解放する、というキルスの派手な宣伝を滲透するままに放置していた責任の大部分は、かれが負わねばならない。こうしてシリアとパレスチナは、ほとんど一戦も交えないでバビロニア帝国から削り取られ、前五四〇年までにはキルスはテマ方面の砂漠地域のベドウィーンの族長までも味方に引き入れていた。こうなると、ナボニドスの地位保持はきわめてむずかしくなった。かれのバビロンとの通信路はいつでも切断される状態となり、新首都の危機は眼前にせまった。ナボニドスは新首都を放棄し、全速力でバビロンに馳せつける以外に策の立てようがなかった。ナボニドスがあれほど強い期待を寄せた西方帝国は、一戦も交えずして崩壊してしまった。

ナボニドスはバビロンに帰っても、ほとんど心の休まるときはなかった。国内は飢饉に襲われ、ペルシア湾沿いの海の民族はすでに反乱を起こしており、キルスの軍勢は最後の攻撃をめざしてディヤラ河畔に集結していた。バビロンの唯一の希望は、ネブカドネザルの築いたシッパルからオピスにいたる「メディアの城壁」であり、これに拠ってナボニドスはペルシア軍を迎え撃とうとした。前五三九年の三月久しぶりで新年の祭典が行なわれたが、すでにキルスは「メディアの城壁」に攻撃を仕掛けていた。慌てて周辺にある諸都市の神々を、保護するためにバビロンに招き集めようとしたが、すでにキルスの宣伝家たちが数都市で活動しており、それらの都市は神々を移すことを拒否した。攻撃がつづくにつれて絶望感が加わり、オピスが陥落しかかったとき、バビロンで反乱が起こった。この反乱は失敗に終ったが、この反乱を手早く鎮圧した努力でナボニドスは力を使い尽くしていた。オピスは奪取され、ペルシア軍は「メディアの城壁」を乗りこえて進出してきた。最終抗戦の備えは何も伝えられておらず、——都の陥落の前夜にも酒宴と歓楽が渦巻いていたと伝えるベルシァザールの祝宴の物語は、ギリシア人の証言で裏付けられている——侵入軍は伸びすぎた戦線にも全く脅威をうけなかった。この進撃でキルスはシッパルに進出し、ほぼ一〇年前にペルシア側に寝返ったグティウムのバビロニア人知事ゴビラスが率先して市中に突入した。シッパルは一〇月一一日に陥り、二日後ゴビラスとかれに従うグティウム人がバビロンに入城した。こうしてネブカドネザルの創設した帝国は、かれ自身の輩下の武将の手で最終的に打倒されてしまった。

都が陥落したとき、ナボニドスはそこにいなかった。かれはシッパルが占領されたと聞くと、自らが新首都建設の夢を寄せた南西の砂漠地帯に向けて、必死になって逃亡した。しかし間もなくかれは、キルスの同盟者となっていた遊牧部族によって取り抑えられてバビロンに連れ戻され、そこで捕われの身となり、おそらく勝ち誇ったグティウム人の手で処刑された。ゴビラスは配慮して、このこと以外にはなんら報復的措置をとらなかった。かれが神殿の儀式を軍隊に妨害させないと保証したので、民衆は新支配者の到来を丁重に待ちかまえた。前五三九年の一〇月二九日に、キルスがバビロンに入城したとき、その進路には棗椰子《なつめ》の枝を振って歓呼する民衆が列をなして群がり、かれを国の救世主、解放者と呼んで、歓呼を浴びせて迎えた。

# VI　バビロンの都

## 一　古典の記録と発掘

### ヘロドトスの記述とバビロンの構造

バビロンがキルスへ降伏したとき、この都の栄光の時代は終わった。前五三九年以降この都は徐々に衰退して最後に廃墟と化したが、この衰退の道程を描く前に、隆盛時代のバビロンの景観を考察しておかねばならない。幸いにも、古典の描写とそれを補う現代の考古学とによって、新バビロニアの諸王の再建した都のかなり正確な景観がまとめあげられる。

現存する古典時代のもっとも貴重でもっとも古い記述は、ギリシア人の旅行家で歴史家であるヘロドトスの著書である。かれは前五世紀の半ば頃バビロンを訪れたが、当時この都は依然ペルシアの征服前と同じくらい巨大であった。ヘロドトスはバビロニア人の案内人が教えた尺度を無批判にうけとっているが、驚くほど精細に物語っている。かれはいっている。

バビロンの都は大平原のなかにたっている。この形は四角形で、各辺は一四マイルの長さがあり、したがって四周の全長は五六マイルにのぼる。この都はギリシア人の知るいかなる都市とも異なった構造をしている。

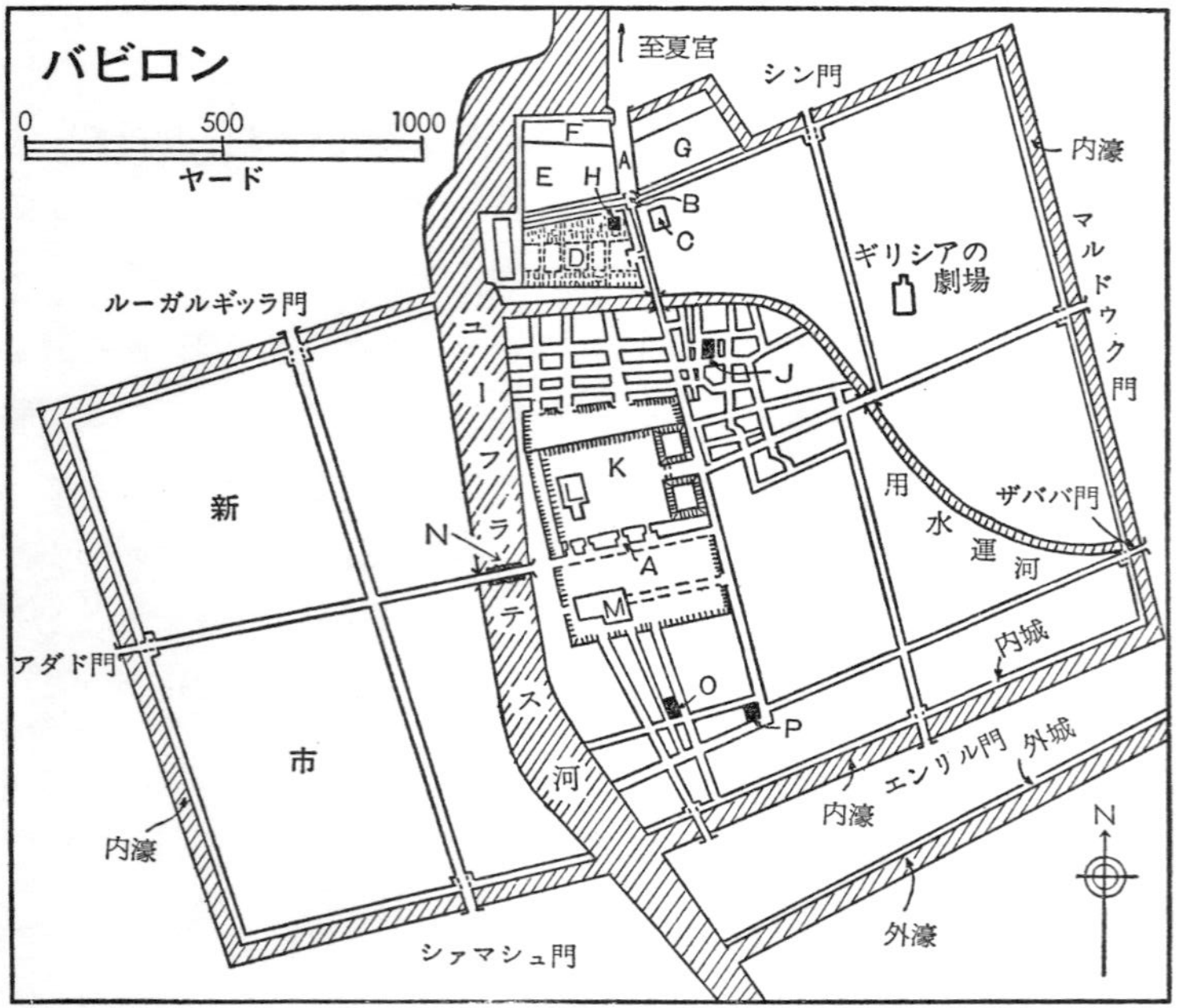


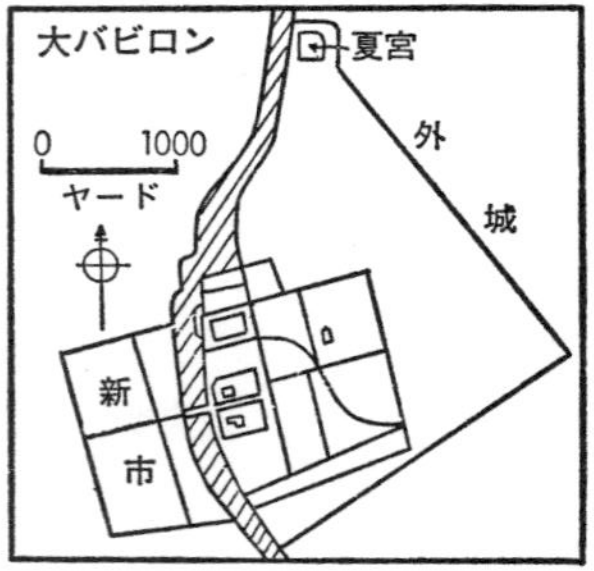


地図II　バビロンの市街

A　行列道路
B　イシュタル門
C　ニンマの神殿
D　南　城
E　主　城
F　北　城
G　防衛城郭
H　吊庭園
J　イシュタル神殿
K　エテェメナンキ
L　ズィッグラート
M　エサギラ
N　橋
O　グラの神殿
P　ニヌルタの神殿

満々と水を湛えた広い水濠が都をとりまき、濠の内側に高さ三三〇フィート、厚さ八六フィートの城壁が聳えている。私は濠を掘って出た土を使って、城壁の築かれた経緯を述べねばならない。バビロニア人は濠を掘ると、掘り出した泥で煉瓦を作り、整形煉瓦が十分の数になると、それを炉で焼く。かれらはこの煉瓦をもって濠の堤防を築き、つづいて城壁そのものを築く。城壁づくりには、熱した瀝青の漆喰を使い、煉瓦三〇列ごとに補強のために葦の莚を挾んだ。城壁の上部の両側寄りに、対面した一室の建物を設ける。両室の間は四頭立ての戦車が旋回できるくらいの間隔がある。城壁には一〇〇の門があり、門扉はいずれも青銅製で、門柱や楣も同じ材料でできている。アルメニアに発してペルシア湾に注ぐユーフラテス河が広く、速く、深く市中を貫流し、都を二つの部分に分けている。城壁は両側で河まで達しており、末端は河の両岸に添って延びる焼煉瓦作りの城に接続している。市内には三、四階建ての沢山の民家が収められている。街路は皆まっすぐで、或ものは河と平行に、他のものは河と直角をなしている。河まで走っている街路の末端には青銅製の大きな門があって、そこから城壁を抜けて河に出られる。

これらの城壁は都市の外側防衛線をなしている。その内側に第一のものより幅は狭いが、それと同じくらい堅固なもう一つの城壁がある。都の各半分には城郭があり、河の一方の側には巨大な防壁をもつ宮殿があり、他の側にはバビロンのゼウスであるベールの神を祀る神殿がある。ベールの神殿は一辺四分の一マイルの方形の神域で、青銅の門をもち、私がバビロンを訪れたときにも残っていた。周壁の中央には一辺が二〇〇ヤード以上ある堅牢な方形の塔がある。その上方にはもう一つの塔が載り、塔はつぎつぎと重なって、八階になっている。上の階に行く階段は塔の外部に螺旋型に廻っており、半分のぼったところに座席つきの壇があり、のぼる人々はそこで休憩することができる。頂上の階には大きな神殿があり、その中には美しい掛布で覆われた一つの大きな長椅子があり、その傍に金製のテーブルが置かれている。

バビロンの聖域にはもう一つの神殿がある。それは平地上に建ち、金製の大きなベールの坐像を納めている。像の基部、それが坐っている神座、傍らのテーブルなどは金製である。バビロニア人はそれを作るには一八トンの金を使った、と私に語った。

河が都を二分しているので、一方の側から他の側へ渡ろうとする者は、往時には船で渡らねばならず、これが大変不便であったにちがいない。そこでニトクリス女王がこれの解答を見出した。かの女は都の防備を改善するためにバビロン上流のユーフラテスの水路を変えているとき、この作業を利用して、河に橋を架けて、自分の名を高めようとした。彼女は長い石を切り出させ、それが用意され、河床が掘られたとき、川の水を凹地に流入させた。凹地が満たされている間に古い河が涸き上がると、ニトクリスは城壁を作るのと同じ方法で、焼かれた煉瓦を使って、都の中を流れている河の両側に堤防をつくり、河に向かって開いている門から堤防に届く坂道を作った。同時に彼女は、用意した石材を鉄と鉛で組んだ橋脚を建てて、都の中央に橋を作った。この橋脚上に四角の板を置き、日中住民にこの上を渡らせた。夜半には板を取り去り、民衆の渡るのを差しとめ、盗賊の働くのを防いだ。

## 吊庭園とクテシアスの描写

都にはペルシア王アルタクセルクセス二世の侍医であったギリシア人クテシアスの報告もある。かれによれば、王宮は伝説の女王セミラミスが築造したという。

彼女はそれに周囲七マイルの外城をつくり、高い城壁は金に糸目をつけないで焼煉瓦をもって築いた。外城よりの中に、第二の方形城壁をつくった。それに使う煉瓦には、焼く前にあらゆる種類の野獣の姿を描かせた。その彩色はまことに巧みで、野獣はさながら生きているようにみえた。城壁は長さが五マイルちかくあり、幅が煉瓦三〇〇個分、高さが三〇〇フィートあり、さらに高さ四二〇フィートの塔をもっていた。方形城壁の内側に周囲二マイル半ある第三の城壁があり、その中に城郭をつつみこんでいた。この城壁の高さと厚さは第二の城壁より大きなものであった。その頂上と塔上には鮮明で写実的な彩色がほどこされ、各種の野獣を追う大規模な狩猟の光景が描き出されていた。これらの動物は背丈が六フィート以上もあり、その

図９　新市から見たバビロンの景観（ウンゲルによる）

中央には、豹に向かって槍を投げようとするセミラミスの騎馬像が描かれていた。

城郭の一側に吊庭園の名で知られている建物があった。この樹木の繁る囲い地は、一辺四〇〇フィートの正方形をなし、劇場の座席のようにテラスの上にテラスが重ねられ山腹型に傾斜していた。これらのテラスを建てると同時に、その下に庭園の全重量を支える柱廊がつくられた。庭園は一つずつを前のものより少し高くして、階段状につくられた。最も高い柱廊は、高さが七五フィートあり、その上に載る庭園は、都の城壁のはざま胸壁と同じ高さをなしていた。この構築物の壁は、建てるのに一財産をつぶす程の費用を要したが、厚さが二二フィートあり、幅一〇フィートの通路がつけられていた。柱廊は長さ一六フィート、幅四フィートの石の梁をもつ屋根をつけていた。この梁の上に、まず大量の瀝青に葦を埋めた層があり、二段の焼煉瓦がセメントで固められていて、土中の湿気が貫通しないように鉛の蔽いがしてあった。この上に大きな根をもつ樹木を植えるに足る厚さの土が盛られ、土を均らしていろいろな種類の樹木を植えた庭園がつくられた。これらの樹木はその規模や美しい外観で見物人を強く魅きつけた。柱廊は巧妙な構造になっていて、すべて外光を受けいれており、宮廷内に各種の個室を形成していた。柱廊の一つは頂上から下りる縦坑をそなえ、揚水機で河から大量の水を汲みあげ、庭園に注ぐ仕掛けになっていた。この機械は完全に被覆されていて、外から見ることはできなかった。

### コールドウェーの発掘

こうした描写は、オリエントで活動したり、旅行をしたギリシア人が、バビロンでうけた印象をよく伝えている。バビロンは大規模な都会で、巨富に溢れ、大廈高楼が櫛比していた。古典時代以後の旅行者はこの地が荒涼たる原野に化したのを見るだけであったが、この都の跡を忘れかねて、折にふれて西方の旅行者が訪れ、故国にこの都市についての報告をもたらしている。しかし、その報告の多くは正確なものでなく絵画的に粉飾されていた。一九世紀初頭に中東の古跡への関心が、より科学的なものに変わった。C・J・リシュ(一八一一年)、ラヤード(一八五〇年)、オッパート(一八五二―五四年)、ラッサム(一八七八―八九年)などがバビロンの小規模な発掘を行なった。これらの発掘によって、泥章やその他の遺物が入手され、各種の都市平面図が作られた。しかし、私が述べるこの地のほとんどすべての詳細な報告は、ロベルト・コールドウェーが指揮した、「ドイツ=オリエント協会」が一八九九年から一九一七年にかけて行なった発掘に基づくものである。コールドウェーは建築家で、爾後のすべてのこの地域の調査の基礎となった平均的発掘技術を完成した人であった。ドイツ発掘隊の主目的の一つは、都の建造物を明らかにすることであり、単なる文字記録や博物館用の材料を探すことではなかった。目的のなかには周辺の土壌とほとんど区別しにくくなっていた、粘土煉瓦づくりの城壁の残骸を明らかにすることも含まれていた。コールドウェーがこの困難な作業に成功したことは、かれが明らかにしたこの地域の平面図から判断できる。バビロンの発掘は中東における近代の科学的考古学の濫觴をなした。

## 二　外城城壁の構造

### 都の位置と外城の構造

バビロンの遺跡そのものはバグダードの南約五〇マイル、ユーフラテス河畔の広い平原中にある。それは今日では、荒れた一連の土塁と、小さな耕地をもつ散村にとりまかれた荒廃した土塊の小山とにすぎない。しかしその盛時には、バビロンは満々と水が流れ、巨大な棗椰子の林と耕地とでなる〃グリーンベルト〃のただ中に横たわっていた。威容に満ちた城壁にとりまかれ、ズィッグラートが聳えたつ姿は、この都に歩み寄る旅人の目に強烈な印象を与える光景であったにちがいない。

都の外城城壁は複雑な構造をしていた。その内壁は陽焼煉瓦づくりで厚さが二三フィート四インチ、外壁は焼煉瓦づくりで厚さが二五フィート七インチあり、両壁の中間のほぼ四〇フィート幅の部分は、砕石で埋められていた。外壁のすぐ前面の地表下には、厚さ一〇フィート一〇インチの焼煉瓦づくりのもう一つの壁が築かれていた。これは、もう一つの防護施設で、外城にめぐらされている濠の水によって城壁が破損されるのを、防ぐためのものであった。濠の幅は詳かでないが、三〇〇フィートをこえていたかもしれない。内壁の頂上には、ほぼ一三〇フィートおきに幅二七フィートの塔が建てられていた。この塔は内外の両壁よりも高く聳えていた。外壁にもおそらく塔があったかもしれない。これらのすべての痕跡は今は消滅して見ることができない。一対の塔の中間の砕石地面には、ほぼ三七フィートの幅員の道路がつくられ、騒乱の生じたどの地点へでも、その道路を利用して迅速に軍隊を出動させられた。外城の正確な長さはわからないが、東北側はほとんど三マイルの長さがあり、東南側は二マイル弱であった。そのうち約一マイル四分の一は今日なおその跡を見ることができる。この東北、東南の両側の城壁とユーフラテス河とが、今日残るバビロンの廃墟をとりかこんでいる。外城はヘロドトスの証言しているように、ユーフラテス河の西側にまで伸びていたとか、都が矩形をなし、河が斜めにそれを貫流していたとは思われない。この西側の城壁の跡は発見されておらず、反対に、ペルシアの征服後、しかもヘロドトスの来訪前に、河の流れが変わって、王宮のあった旧市の一部が、「バビロニアのゼウスであるベール」の神域のあった部分から切り離された形跡がある。外城が正方形をなしていたという考えは、内城のほぼ矩形をなす形態が誤って外城にまで投入された結果生じた混乱した憶測によるものと思われる。

この外城の築造は、ナボポラッサルが発意したもので、かれはその工事を濠の掘削から始めた。というのも、濠が煉瓦と基礎工事用の粘土を提供するからであった。しかし防塁は、ようやくネブカドネザルの治世の初年に完成され、河と併せて完全な環状防衛線を形成した。しかし、河そのものはもっとも弱い部分と考えられ、ナボニドスは河の東岸沿いに一連の防壁を築き、それを大城壁の末端と連結させた。この河沿いの城壁はほぼ二八フィートの幅があり、また塔と幅一一フィート六インチの埠頭壁をもっていた。この城壁には乗船フォームに降る階段のついた門と通路、水を都の中に流入させる開口部などがあった。この通路には、敵がここを通って都の内部に進入するのを防ぐように、石灰岩の防柵が付けられていた。

### 外城の規模の論争

バビロンの外城の延長は、七ないし八マイルであり、前述のように五六マイルとしたヘロドトスの数字とは全くちがってくる。もしヘロドトスの数字を正しいとすれば、一つの巨大な城壁の中にボルシッパやキシュなどの都が含まれることになるが、そういう考えを考古学的に立証する材料は、全く存在しない。そのうえ、当時の碑文は、ヘロドトスの述べている外城が、発掘によって示されたのと

図10　イシュタル門（ウンゲルによる）

同一のものであることを示している。都は正方形であり、河によって両断されていたというヘロドトスの説明を正しいとするコールドウェーは、もし現存の防壁が連続して正方形をなし、河がそれを斜めに貫流していたとすると、想定される外城の長さはほぼ一一マイル半であったろうと計算している。かれはまた、ギリシア人の描写にある城壁の長さの測定に、小さな単位を使って、ヘロドトスの場合五四マイル、そしてクテシアスの計算の場合四〇マイル強になる、という結論を得ている。かれは、これらの数字が正しい数字の四倍に近いところから、外国人は城壁の総延長として教えられたものを誤って一辺の長さであると考え、単純にそれを四倍したのであったと主張している。しかし異なった外国人それぞれが同じ誤りをおかしたとは思えないし、またいずれにしても、ユーフラテスの西側には城壁はなかったので、数字は外城の長さではなく、バビロンを中心にした亜サトラップ、すなわち行政区域の周囲の長さを指しているのであろうという見解も出されている。この見解でいう「大バビロン」はほぼ正方形であり、ボルシッパやキシュなどの隣接都市を含んでいたのであったろう。しかし、これについてはなんら証拠がないので、地元の案内人が教えた数字をギリシアの旅行者が無批判にうけとったための誤りと考えるのがおそらくより正しかろう。この誤りの指摘はヘロドトスが城壁の高さをほぼ三三〇フィートと報告している点ではたしかに当たっていよう。われわれがもつ他の城壁の知識や、バビロンの城を描いたアッシリア人の絵などから推測して、城壁の高さはせいぜい厚さの三倍であったと計算されるので、外周堡塁をなす内外の城壁の高さは、六五フィート以上はなかったと思われる。ヘロドトスも、眼前にあるものの五倍の誇張を信用したとは考えられないのみでなく、かれが訪れた当時の城壁は半ば崩壊状態にあったため、その本来の高さを確認するすべがなかったということが実情らしい。かれも自分で見た城壁の残存部分からその厚さを確認しており、厚さを八六フィート（内・外壁、中間部を併せて）としている数字はおどろくほど正確である。

## 三　内城とイシュタル門

### 夏　宮

この外城の内部のすべてが居住区であったのではないことは、知っておいてほしい。一部の民家は古い内城の外部に建てられていたし、ネブカドネザルもまたその宮殿を内城の外まで広げているが、外城の主目的は戦時に周辺農村から逃げてくる民衆を保護するためのものであった。

ネブカドネザルはまた、外城内の最北端に「夏の王宮」を築造した。地形からみる限りでは、夏宮は高さ六〇フィートの台地の上に立ち、中庭に面してこれをとりまく部屋のある一群の建物からなっていた。床は砂岩づくりで、それぞれの敷石はその一角に王の名が刻んであった。不幸にして、この宮殿についてはそれ以上に多くを知ることはできない。というのも、その大部分が破壊されて、大掛かりの煉瓦材の採取所にされたからである。古代バビロニアの煉瓦は、近代住宅やダム建造に使うには勿体ないほど上質のものであった。残っている土塁は高さが約七二フィート、その頂上は一片二七〇フィートのほぼ正方形をなしている。地元の人はそれをバービルと呼び、今日なお昔の都の名を変えることなく使っている。

## 内城

往古の市街そのものは、夏宮より一マイル以上南方にあり、今日の川筋の少し東寄りを流れていた当時の河流の両岸にまたがって広がっていた。この市街は第二の防衛城壁、内城でとりまかれていた。この内城の城壁も二重構造をなし、また濠を付けていた。第一王朝のスムアブムやその他の王の築いた最初の都の城壁は見出すすべもなく、残存するすべての遺跡は、新バビロニア時代のものである。この内城において高いのは内壁で、イムグル・エンリルと呼ばれ、二一フィート三インチの厚さがあり、その二三フィート七インチ前面に、もう一つのネメッティ・エンリルと呼ばれる一二フィート二インチの厚さの城壁があった。双方とも陽焼煉瓦で築かれ、双方とも六五フィート弱の間隔で補強塔をもっていた。この場合、両壁の中間の地は埋められないで、おそらく軍用路として用いられたものと考えられる。この城壁の前方六五フィートに、焼煉瓦づくりの濠壁があった。濠壁は、両端のユーフラテス河に流入するところが幅二五〇フィート以上もある水濠の縁をなしていた。河岸に沿って堤を補強する堡塁と上陸埠頭に向かって下がっている階段があった。この堡塁は後に防壁に変えられた。河の西側に「新市」があり、それは内城城壁に囲まれていたが、いまだに発掘されていない。この内城城壁の全長は約五マイル四分の一あったが、そのうち二マイル四分の一は河の西側にあった。市内に入るには八つの門があり、いずれも濠を越える堰堤を渡って通らねばならなかった。それぞれの門にはその近くの神殿に祀られる神の名か、門が対向している都市の名かが付けられていた。そのうち四つの門が発掘された。東側のマルドゥクとザババの門、南側のウラシュの門、北側のイシュタルの門である。他の四つは、北側のシンの門、南側のエンリルの門、河の西岸のシァマシュとアダドの門であった。これらのほかにもルーガルギッラ、ケッレク、ベールなどの、より小型の門があったが、ともにその場所は確認されていない。

〔イシュタルの門〕（地図II）精緻を極めたのはイシュタルの門であった。夏宮の方向からこの門に近づく旅行者は、高い煉瓦壁の間を通る幅広い道に到達する。門自体に通じているこの「行列道路」は、中央部が三フィート五インチ角の石灰岩の石板で、両側が二フィート二インチ角の赤と白の大理石のブロックで、舗装されていた。道路は門に向かって登りになっており、両側の壁には入城する者を迎えるように前進するライオン像が釉薬煉瓦で描かれていた。これらのライオンの或るものは黄色いたてがみをもつ白色のもの、或るものは赤いたてがみをもつ黄色のもので、明るい濃緑色の地に描かれ、六フィート六インチの背丈をしている。道路は約二〇〇ヤードの帯状装飾壁の間を通っており、左右の壁面に合計六〇四のライオンがいる。ライオンの姿はいずれも極似しているので型で鋳出されたものにちがいない。

門そのものは坂道の頂上に位置していた（図10）。ここでは道路面より高いものは全く残存していないので、その本来の景観を知るにはほとんど想像にたよるほかはない。しかし、崩壊した残骸や、類似の門の入口の絵画から、或る程度はその外観を想像できる。それは内城の防禦城壁の一つずつに設けた二重の門でできている。外側壁面の裏には内壁と外壁の間に跨る一室があり、第二の門を出たところの内壁から内側は、市内に向かって伸びる長い部屋になっている。外壁の門では両端に胸壁をも

図11 a　イシュタル門出土の牡牛（コールドウェーによる）

図11 b　イシュタル門出土の竜（コールドウェーによる）

つ一対の塔が立っていて、内壁の門にも同型のより高い塔が立っていたのであろう。これらのすべてはかなり類型的であるが、門を特異にしているのはその装飾であった。外壁の門の側壁、二つの外壁塔の表面、門室の両側表面と内側の正面には、釉薬煉瓦で牡牛と竜の列が描かれていた(図11)。動物はここを訪れる旅人に向かっていかにも行進するように位置している。というのも、それは北面している壁と南面した壁とでは入口に向き、道路にたいして直角をなす壁面では内側に向いている。門は約四〇フィートの高さがあり、それぞれの動物は三フィート六インチの背丈をもち、装飾壁面におそらく上下七列並んでいたであろう。動物は青地に黄色と白で描かれ、舗道の高さのところでは芯が黄色い薔薇の花が帯状に描かれていた。各列はおそらく五一四の動物からなり、したがって完全なままの門では三五七四の動物が見られた。この装飾についてのわれわれの知識は、道路面がネブカドネザルの治世中に数回地上げされたことで制約されている。舗装道路の路面下にも一〇列を下らぬ動物図があった。そして第六列と第七列の間および第八列と第九列の間に、古い舗装路面の痕がついている。おそらく下層の六列の動物を人に見せることは考慮されていなかったであろう。そのことは、煉瓦が乱雑に積み重ねられ、その継ぎ目からアスファルトが浸み出て、煉瓦の表面に流れていることからも推測される。つぎの三列は入念に仕上げられ、道路の完成前は粘土かプラスターで被覆されていた。路面より高くなった部分の装飾は、これらの動物や釉薬煉瓦の山のような破片を手がかりにして復原されたのであった。

〔行列道路〕 行列道路はイシュタル門を過ぎると、人工的に地上げされた広場を横断している。この広場は、左側を大母神ニンマの神殿、右側を宮殿すなわち南城に挟まれている。行列道路はそこを過ぎてから運河を渡ってしだいに下降し、左側のアッカドのイシュタル神殿の前を過ぎて、住宅地域へと達している。住宅地域は世俗区域と聖域とが混淆しないように左側、すなわち奥側に設けられている。右側にはエテエメナンキの聖域、「天地の礎の館」、バベルの塔そのものなどがある。聖域の門までは道路は完全に大理石で舗装されており、その敷石の一つ一つにネブカドネザルの刻印がついている。そのいくつかにはセンナヘリブの刻印もある。それはおそらくセンナヘリブがこの都市を破壊する以前に行なった建設のときに使ったもので、のちにネブカドネザルが再び使用したためであろう。聖域の南東隅、イシュタル門からほぼ一、〇〇〇ヤード南方で、行列道路は右へ曲がる。道はここからバベルの塔とエサギラの門の間、「その頭をもたげている館」、マルドゥクの下神殿などを通り、最後に河岸の門を通過して、さらにユーフラテス河を長さ四〇〇フィートの橋で渡り、「新市」に至っている。新市はまだ発掘されていない。行列道路はバビロンのもっとも重要な建物の傍を通過している。以下これらの建物を詳述しよう。

## 四　内城の諸宮殿

### 南城の構造

王宮すなわち南城（図12）は、ちょうどイシュタル門の内側にある。それは西側を行列道路、東側をユーフラテス河に挟まれた全地域を占め、内城の北側城壁を入ったところにあって、幅三五〇ヤード、

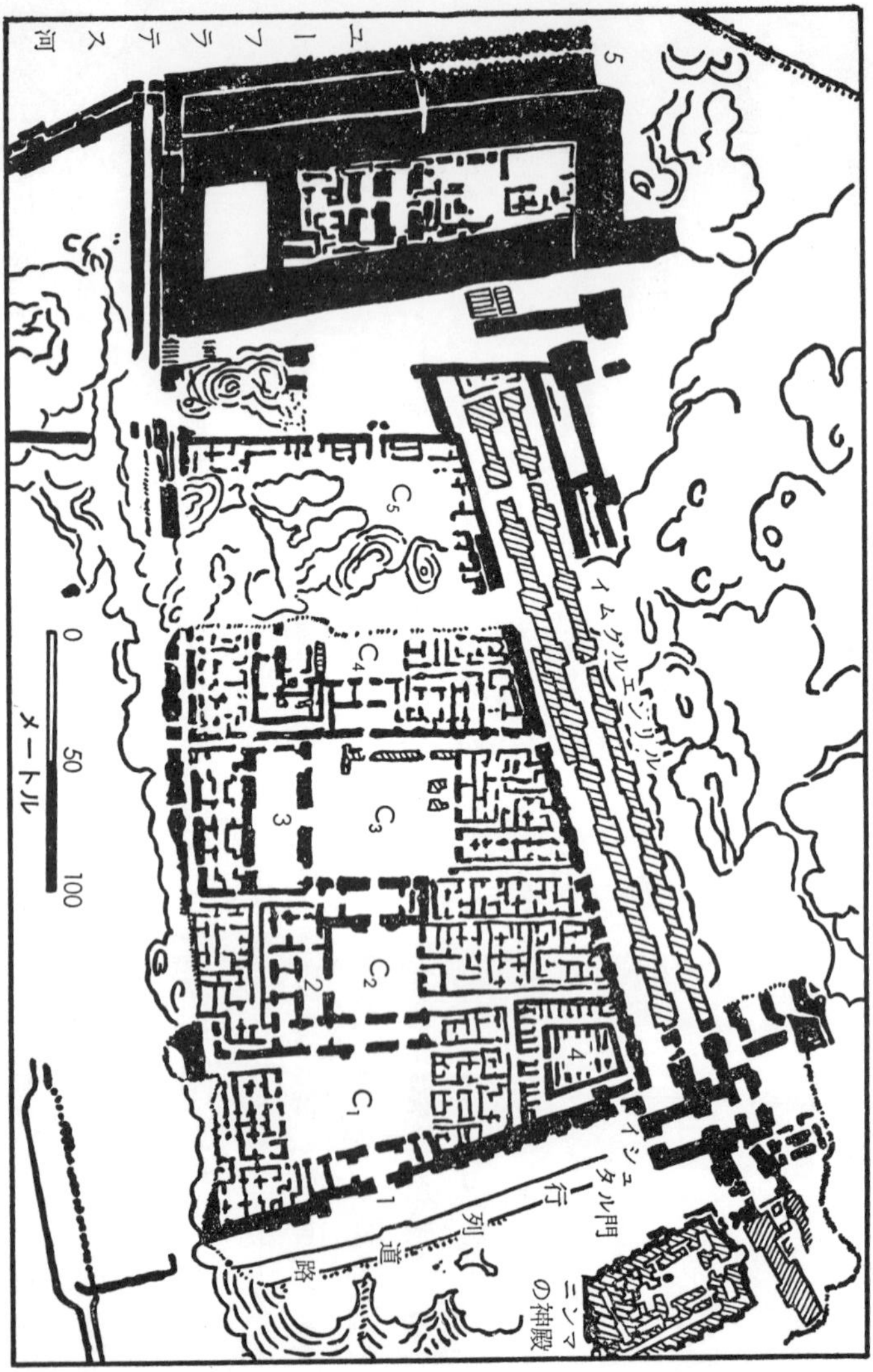


図12　宮殿とイシュタル門（パロットによる）

奥行き二〇〇ヤードの広さがあり、焼煉瓦づくりの壁でとりかこまれていて、ほとんど全部がネブカドネザルの建造したものである。かれは父ナボニドスの建てた宮殿の敷地に旧宮殿を拡大し、その面積を完全に凌駕した宮殿を建てた。旧宮殿は南城の西端に当たるところにあり、正面に行列道路と隣り合わせた大きな前庭をもっていた。ネブカトネザルは西側の旧宮殿に居住しながら、この広い前庭の中に建築を始めた。新宮殿が完成すると、かれはその中に移転し、旧宮殿を取り壊して、従来の土台の上にも宮殿を再建した。

### 第一、第二宮殿

宮殿の全体は、それぞれ南側と北側に建物の付いた五つの平行した前庭からなっていた。宮殿の正面は行列道路から入るもので、そこには古いナボニドスの城郭のものと思われる城門のついた旧城壁の一部が残っている。正門を入ったところは、宮殿警備官が控える二部屋が付いている小さな前庭になっていた。そのつぎに南北両側にそれぞれ事務室のある第一前庭があった（図12－C1）。他の前庭と同じように、重要な大型室のグループは南側にあり、一日中陽蔭になっていた。前庭は最初煉瓦敷であったが、後にはアスファルトで貼ったタイルに変えられた。

つぎの前庭（図12－C2）の入口は二重の門をなしており、脇室も備えていた。脇室には接続した居館から出入りできた。コールドウェーが、この両側の門の脇室は法廷として使用され、裁判官が居館から出入りしたであろうと想定しているのは、当たっていよう。この前庭の南北両側にある建物は、おそらく宮廷の高官たちが使用したものであろう。前庭の南側には大型の謁見室があり、第三の前庭

図13　バビロンの王座室壁面装飾の細部（コールドウェーおよびウェッツェルによる）

の南側にある王の私的事務室への通路をもっていた。

### 第三宮殿

第三前庭へ（図12－C3）の入口にさらに大型の堂々たる門があって、門の入口には一つの脇室が付属し、そこから階段によって二階や屋上に出ることができた。門はライオンを描いた釉薬煉瓦で飾られていた。前庭は他のものより大きく、奥行一九七フィート、幅一八〇フィートあった。北側に住居と事務所があり、南側に宮殿中もっとも大きく豪華な部屋、王座室があった。ネブカドネザルの王座室は幅一七〇フィート、奥行五六フィートであった。前庭に面した王座室の外壁は多彩な釉薬煉瓦で飾られていた（図13）。それは暗青色の地に、それぞれ三組の二重の渦巻模様をもつ、明るい青色の柱頭をつけた黄色の列柱を、一ヤード間隔で描いたものであった。この渦巻の頂上に白い花と黄色い芯をもった雛菊状の花が見える。それぞれの渦巻きの中間には、鞘状托葉つきの蕾が、青・黄・白の三葉飾りをなして描かれている。これらの蕾は明るい青色のカーブした太線で、全構図の集約点である渦巻模様に結ばれている。壁の最上部には、黄・黒・白色の煉瓦で描いた二本の縁どり線に挟まれて、上下の雛菊を彎曲線で結んだ帯状の模様が描かれている。四本毎のグループの柱は、さらに曲線と雛菊形の細緻な縁飾りでとりまかれており、また全構図の下方にはイシュタル門の外部にあると同じ、歩行している姿のライオンの行列が描かれていた。それらの装飾は粘土製煉瓦建築の土地にとっては、すこぶる鮮烈な景観であったにちがいない。

王座室の中は、すべてのバビロンの他の部屋と同様に、実に暗かった。窓が使用された形跡は全くない。部屋はただ白石膏の塗上げ飾をもっていただけであった。各室の長い壁はすこぶる厚いので、筒型の丸天井を十分支えることができた。背後の壁の中央で、前庭から出入りできる三つの扉口の真向かいのところには、王座を収めたと思われる二つの凹壁がついていた。したがって、室内にいる者のみでなく、広い庭園の中央部にいる者からも王の姿を望み見ることができた。ベルシアザールの有名な祝宴が行なわれた部屋がこれであったと、コールドウェーとともに楽しく想像できる。

王座室の背後にある部屋は明らかに王の私用に使われた（図12-3）。それは三つの小さな前庭に面していて、王座室のすぐ背後の二室の南西隅には円形の井戸があった。これらの部屋の壁は土台の下の水面下まで伸びており、壁と井戸の間には粘土とアスファルトと、割煉瓦がぎっしりと詰められ、王の飲み水を充分に濾化していた。

### 第四・第五宮殿

大宮殿の西側に、これとは全く区切られた王宮の私邸部分があった。これは、ネブカドネザルが父の居館の基礎の上に再建したもので、北と南に建物をもつさらに二つの前庭からなっていた（図12-C4、C5）。王自身の住居は第四宮殿の南側にあり、第五のいちばん奥の宮殿をとりまいて婦人区劃をなす建物があった。この建物の彼方にある河岸に臨んで、ネブカドネザルが着工し、ネリグリッサルが竣工した大きな城壁があった。ネブカドネザルは、それをバビロンを洪水から守るためのものと称しているが、攻撃をうけたときの最後の防禦線をなしていたと思われる。

吊庭園の館

王宮内には、まだ言及していないもう一つの重要な建造物があった。これは城郭の東北隅にあり、第二宮殿から広い通路で出入できた（図12－4）。建物の中心部は一四〇フィートと一〇〇フィートの不規則な矩形をなす厚い壁で囲まれ、内部に一四の室をもち、室の入口が七つずつ両側から中央通路に向かって開いていた。この中央の建物の四周に狭い通廊が設けられており、通廊の北側と東側は王宮の外壁に面しており、南側と西側には小型の部屋が並んでいた。通廊の外側の部屋は、王宮の残りの部分と同じ平面上にあるが、中央の建物は地平面から下方にあり、南側の部屋に煉瓦づくりの階段を通って昇るようになっていた。半円形のアーチは各室の屋根が丸天井になっていたことを物語っており、全体の構造で巨大な重量を支えていた。この建物は、廃墟のなかでも一風変わっており、実際、有名な〝バビロンの吊庭園〟の基部をなしていた。

この判定には数点の根拠がある。バビロニアの史家ベロッソスは、ネブカドネザルが父の王宮を拡大した建造物の一つに吊庭園を数えている。かれは庭園がここか、あるいはちょうど北側の後に作られた中央城郭の内部かにあったとしている。第二に、丸屋根の建物の中で見出された多数の切石の破片は、石がその建物のどこかに使われていたことを意味しているが、楔形文字の碑文を含むバビロンのあらゆる文書の中で、建築に石を用いたと記述されるのは二ヵ所――城郭の北壁と吊庭園――に限られている。第三に、建物の南西隅寄りの小さな部屋の一つの中に、発掘された他のすべての井戸とはとくに異なる井戸の存在することである。それは、寄り合った三つの竪穴からなっているが、中央のは四角形で、他の二つは長方形である。もっとも自然な推理は、井戸の上に車が据えられ、バケツをつけた無限鎖が車の上を通ってまわり、バケツの一つが長方形の穴を上がると、他は下がるようになっていたということであろう。中央竪穴は監視穴で、人がその中に下りて井戸を浄め、機械を修理することができた。この形の井戸は、この地方で現在も使われており、普通畜力で廻されている。場所が狭いので、ここではおそらく奴隷を使役して吊庭園に水を供給したものであろう。

その建物の上部構造には、おそらく二つの復原図が考えられよう。中心部は膨大な重量を支えうるように設計されており、周辺の部屋や城壁より高い位置にある庭園を載せている一連のテラスの基部をなしていた。あるいはまたおそらく、地下の部屋の筒形天井は、厚い土の層で蔽われ、地表面の位置で前庭庭園をなしており、南側と西側を前庭に面する部屋をもった列柱でとりまかれていた。いずれの場合も筒型天井室は倉庫、穀物倉で、おそらく後者として使われていたに相違ない。階段上の部屋で発見された泥章中に、穀物に関連する事柄が記載されているからである。

以上が、古代世界の七不思議の一つとされるものであるという可能性がもっとも強い。伝説では吊庭園をセミラミスの創作といい、ベロッソスはいっそう正確にそれをネブカドネザルの作といっている。かれは、ネブカドネザルがそれをメディアの山岳地育ちの王妃の郷愁を癒やすために造営したという。もし場所の認定が正しければ、この吊庭園は古典文学の描写から想像されるほど巨大なものであったとはいえない。その中央の部分がほとんど四〇〇フィート四方であったと書いているストラボーやディオドロスなどの著述より、遙かに規模が小さかったように思われる。われわれが外城城壁の場合に見たように、古典時代の著者の計数はすべて信憑性があるとはいえないのである。

## 主城郭

王宮の規模が相当大きなものであったにもかかわらず、ネブカドネザルはそれがかれのような権勢ある王にとっては狭隘すぎると考えた。かれはバビロンから他所へ移転しようとは考えなかったし、また信仰上マルドゥクの神聖な街路を変更することは許されなかったので、東方への拡張も不可能であった。そこでかれは、北方、都城の外へ向かって拡張を考えた。最初五六フィートの厚さの防壁の基礎が置かれたが、この大規模な計画は放棄された。つづいてより精巧な計画が準備され、二六フィートの高さのある砕石づくりの大型の台地が城壁外に設けられた。この台地の上に二重の城壁をそなえた新王宮の基礎が築かれ、両壁の中間には水で崩されないように入念に規則正しく砕石が据えられた。工事中に計画がしばしば変更されており、ネブカドネザル自身が主張したように、一五日でこの工事が完成した、というのはすこぶる怪しい。新王宮は主城郭と呼ばれ、また白い斑文の砂岩や、石灰岩や、黒色玄武岩を敷いた前庭をとりまく建物群からなっていた。アッシリアの王宮と同じように、入口に大きな玄武岩のライオンが立ち、部屋の大井には松や、イトスギや、その他の樹木の植え込みが描かれていた。装飾は南側の王宮のよりいちだんと華麗なものであった。

ここの発掘でもっとも驚異的な特色の一つは、多数の外国製品が見出されたことである。それには、西紀前二二〇〇年頃のマリの知事プズルイシュタル、西紀前九世紀頃のアッシリアの知事シャムシュレシュスルの作ったレリーフ、アッシリアの君主たちの石柱と碑銘、「ヒエログリフ文字で書いたヒッタイト語」の碑銘のあるテシュブの神の前七世紀の石柱、各種の建物の円筒印章、出所や年代の不明な人を踏みつけているライオンの玄武岩像などが含まれている。実際王宮は、ネブカドネザルとその継承者が集めた遺物の蒐集品を収蔵する博物館として使用されていた。

北城

王城のすぐ北に接して、もう一つの防衛用建造物、北城があった。その外側の稜堡は、巨大な石灰岩づくりの城壁で強化されており、その前面の濠に水が湛えられていた。主・北二城郭の東壁は、長さが八二五フィートあり、行列道路の片側をなし、イシュタル門までつづいていた。行列道路の反対側にも東側防禦物の一部である別の城壁があった。しかし、これはユーフラテス河の川筋が後世になって変化したために大幅に崩れ去っている。

## 五　神殿の配置と構造

ニンマの神殿

イシュタル門を入ったところで、道路のすぐ左に、冥界の女神であるニンマの神殿があった。これは、ほぼ矩形の建物で、奥行一七五フィート、幅一一六フィートあり、白石膏で上塗りした陽焼煉瓦で建てられていた。建物の壁面線は等間隔で設けられ僅かに突出した塔で凹凸をつけられており、宗教建造物というより、城郭の外観を呈していた。城郭という印象は、矩形の塔を側面にもつ、二重の扉をつけた入口が唯一つしかないことで強められている。扉には普通のしめ釘（栈）のほか、扉をいっそう補強する木製の横桁が付けられていた。門は都の城壁に面して神殿の北側にあり、門の出入口をつけた短い仕切り壁で聖域を気まぐれな通行人から遮断していた。入口のすぐ前面の焼煉瓦の舗石の上に小さな祭壇があり、入口のすぐ内側には、中庭につながる門室があった。門室の両側にある扉口は、祭司室、倉庫、その他の部屋につらなっていた。正面の反対の南側には矩形の塔を両側にもつ扉口があり、そこから前室を経て神殿に進めた。扉口に対面した低い壇(踊り場)の上に神像が置かれ、そこは中庭からも見透すことができた。建物の東側と南側にある細長い部屋には、屋上に出る階段や斜道がつけられていたのであろう。正面の塔と中庭から神殿につづく門口に用いられた垂直溝の装飾は、世俗的建物には絶対に見出せない宗教的建物だけの面白い特色である。

**神の門エテェメナンキと塔ズィッグラート**

王宮の南側に当たり、行列道路の右側に、バビロンの主神マルドゥクの神殿をとりまく囲壁があった(図14)。神域はほぼ正方形をなし、それぞれの一辺は四分の一マイルほどあった。門が一二あり、正門は東側壁の中央にあった。壁の線は正門のところで、奥行二六〇フィート、幅八〇フィートの石畳の広場で断ち切られていた。広場の奥の端に、おそらく「神の門」という大きな飾門があった。この「神の門」からバビロンという名は生まれている。他の門は同じ方式で、小型の凹壁をなしていた。中庭では、南側に神官の住宅があり、正門の両側には大きな倉庫があり、二つとも中央中庭に面して入口のある細長い部屋からなっていた。北側と西側の厚い壁の中にある小さな部屋は、明らかに神殿に集まった多数の巡礼者のための宿舎に使われたと思われる。

正門の正面に当たり、しかし広庭の西寄りの離れた場所に、バビロンの神塔ズィッグラートが立っ

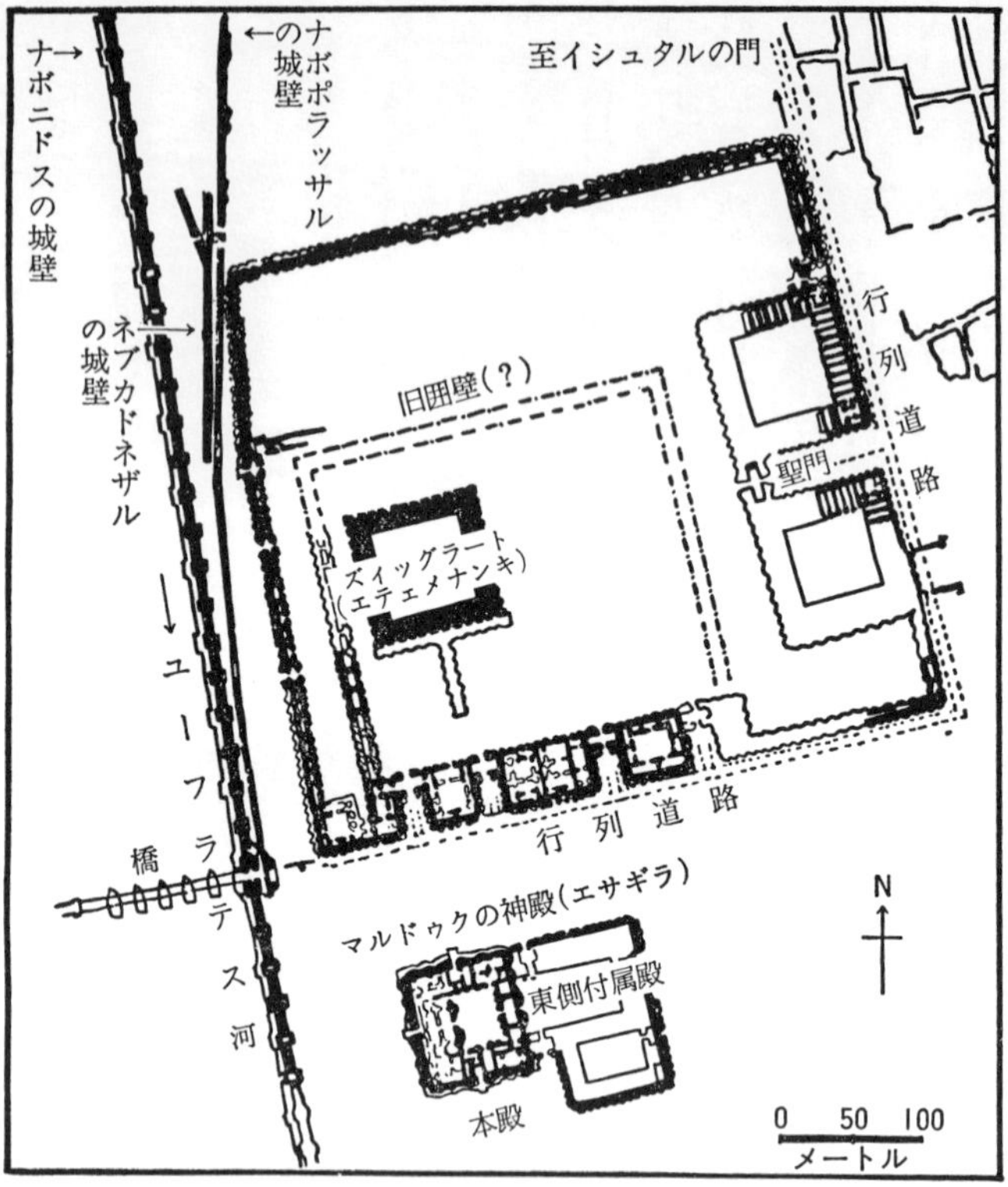


図14　エサギラとエテメナンキ（パロットによる）

ていた（図14）。ズィッグラートは高さがほとんど三〇〇フィートあり、圧倒的威容を示してバビロンの特色をなし、たしかに聖書の物語のバベルの塔と考えられるものであった。

この建物については、平面図が発掘によって知られただけで、上層の細部については多くの学問的論争がつづいているが、ヘロドトスおよび当時の碑文中の描写を通じて、ほぼ建物の輪郭のすべてが明らかにされている。塔の平面は正方形で、八層をなして頂上の神殿まで達していた。塔の最下層は、高さ一〇八フィート、縦横三〇〇フィート四方のものであった。第二層は高さ六〇フィート、縦横二五六フィートあり、第三、第四、第五層はいずれも高さが二〇フィートあり、一辺がそれぞれ一九七フィート、一六七フィート、一三八フィートの正方形であった。第六、第七、第八層の大きさと形には議論があるが、もっとも正確らしいのは、第六層は高さ二〇フィートで一辺が一〇八フィート、第七層は高さ五〇フィートで、正方形でなく、おそらく七六フィートと六九フィートの矩形、最上の第八層は大きさ不明の小さな集会室であったという説である。

エテェメナンキの大きさを語るバビロニア語文書に別の解釈を下している一理論は、上述のような第六層はなかったとしている。この理論では、第六層は七九フィートと六九フィートの大きさで、高さが五〇フィートであり、第七層と「集会室」を含む最上層とは二〇フィートの高さで、第六層と同じ面積をもっていたとしている。遠方から見ると、それは違った階として見分けることはできなかったであろう。この点とヘロドトスが七層ではなく八層だと述べていることに照らして、この解釈があまり正しいとは考えられない。

この建物は明らかに、陽焼煉瓦を芯に積み、焼煉瓦で上積みしたものであった。第一層の芯積みは二〇〇フィート四方、上積み部は各面五〇フィートの厚さがあり、外面は平たい〝塔〟の合間に凹壁を配して仕上げられていた。上部各層もこの方式で仕上げられていたと思われるが、明確ではない。

もう一つの問題は、塔の頂上にある神殿にのぼる階段である。ヘロドトスによれば、階段は塔を旋回してつけられ、半途のところに休息所があったという。発掘で知られたのは、二つの階段が南側に添って、南東と南西から登っていたことである。もしこれが塔の上層の他の側に達していたのなら、それはほぼギリシア人史家の描写と合致するであろう。しかしヘロドトスは述べていないが、主階段は建物の南面に直角についていた。それは、幅三〇フィートあり、最下部は塔から一六八フィート離れていた。この地域の建築の一般法則によれば、階段の高さは底辺の長さとほぼ一致するとされているので、コールドウェーは階段の高さが一六八フィートあったと計算した。そうとすると階段は第二層上端に達することになる。他の復原図には、階段は単に第一層に達していたとするものと、頂上の神殿の入口にまで達していたとするものとがある。しかし、階段の底辺の長さと、塔の下方二層の高さが正確に符号していることは、第一の解釈を有力とさせるであろう。

神殿の細部ははっきりしない。おそらく青色の釉薬煉瓦で飾られ、その一室には、マルドゥクの神とその配偶者のザルパニトの結婚を再演する、新年の祭典用の寝椅子が収められていた。

エサギラ

エテェメナンキの南方に、行列道路を挾んで、マルドゥクの聖域の別の部分があった。ここにはマルドゥクの主神殿エサギラ「その頭をもたげる家」があった（図14）。不運にもこの廃墟は地表下七〇フィートにあり、コールドウェーは建物の一部を発掘し、建物の外郭線はトンネル通廊を使ってたどったにすぎなかった。こうして作られた平面図では、神殿は縦二八一フィート六インチ、横二六二フィートの矩形の建物と、その東側に続いた縦三八〇フィート、横二九三フィートの大建造物群とからなっているが、後者はただ輪郭だけが知られるにすぎない。

この東半の付属建築は南部が主神殿の南側線より突出しており、正門はその東側壁の北寄りにあった。正門には宗教建造物の特色である一つの正面塔と、縦溝を刻んだ凹んだ門口とがあり、そこから中庭を経て主神殿の入口に進むことができた。主神殿の平面図のもっとも著しい特色は、その均整さである。その四側面の正確に中央には脇塔をもつ門口があり、それらの門口と両隅との間に二つずつの階段塔があった。門の傍にはネリグリッサルが設けた青銅の竜が据えられていた。門はいずれも同じ大きさであったが、東側の付属建物を経て行きつく東側の門は、たしかに主門をなしていた。というのも、他の三門には小さな門室と側道がついているだけであるが、東側の門には大型の門室を経て神殿中庭そのものへ通じる参道があったからである。ここでも各塔と門口は左右均斉に設計されていた。通常のように塔形正面をもつ主門の真向かいにマルドゥクの神殿があった。この神殿は奥行一三〇フィート、幅六六フィートあり、その装飾の豊かさで有名であった。ネブカドネザルは、かれがその装飾に使った豪華な方式をとくに自慢していた。石膏づくりの壁と杉の屋根梁に金箔を貼り、それをアラバスター、瑠璃、宝石で飾った。ヘロドトスもまた金の祭壇、王座、座椅子、さらに総重量が一八トン半もあるという黄金の神像、などについて語っている。この黄金像は、コールドウェーの人夫がその場所を開く遙か以前にすでに失われていたが、建物の大きさは他のバビロンの神殿と比較してみて、今でもわれわれに元の豪壮さを彷彿させるものがある。ここにはマルドゥク自身の神殿のほか、ナフ、アダド、その他の神々に捧げられた会堂があったが、それらについては、さらに知られていない。神殿域の北寄りにある一礼拝堂は、とくに興味がある。コールドウェーは花瓶を捧げる女神たち、一皿の魚、竜頭を見分けられる浮彫りの木製神座の残骸などをそこで見出した。これらすべては開闢神話の洪水の神エアの属性であり、神殿はおそらくこの女神に献じられたものと推定される。もしそうであれば、アレクサンダー大王の将軍たちが平癒を祈願するために瀕死の王を神殿に運ぶべきかを神(将軍たちはそれをセラピスと同視した)に訊ねにきた場所が、ここであったに相違ない。

## 六　その他の建造物

### ユーフラテスの橋

エサギラへは、マルドゥクの二つの神殿の間を経てユーフラテス河にいたる、行列道路から分岐して南折する支道から参入された。ここの部分では道の表面が、アスファルトに煉瓦をはめた基盤上にタイルを敷いたものでなっている。河面に達する直前、道は河畔の城壁にある塔門を通過し、それから橋を渡って市街に入った。この橋(図9、14)は長さが四〇〇フィート以上あり、橋脚は煉瓦づくりで、木の梁とアスファルトで補強されていた。またこの建造には、石がおそらく煉瓦の橋脚の上積みとして使用されたであろう。したがって、コールドウェーの指摘したように、この橋は、われわれが記録上で見る、最古の石橋であるといえよう。橋脚は長さ六九フィート、幅三〇フィートあり、三〇フィート間隔で建てられ、舳《へさき》を上流に向けた船の形をなし、昔の船橋を模して作られていた。道路幅は、おそらく一六―二〇フィートあった。ヘロドトスが、この橋脚の上に渡した木造の横板は、盗賊の渡河を防ぐために夜間ははずされたと記述しているのは、道路の一部が河面航行のためにはずされたことを意味していた。橋はネブカドネザルかナボポラッサルの築造にかかるものであろう。

### 他の小神殿

これまでに挙げた神殿のほか、コールドウェーは発掘中に数基の神殿を発見した。これらの神殿は、中庭をとりまく建物からなり、中庭から聖堂中の台座にのった神像を見透しできるなど、その基本設計図はつねに同一であった。あらゆる場合に縦溝入りの塔が両側についた門があり、その門室を通って、中庭や聖堂に進めた。しかし神殿は細部で異なっている。たとえばエサギラの南方の、おそらく健康の女神グラに捧げられた神殿（図15‐B）は、二つの増設中庭をとりまく追加部屋のある西側翼部をもち、聖堂に正対する正門のほか、東側に二つの門口をもっていた。その一つは門室を通って中庭に入り、他は西北隅の小室に通じていた。最後の小室では、一般民が聖堂そのものの中まで入らないで、神殿との取引事務をしていた。グラの神殿の少し東寄りにある、戦の神ニヌルタに献じられたもう一つの神殿（図15‐D）は、三つの門をもっていた。この場合、主門は東側にあり、その他の二つは聖堂を南から北へ通過する行列が使用したのであろう。東側の門のほぼ正面にある主聖堂は、それぞれ自

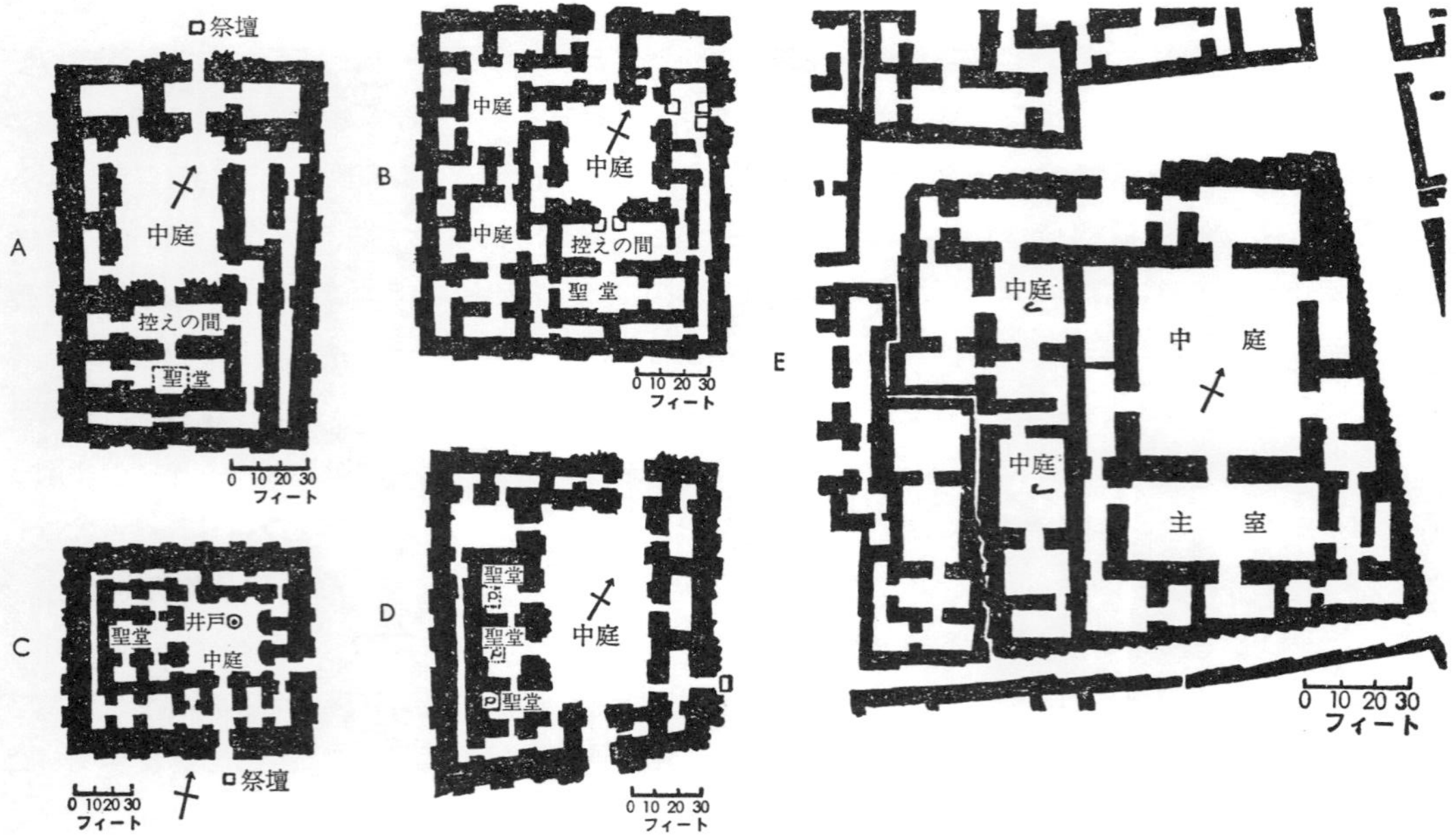


図15 神殿と民家（コールドウェーによる）

A ニンマの神殿　B グラの神殿　C アッカドのイシュタルの神殿　D ニヌルタの神殿　E 大形民家

分用の中庭から入る口と、神像用台座をもつ二つの聖堂を両側にもっていた。この二つの付属聖堂は神の妻グラと息子のヌスクに献じられたものであろう。行列道路の東にあたる民家中にある、アッカドのイシュタル神に献じられた一神殿（図15-C）は、二つの門口をもち、主門は南側にあり、相互に出入できる六室からなる聖堂域は西側にあり、ただ中庭からのみ入ることができた。一般のように主門に面して参道上に祭壇があった。

### 民家の構造

コールドウェーは上述の公共建物のほか、相当数の民家の跡を発見している。これらは、王宮とズィッグラートとの間、ニヌルタとグラの神殿をとりまく都の南部、エテェメナンキの主門の反対側になる行列道路の東側など、三地域の発掘で見出されたものである。初めの二つの地域では発掘用の溝が掘られただけであるが、第三のものではかなりの地域にわたって住居が掘り出され、街路図や建物の詳細が明らかにされた。街路の方向は主として河流の方向で決定されたといえよう。というのは、多くの街路は河に並行するか、それと直角に交叉して走るかしていた。行列道路を除くと、多くの街路は幅が狭く、四フィート六インチから二〇フィートまでと種々の幅をもったが、舗装はされていなかった。街路は住宅への通路となったほか、家主が塵芥を捨てる場所にされた。そのため、路面は絶えず高くなり、家へ下りて行く階段がつくられるか、新しい地面に家が建てられるかした。

家屋自身は陽焼煉瓦建てのもので、神殿のように中庭をとりまく、一つまたはそれ以上の部屋群からなっていた。各家の入口はただ一つであり、外壁には一つの窓もなかった。光線と空気は、ただ中庭からか、壁の高所にある換気口から入るだけであった。最大の配慮は暑熱を避けることであったので、主要な居間はふつう中庭の南側（北面して）にあった。部屋は一般に矩形なので、もし家屋の平面形が不規則であれば、部屋を通常の形にすると壁の外側に出っ張りができ、建物に「のこぎり歯」の外観を与えた。浴室・手洗所・台所は判別されたが、その部屋の使用内容は推測以上には出られない。

住居の大きさはいろいろ異なっている。たとえば小さな家は奥行四二フィート、間口五九フィートぐらいあり、三フィートと一〇フィート大の一つの居間と二〇フィート四方の中庭が一つと、それに向いている八つの小部屋とからなっている。おそらく富裕な商人や貿易業者の大きな住居（図15-E）には、一辺一三〇フィートほどのものがあった。それは三つの中庭と、二〇の部屋をもち、部屋のもっとも大きいものは幅五二フィート、奥行二三フィートにのぼった。

バビロンは巨大な貿易センターをなしたが、市場となった建物群のようなものは見出されない。おそらく取引は、まだ発掘されていない場所でなされた。コールドウェーの示した地域からみても、明らかにバビロンがすこぶる繁栄した土地で、強力な帝国の首都にふさわしかったことが推測できる。

新バビロニア市の住宅地区の下層に、発掘者は第一王朝時代の古い建物の跡を発見した。第一王朝当時にも、街路は新バビロニア時代とほぼ同じところにあった。住居は、焼煉瓦の土台の上に陽焼煉瓦でつくられた。住居区域は低い丘の上にあり、ハムラビ王当時よりかなり高くなっている今日の河面より高位置にあった。第一王朝のバビロンの他の部分は、コールドウェーの掘ったより下、水面下にあった。近くのユーフラテス河から来た水は、かれの掘った溝の中まで浸みこんだ。

# VII　バビロニアの文明

## 一　楔形文字とその解読

### セム語

バビロンの民衆生活については或る程度前章で取り扱った。ここでは「バビロニア的」といわれるその他の文明について考えてみたい。しかしその文明を完全に理解するには、最初にバビロニアの文書に書かれた言語と文字について考え、それが発達し、解読された経過を検討しておく必要がある。

バビロンの言語は、セム語と呼ばれる大語群に属している。セム語という名称は、第一八世紀に、学者が創世紀第一〇章に挙げられた「シェムの子どもたち」の用いた言葉を指したのに始まる。この子供たちにはアラム、アシュール、エベル、すなわちアラム人、アッシュール人、ヘブライ人の始祖が含まれていた。そして一八世紀以後、この語群は拡大されて、この言語と共通の特徴をもつ他の多くの言語を含むようになった。セム語のもっとも著しい特徴は、それが根底に三子音を主部とする「語根」組織をもつことである。この語根は、どんな文法変化とも関係のない基本的意味をもち、それに母音や子音の接頭辞、接尾辞、語形変化などを加えて言葉をなりたたせている。たとえば、バビロニア語では、子音のPRSが一般的な「折断」という意味の語根をなしている。語根そのものは言葉としては存在しないが、言葉はこれに母音・接頭辞などを加えてつくられる。したがって parāsu は「切断する」を意味し、iprus は「かれが切る」、iparas は「かれが切っている」、aparas は「私が切っている」、purus は「切れ」、iprusu は「かれらが切る」、parsu は「切断された、近づけない」、piristu は「切断されたもの、秘密」などなど、「切断」と関連のあるあらゆる意味の言葉がつくられる。

セム語は、細かく検討すると、相互に密接な関係をもつ種々の群に区分される。大区分は、西セム語と東セム語である。西セム語そのものは数個の小グループに分けられる。第一に、一方のカナーン語――そのなかにフェニキア語、カルタゴ語、ウガリト語、モアブ語、ヘブライ語がある――と、他方の「アラム」語――シリア語、サマリア語、ナバタエ語を含む――からなる北方分派と、アラビア語、エチオピア語、古代の南アラビア語を含む南方分派とである。東セム語は古代メソポタミア諸語――アッシリア語、バビロニア語――によって代表されるのみである。これらは事実上、文法や語彙の点では同一であり、大きな相違はおそらく発音の相違であった。東西セム両語の総称はアッカド語であり、その名は古いサルゴンのアッカド王国から出ている。

今日では一語群の「揺籃地」とか「原郷土」を探す方式はすたれている。そんな詮索は、ほとんど価値のない、憶測や仮説にわれわれを引き込むだけである。歴史的証拠からわかることは、全般的なセム人の移動はアラビア砂漠地から行なわれており、メソポタミアへの最初の移民も同一方向から来たということである。「セム語」がまずアラビアで発生したのか、いっそう古い時代の移動でそこへ持ちこまれたかは、おそらく永久に解けない問題であろう。

### シュメール文字

バビロンの支配者の公用語はセム語であったが、その言葉を書いた文字の起源は全く別のものであった。この文字は、アッカド語を書くのに使われるより遥か以前から、シュメール人によってメソポタミアと、その文字を最初に生み出した原地域とで、発達させられていた。発生当時、それは象形文字であった。すなわち対象を示す言葉を表現するのに絵画を用いた。こうして、＊は星を表わすし、は人間を表わした。これがしぜんに拡大されて、記号は対象そのものでなく、それと関連するものを示すようになった。そこで、＊は〝星〟を示すとともに〝天〟〝空〟の記号となり、さらに拡大すると、〝神〟を表現するのに用いられた。

この型の文字は、広汎に使用はされたが、ごく単純な観念以上のものを示すには、あまり役に立たなかった。対象を絵で描くのはやさしいが、対象相互の関係を絵でかくことはむつかしく、関係の抽象は全く不可能である。同じ問題は現代の漫画でも見られる。イラストレーションによって、一つの物語を語ったり、要点を簡単に示し得るのは異例の場合である。一般的法則として、副題、いいかえれば会話の「吹き出し」が同じように要請される。この問題にたいするシュメール人の解答は、対象を絵画に描くのでなく、対象の称呼の音声を表現させるという方法である。現代に例をとって、筆者が〝大工〟という語を書く場合をみよう。古い方法では木を伐っている人間を描いたが、それは〝大工〃〃薪切り〃〃薪〃とか、その他多くの意味をもった。新しい方法では、筆者は〃大工職（カーペントリー）〃を何か    （車《カー》・筆《ペン》・樹《トリー》）のようなもので表現しよう。これはシュメール人にとってきわめて容易なことであった。その言葉は大部分一音綴であり、多くの絵は一シラブルを表現していたからである。バビロニア人がシュメール文字を多シラブルのセム語を表現するのに採用したとき、シュメール語の各語はセム語の各音を表現するのにたやすく使われた。しかし同時に古い方式の残滓もあり、当時  の形にされた古いシュメール語の星の記号は、'an'（シュメール語の〃天〃に当たる）を表現するだけでなく、それ自身、アッカド語のSamû〃天〃とともにアッカド語のilu〃神〃を示す記号として使うことができた。このように同じ記号を、一語と一音との双方に使うことは末期まで続いていた。その他各記号が本来数個のシュメール語またはセム語を表現していた事実によって、一つの記号が数種の語義をもつ一方、本来ほぼ同じ音を表現する数個の記号が最後には無差別に同じ語を示すのに使われた、という事実から混乱が起こされた。こうして文字はすこぶる錯綜して厄介なものになり、〃限定詞〃を用いてそれを明らかにするように図らねばならなかった。限定詞は、該当している言葉の種類を示すために、言葉の前におかれた印である。こうしてすべて神の名の前には星印の  が実際神の名を意味していることを示すためにおかれ、すべて都市の名の前には  alu〃都市〃がおかれることになった。表意文字の読み方を明らかにするために、しばしば言葉の最後の音節を示す記号が添付された。したがって、星の表意文字  はそのあとに、それが ilu〃神〃を表現しているので、Samû〃天〃とはいわないことを示す  lu をつけた。しかし、読み方のうえでのこ

の補助は、多くの場合さして助けにはならなかった。アッカド文字は雑な書き方がつづき、専門の書家でもしばしば読みかねたからである。

数多くのバビロニアの記録が保存されたのは、書物の材料が好運にももっとも手に入りやすい粘土であったからである。粘土は、一般には座蒲団形の小さなタブレットに作られ、字は一般に葦形の一本の針を突き刺して書かれた。針を斜めに持ち、先を粘土の中へ押しこむと、先端が深くて広い穴、楔形、すなわちクナイフォームを形づくった。書き手が書き終えると、タブレットは太陽にあてて乾かされるか、竈の中で焼かれるかして、非常に立派に仕上げられた。文書はまたタブレットとともに焼かれた粘土の封筒に入れられ、決して内容が加筆されたり、変更されたりしないようにして、保管された。

### シュメール文字の解読過程

楔形文字の解読の物語はしばしば、――むしろ多すぎるくらい語られている。ここでは簡単に要約するだけで十分であろう。解読史の始まりは、楔形文字の報告や実例がヨーロッパ人の中東旅行家の注意をひきはじめたときにある。第一八世紀にはこうした報告、とくにペルシアからのものが数を増し、デンマーク人カールステン・ニーブールによって解読への重要な第一歩が踏み出された。かれは碑文の鮮明な写しをペルセポリスから持ち帰ったばかりでなく、それがすべて楔形文字の三種の異なった言葉で書かれていることを指摘した。この文字のうち、第一のものは多数の字母を用いており、第二のものは遙かに字母数が減じ、第三のものは（ニーブールの計算によれば）わずか四二の字母の、比較的単純で、おそらくアルファベット方式と思われるものであった。間もなく、もっとも少数の文字のものでは、言葉が斜めの楔で区分されていることと、碑文はおそらくペルシアのアケメネス朝の大王たち、ダリウスやクセルクセスやその他の古典作家の熟知した君主の作品である、ということが判別された。もしこれがそうであるなら、碑文に使用された用語はアベスタのそれに近いものであるにちがいなかった。アベスタの文字は古代ペルシア文字で、すでに読み方が知られているものである。しかし、なお解読をはじめる問題は残っていた。この碑文に書かれている報告を解読できる何人かの仲間がいなくては、どの文字の語音を決定することも不可能のように思われた。語音決定の問題は二七歳のドイツ人の学校長グローテフェンドによって大幅に解決された。かれは碑文がこれを依嘱した各王の名前、称号、祖先などではじまるという理論をもって作業した。この理論は、碑文がそのような形をとっていること、またかれが一つの碑文で〝某々の子〟ではないかと考えた某々の名が、最後の文字を除いて他の碑文の冒頭の文字群に表わされているという事実とで、裏付けられた。グローテフェンドの決定したことは天才的帰結であった。そこで残るのは、唯一つヘロドトスのなかのペルシア王の名から、この碑文中の文字に合致しそうな名を見出すことであり、実際ダリウスとクセルクセスだけが当てはまりそうに思えた。グローテフェンドはこれらの名前のペルシア形と思われるものと対照してみることで、旧ペルシア文字の一五の語音を明確にすることに成功したが、そのうち一一の正しかったことが後に証明された。

こうしてグローテフェンドが緒をつけた解読は、一九世紀前半にラスクやラッセンなどの学者によって完成された。同時にペルシア政府に仕えたイギリスの軍人ヘンリー・ローリンソンが別に同じ目的で努力した。かれはビスッーン（より広く、しかしやや不正確にベヒストーンと呼ばれている）の崖面のダリウスの長文の碑文を発見し、ペルシア碑文の言葉とアベスタの言葉と、さらにサンスクリットの言葉が非常に類似しており、その間の緊密な関係を否定できないことを解明した。古ペルシア語の解読は細部の作業だけを残して完成した。

この解読がペルシア文の他の二種のより複雑な文字の解読に手がかりを与えた。新エラム語の音節文字については、ここで述べる必要はない。これはなんら解読に寄与しなかったし、多くの問題が残っているからである。第三のもっとも複雑な文字の解読は遙かに効果があった。というのは、それは中東の各地で見出され、年々増加する大量の文書中に使用されているからである。それは実際バビロニア人とアッシリア人のアッカド語の文字であった。もう一度、第一歩は固有名詞の確認から始められた。前に一端を述べたアッカド文字の難解さが、最初解読の進捗をきわめて大きく阻んだ。その言葉がセム語であるというレエウェンステルンの結論（一八四五年）や、ちがった文字は音節を示すというヒンクスの結論（一八五〇年）が、基本的に大幅に役立った。碑文の文章を比較するにつれて、しだいに表意文字が完全に読みつくされ、したがって表意文字の音価が決定できる場合がでてきた。最後に表意文字およびシュメール語の、翻訳ないし同意語を示す古バビロニア語の語彙を発見したことから、最終解決の道が開けた。この段階以後は、解読過程が容易となり、一八五七年に王立アジア協会が新発見の原文の写しを四学者ローリンソン、ヒンクス、フォックス・タルボト、オッペルトに預けて、別々に翻訳を求めたとき、同一結果が出て、問題が最終的に解決されたことが実証された。そのときからアッカド語の研究は、古代ペルシア語の研究と同じように、細部の解釈と言語学上の問題と化している。

## 二　神話と文学

### シュメール語文学とギルガメシュの神話

アッカド語で書かれた文献は種類が多く、価値もさまざまである。或るもの——たとえば儀式の細部の説明書、種々の時期の経済文書など——は、主として専門家の関心の的であるが、それ以外に、それ自体でも興味をもたれる、相当量の純粋なバビロンの文学がある。このバビロニア文学は、バビロニア文明の他の多くのものと同じように、セム語ではなくシュメール語で始まったものである。最近の研究によると、シュメール語文書には、広汎な文学書が存在したことが知られる。またその多くはセム人によって、セム人の趣味や必要に応じるように翻訳され借用されている。たとえばバビロンでもっとも美しい叙事詩の主人公ギルガメシュの物語の源は、初期のウルクの王たちにまつわる多数のシュメール人の伝説にあり、あたかも歴史家がギリシアやゲルマン人の叙事詩の発展のなかで仮定したと同じような、シュメール人の〝英雄時代〟に発生している。しかし、物語を現在知られている叙事詩の形に作り変えたのは、——現在証明することはできないが、——たしかにセム人の作業であった。

この叙事詩は、半神的ながら本質的には人間である王の物語であり、かれが自分自身と世界を完全支配すること——かれが不滅であるということ——を阻止できる唯一のものを討伐する、「空しい戦」の物語である。事実、死が詩の主題であった。物語は強勇なギルガメシュが民衆の感情を全く無視しているため、人々が絶望して神に訴えたことから始まっている。民衆の祈願に応えてギルガメシュの敵対者、野獣とともに生活している穢されない荒野の英雄、エンキドゥが作られる。しかしエンキドゥは文明の魅力に惹かれてその生活を退廃させた結果、ウルクで両者が決闘をし、エンキドゥはギルガメシュによって撃破された。このとき両者の間に友情が生まれ、その友情は二人が遠い森林地にいる悪魔の番人を討伐に赴いた共同行動のなかでさらに強められた。この冒険の成果で自惚れきったギルガメシュは、女神イシュタルの愛さえ侮蔑するようになった。怒った女神は〝天の牝牛〟を派遣したが、この怪獣もまた英雄によって殺された。しかし復讐はつづけられ、最後になし遂げられた。ギルガメシュは一時保護者シァマシュの介入で救われたが、エンキドゥは死を宣告された。エンキドゥの死で、ギルガメシュは宿敵に直面させられた。それは、死が抽象的で、遠い未来のもので、冒険的人生への味つけとなるようなただの危険というものではなく、直接的で、決定的で、人力の制し得るところではないという認識である。エンキドゥの死はギルガメシュにたいし、人間のもつ、ただの強さというものの空虚さを自覚させた。これまで力に溢れ、楽しかった人生は、このときから絶えず死を逃れる手段をさがし求める過程に変った。不滅を探し求めるギルガメシュは、地の果てを越え、死の湖の岸にある神の園へと導かれた。この湖上の島に、永遠の生命をもつ不死者、バビロンのノアであるウトナピシュティムが住んでいた。しかしウトナピシュティムもギルガメシュにたいして何の慰められなかった。かれは単に自分が船をつくって洪水から逃れ、エンリルに永遠の生命を与えられたことを物語っただけであった。これは二度とは起こらぬ特異な事件であり、かれはギルガメシュの疑問に何の解決をも与えることができなかった。かれがなし得た唯一のことは、食べると人間の若さを蘇らせる草が海底にあることを示唆することであった。この草を持って、ギルガメシュは地上に戻ってきて、帰国の旅についた。しかし、かれが道路の傍の池で水浴をしているとき、一匹の蛇がこの草を食べたので、ギルガメシュの最後の望みが断たれてしまった。かれは、かれがかつて空しい努力を重ねて建造した、そして建立者の死後もなお存続するであろう、かれの都の巨大な城壁のもとに帰ってきた。

たしかに叙事詩はここで終わっている。シュメール語文学中の「ギルガメシュの死」の物語はこの詩篇には見られず、また「ギルガメシュとエンキドゥと下界」にもギルガメシュの死は見られない。後者はシュメール語のもう一つの詩篇であり、そのままアッカド語に翻訳され、またアッカド語の叙事詩のアッシリア語訳にも加えられている。詩篇は、イリヤッドやエイネイドの終わりと同じく、作者が焦点を示したときに終わっている。それ以上いうことはなく、いずれにせよ、不可避とわかっている死までを描いてしめくくる必要はなかった。詩の焦点は死そのものでなく、死の不可避さであった。累積された効果はオルフェウスの神話のように鮮烈である。この神話でも、英雄は死に勝利を占めたかに思われる最後の瞬間、人間性の無常に直面して絶望に陥れられている。ギリシアの神話もユーリディスが死の世界へ滑り戻ったときに終わっている。活力再生の草を失うことで、バビロニアの叙事詩は「自然は偉大である」という結論に到達しているのである。

### 開闢神話とマルドゥクの神

バビロニア文学の他の大叙事詩は全く別の内容をもっている。それは人間性や人間問題ではなく、宇宙の起源と世界秩序樹立の問題に取り組んでいる。開闢説話もまた遠くシュメール時代に生まれ、後世セム人が再編成したものである。その主人公が本来シュメール人の都市ニップールの神エンリルであったことはほぼ間違いない。神話は、バビロン第一王朝時代に翻訳・改作された機会を利用して、エンリルがバビロンの神マルドゥクに置き替えられ、バビロンの新年祭に結びつけられて、バビロンの覇権の理由づけに使われた。同じ経緯が、一、〇〇〇年後アッシリアがこの地域の覇権を握ったとき生じて、公式の神学ではマルドゥクに代わって、アッシュールの神が主神となっている。

叙事詩は原始時代の混沌、清水アプスと海水ティアマートの無限の混淆から始まっている。この混淆から神生みがなされた。まずラフムとラハム ついでアンシァルとキシァルというふうに、つぎつぎと神々が生まれ、最後に空の神アヌ、ついで地の神エンキが生まれた。若い神々が不休のエネルギーをもって秩序を望むと、それが先輩の神の怒りをまねき、アプスとティアマートが若い神を滅ぼそうと決心する。しかし、かれらはエンキの魔術に破られた。エンキはアプスを殺して、その上に自分の家を建てた。この家で一人の息子エンリル、すなわち後世の物語でのマルドゥクが生まれ、ティアマートが軍を再建するとき、急場を救ったのはマルドゥクであった。古い神アンシァル、エンキ、アヌがティアマートに抗し得ないと悟ったとき、マルドゥクは条件を出してティアマートに対決することに同意した。マルドゥクは神々と運命決定力とを完全に支配する力を要求し、この権力を擁して、ティアマートに立ち向かって出陣し、彼女を自分の網で捕えて殺した。マルドゥクはティアマートの体を二つに切断し、その半分で天をつくり、そこに自分の住居を建てた。星は星座に配置され、太陽と月は一定の義務を担うように組織付けられた。神は二つの集団、一つは天上、一つは地下のものに分割され、神々が労働を必要とするときこれを援助するため、すなわち神々に奉仕し、その欲望を叶えるために、人間がつくられた。

**原因論とイシュタルの神とエレシュクイガルの神**

特殊な対象、配置などの起源に関する原因学型の神話は、メソポタミア文学ではかなり一般的なものである。創造神話はもっとも長く、美しいものであった。その他、冥界の配置を定めたり、また死についてのバビロン人の先入観を示している神話がある。そうした物語の一つに、豊穣の神イシュタルが、女王であり妹であるエレシュクイガル神を訪れるため、冥界に降った物語がある。すなわち、地上界では、女神が去ったために豊穣が中断された。このことで非常に苦悩した神々は、地下の女王エレシュクイガル神に命令を送って、地上界へイシュタルを戻すよう慫慂した。エレシュクイガル神は、やむなくイシュタルに生命の水を注いで、彼女を再び地上界へ帰らせた。彼女が帰ってくると、地上の成育と豊穣は蘇った。同じ形式で一年中の周期について説明をしている神話も数多い。もう一つの冥界に関する神話は、本来太陽の神であるネルガルが下界の王となった物語である。エレシュクイガルは神々の宴席に出られなくなったとき、代理人としてナンタルを出席させたが、神々のなかでただ一人ネルガルがかれを代表と認めなかった。そこでエレシュクイガルがこの侮辱に激怒して、ネルガルを彼女の面前に呼び出した。ところが、ネルガルはその面前にくるや否や、エレシュクイガルを罵り、彼女を王座から引きずりおろし、生命を奪うと嚇した。エレシュクイガルは許しを乞い、征服者に身を委ねて、王座を譲った。この結果ネルガルは冥府の王国を自分の手に入れることになったという。

### 死と無常観

ギルガメシュの叙事詩には、人生の諦観をきわめて巧みに物語る他の神話もある。その一つは子供のないエタナ王が鷲に乗って天に赴き、自分の妻のために妊娠の護符を得ようとした物語である。もちろん、かれの試みは失敗に終わり、かれは地上に転落した。何故なら、人間は生命についてはなんらの支配力をもたないからである。永遠の生命をもち得なかったもう一人の主人公はエアの子のアダパである。かれは漁夫であり、自分の船を転覆させた南風の翼をもぎ取った。アダパは呼ばれて自分の非に責任をとれといわれたとき、父の勧告にしたがうことを断わり、また自分が毒殺されることを懸念して、アヌが与えた物を口にすることを拒否した。惜しいことに、アダパに非常に感銘したアヌは、かれに生命の糧と水とを与えようとしていたのであった。ここでも死と不死との間の越えきれない壁が強調されている。

### 叙事詩の宿命観と悲観論

メソポタミア世界に共通して見られるもう一つの詩型は叙事詩である。叙事詩はすべてが宗教問題に関連し、祈禱文や、讃歌や懺悔の聖歌などからなっている。人物は大部分が類型的であるが、詩句の多くは旧約聖書の章句を偲ばせるほどの力強さと鮮やかな幻想力に溢れている。旧約との類似性は、章句に用いられた均衡法と対句法、一部の詩の特質である強い意見を滲ませる個人的抱負、などに鮮やかに見られる。

メソポタミア人の人世観の根底に悲観論のあることはすでに述べたが、道徳・倫理価値を扱っている作品には、それがいっそう明瞭に現われている。もっとも有名なのは、昔から宗教思想家を悩ませている「義者の受難」の問題を扱ったものである。神にたいしいろいろな方法で義務を果たしている人間が、何故に悪人の負うべき災難をうけて苦しまねばならないのであろうか、という問題である。詩の主人公は生涯心を砕いて神にたいし崇敬の限りを尽くしたが、そのかれが病に倒れ、祈願も悪魔払いもかれの苦痛を鎮静できず、神が見捨て給うた、という場合である。このきわめて現実的な問題にメソポタミアの倫理家は全く悲観論的な解答を与えているだけである。人間は神々の方式や基準を理解することはできない。人間は一時的に創られたもので、真の善悪の判断を望むことはできない。「神の思想は深い水のようなものである」。人間は苦しみをうけつづけ、祈りつづけなければならない、とするだけである。

この種の結論は、しばしば生活のうえで証明されているが、人をたやすく納得させうるものではない。マルドゥクが全人類の最高神として確立された、いわゆるバビロン第一王朝の全盛期には、文章が追加されて、物語はハッピーエンドの形式をとるように変っている。正しい受難者が希望を放棄したとき、マルドゥクはかれに健康と幸福を取り戻してやった。物語の「願望成就」式の結末は、なんらメソポタミアの人生観を代表してはいない。遙かに特徴的なのは、主人と奴隷の間の対話という配役構成である。この場合の対話の基本観念はきわめて単純で、主人が奴隷に王宮に行け、食事をしろ、自分で女性を見つけよ、などと特定のことをするように告げる。そのいずれの場合にも、奴隷はそれを実行する適切な理由を数えあげている。かれがこれをなし終えたとき主人が気持を変えると、奴隷は計画を実行しない同じ立派な理由を考え出している。このようにして、著者は人生に真の価値がないことを強調する。真の善とか悪というものはなく、人生は空しく、価値は存在しない。ただ一つの解答は死である、とする。

以上は、現存する文献のごく一部を挙げたにすぎないが、それだけでも、事実上近代的意味での「文学」の全内容を包含している。その文学的価値について公正な判断を下すのはむずかしい。これらの文書の文体の評価はむずかしいが、その内容には疑いもなく高い価値をもつものがある。とくにギルガメシュの叙事詩は、基本的な人生問題を意識しており、叙事詩の材料を入念に処理している点で、ホーマーの詩篇に比肩するものであるという評価さえうけている。「主人と奴隷の対話」などの詩篇は、文体が粗硬で文学的価値に乏しいが、なお著者が時代の問題をかなり正確に評価していたのを汲みとることができる。もちろん問題への解答は否定的であるが、二〇世紀の問題に照比しても、このとき以来、当時を凌ぐ解答を与えたものを見出すことはむずかしいといえよう。

メソポタミア文学で散文文学に近いものは、王の編纂にかかり、治世の主要事件を記述している年代記である。アッシリアの王たちは軍事遠征の詳細を記録しているが、バビロンの王たちは宗教上の重要問題に関心を集中しているので、バビロンの記録は統治を復原するのにあまり実効をもたない。その他の同時代の報告には、建造物の礎石に刻まれた碑銘、重要事件を名称とした年名のリスト、「バビロニア年代記」のような文書などがある。最後に挙げた「年代記」は、バビロニアとアッシリアの歴史を接合しようとする企図を多少とも示している。

それ以上の歴史報告は、多量に残存する国王や個人の往復書簡である。たとえば、ハムラビ帝国のことについて多くを知り得るのは、王が地方の知事宛てに送った書簡からであり、その他のメソポタミアの国王たちについても、同じことがいい得る。民間人の書簡も日常メソポタミア人が直面した金融・通商問題などについて多くのことを伝えている。もっともそれらは短文すぎたり、主題がつぎつぎと脈絡なく転換しているために、解釈上の困難は避けられない。同様に契約、会計、その他の業務に関する文書は、当時の経済生活を知るうえで非常に価値がある。

その他、二つの型の文書も挙げておかねばならない。宗教儀式や魔術行為に関するものは祭儀史家と宗教史家には非常に価値があるが、一般読者の関心は薄いであろう。もっとも有名なのはハムラビ法典であるが、法律に関する文書は別の章で取り扱った。

## 三　美　術

### シュメールとアッカドの美術

バビロニアの美術は文学と同じくシュメール時代に起源をもつもので、両河の河口に初期の都市が建設された頃に始まっている。より早くから定住の始まっている北方では、独特の伝統が形成されたが、それが南方文化の拡大によって駆逐された。メソポタミア美術の典型的特徴は、当初から看取され、長い存続期間中つづいた。たとえばウルクで発見された雪花石膏の花瓶には、動物と献納物捧持者などの行列がつづく宗教祭典の様子が、浮彫りで描かれている。祭祀と宗教への関連性は、シュメール美術の最大特色の一つである。後世の典型的テーマである宗教の暗黒面を表現する、人体と獅子頭をそなえた石灰色の怪獣（図4-a）や、後世の記念碑浮彫と、アッシリア美術が写実的に描いている狩猟図などの先駆をなすような、ウルク出十の花崗岩柱に描かれた獅子を倒す人物の像などの作品もみられる。これらの作品はシュメール的伝統の創始期のものであるが、またすでに構図や手法上の確乎たる信念を窺わせている。また、それらはシュメール人が浮彫作品や円筒作品を処理する適応力に秀れ、材料の使用が巧緻であることを示している。狩人や献納物捧持者を描いた力強い自然主義や、怪獣に示される唯一神の潜力観念は、大量にみられるシュメール美術の典型的特色ともいえる。また、ウルクで発見された婦人の頭像（図6-a）にはコントラストが認められる。というのは、それは自然主義的性質をもつとともに、とくに唇、頬、目の周辺などの仕上げにおいて、不思議なほどシュメール風でない繊細さと感性を流露させているからである。

初期シュメール王朝時代は美術の興隆時代であった。宗教は依然、祭儀用神像に用いた彫刻、神殿用具、神前に立って献納者との仲介をしようとする拝跪者の捧げた数々の献納品などの、主要なモーティフを提供していた。ディヤラ河地域では、集中的抽象的様式からより偉大な写実主義へ発展した形跡が見られるが、他の地域では自然主義的様式が終始支配していた。それは、サー・レオナルド・ウーリーがウルで発見した有名な金属彫刻、ないし今日セント・ルイスの市美術館にある髯面の牡牛の頭(図5)などのなかに見出すことができる。この時期の浮彫には卓越した説話的技法が発展していた。この技法は、王の遠征を記念する物語を表現するのにもっとも適しており、またこの技法は瀝青に象嵌した貝殻モザイクのようなものにも用いられている。たとえばウル出土の「軍旗」は、一方で遠征の種々の段階を示し、他方で勝利につづく祝宴を表現して、世界最初の溌剌としたニュース絵となっている。

アッカドのサルゴンとその後継者の時代に、住民中にセム分子が抬頭して権力を握ったときでも、その美術の伝統は中断されなかった。しかし、この時期の作品にはセム人の影響によって、性格や人格という観念の表現がみられる。以前のシュメール人に見られた都市や都市神への忠誠心が、部族や族長への忠誠心に変わり、これとともに美術も世俗的で人格的となった。サルゴン自身を示す青銅の頭像(図1)はそのことを表現している。青銅の頭像は明らかに肖像画である。紋切型で精緻な頭髪と髭に代わって、眼、唇、頬、鼻筋の仕上げにおどろくほど感受性の漂う顔が示されている。サルゴンの孫のナラムシンの樹立した記念柱(図7)もこの態度の変化を示している。王は、行進する軍隊より遥か高所で歩行しており、軍隊や踏みにじられた敵を小さく見せている。神々はわずかに空中の紋章の形で示されていて、王は全く絵柄の中心を占めている。シュメール風に事件を続き絵にしようとは考えていない。彫刻家は進軍、勝利、敗北 神の支援を一つの統一された構成の中で表現している。

アッカド帝国を野蛮なグティウム人が転覆した結果、南方ではシュメール人が政治的のみでなく芸術的にも復活するにいたった。当時のラガシュの支配者グデアは、一連の自己の彫像（図6－b）を残したが、それはグティウム人がシュメール人の宗教的情熱とアッカド人の残した表現技術に精通していたことを示している。しかし、アモル人の到来は、この地域にセム人の支配権を確立させ、最終的にシュメール人の支配を終焉させた。それにつづくイシン＝ラルサ期の作品は、美術的には新シュメール時代のものと強く結びついている。但し現存する最高の作品は、マリやエシュヌンナの出土品で、これらの都市の北寄りの位置を強調するように、人格や個人的装飾への関心を横溢させている。ハムラビ王の頃には、われわれがセム的と考えた特性が全面的に顕著に復活している。おそらくハムラビ王自身を表現したと思われる一群の頭像（図3）は、サルゴンの肖像画と同様に、偉大な性格と個性をもつ顔を表現した本格的構成を示している。彫刻家は偉大な支配者の老年期の困憊した姿と天賦の力とを正確にとらえている。これに見る口や眼の表現は最高水準のものである。バグダードに近いテル・ハルマルから出土した粘土板には、咆吼するライオンが描かれており、このような動物彫刻に同じ技法が――形式主義の枠をもつ写実主義――看取されるのは興味深い。

これらと全く対照的な主題が――牛に乗る男（図16－a）、作業中の大工（図16－d）、音楽家（図16－b、c）、猿を抱いた見世物師などの――庶民的主題を描いた多数の浮彫に見えている。これらの作品の

a　牛に乗る男

b　音楽家（シカゴ）

c　音楽家

d　作業中の大工（ルーヴル）

図16　粘土の浮彫

美術的水準はそれほど高くないが、作品は当時の日常生活の一端を鮮明に物語っている。

### マリの絵画

美術でも、絵画分野の遺物はほとんど消滅してしまっていて、残されているものといえば、好運にもマリに保存されている少数の壁画であるが、絵画芸術がこの都市に限られていたと考える理由は全くない。幾何学的図案とともに、宗教、戦争、日常生活などの光景には人間性が描かれている。一人一人の人物像はなんら秀れたものではないが、有機的な構図と色彩の魅力的な用法によって、全体としての装飾的効果は高いものになっている。

### カッシートの境界石

カッシート人のバビロン征服も、古い美術様式を急激に変化させることはなかった。反対にカッシート人の君主は、古代の都市や神殿の修復と復興に深く心を配った。しかし、かれらの美術的意欲に技術の練度が及ばなかった。ドール・クリガルズの王宮に残る壁画は質が低く、カッシート人の建てたウルクの神殿の、河流を示す長い波状線の中に水鉢を捧げて立つ神像を描いた壁龕の装飾には、同じ粗硬さや様式の欠陥が見られる。しかし、これらの像で重要なのは、流し型煉瓦を使った、全く新しい手法が採用されていることである。この手法は新バビロニア時代に秀れた効果を発揮して復活してくるものである。

カッシート時代のもっとも典型的美術品は、数多く見られる彫刻や境界石である。これらは当時の国王や神の象徴、すなわち紋章をふつう浮彫で刻んでおり、美術研究者よりは神学研究者に関心をもたれている。少なくとも一点ではカッシート人は従来の技術を完全に修得していた。それは自然主義的な動物彫刻である。ドール・クリガルズ出土の牝獅子の首（図4-b）はその意味での逸品である。

### 新バビロニアの美術

カッシート時代を以て、南バビロニアの美術的感応力は一時中絶した。しかし南方で停滞している間に、遙か北方で溌剌とした新しい文明が起こり、最初バビロニアの亜流にすぎなかったその文明が、間もなく政治と芸術の双方で独自性をもって発展した。このアッシリア支配時代の歴史は、この書の主題ではないので、それには立ち入らない。ついでニネヴェの没落とともに、南方が再び地位を回復し、しばらくバビロンが世界の美術の中心となった。しかし、不幸にもこの時代の作品には残ったものがほとんどないので、その価値を正しく評価することはできない。そのためこの時代の美術については、ネブカドネザル時代におけるバビロンの遺物の復原されたものから、ほとんど全部を判断しなくてはならない。このバビロンの遺物のうち、もっとも感銘の深いのは、青地に黄色と白色の釉薬つき煉瓦で描いた牡牛と竜の装飾をもつ「イシュタル門」（図11）のものである。牡牛は、技巧的な姿勢をとり、たてがみや体毛が装飾的形式主義に走っているにもかかわらず、活力と躍動的エネルギーを流露しており、竜のなめらかでキリッとした足並みは、均斉のとれた構成や均一な間隔配置でさらに感銘を強めている。これらの動物は巨大な門の入口全面に明るい色彩で描き上げられていて、力と豪壮さの溢れる強い印象を与えている。

# 四　建　築

## 葦と粘土

大イシュタル門について述べると、メソポタミアの建築を問題にせねばならなくなる。この門は規模と装飾の両面で、この地域の永久的難題――建築材料の大部分を欠き、存在するものは天然の鈍重さをもつ――を克服した輝かしい解答を示しているからである。沖積平原には石がなく、木材も実質的には皆無である。しかし建築学上効果的ではないにしても、無益ではない他の材料が豊富に潜在していた。葦は沼沢地に生え、粘土はいたるところにあった。ハッスーナの最古の農業集落は粘土でつくられていた。南方では葦の小舎がごく一般的であったが、しかし同時に、ここに住んだ初期の定住者は煉瓦づくりの技術を携えて、イラン高地から下りてきていた。この地方の全域で、終始粘土が主要な建築材料となった。

## 初期の神殿建築

南メソポタミアでは建築発達の当初から神殿建築が見えている。発掘においても、人類定着の最古の時期に神殿が出現している。たとえば前五千年紀に遡るエリドゥの最古の神殿は、縦一二フィート、幅一五フィートの矩形のものであるが、後世まで伝わる二つの特徴をそなえていた。一つは神像を据える一方の壁の壁龕とそこに到達する参道、もう一つは壁龕の前面の祭壇ないし供具卓である。大規模な神殿を建造するとき、建築家は屋根を支えるものという実際的問題に直面し、これを屋根裏の梁を据える強い扶壁をつくることで解決した。それによって建築家は、さらに上述の基本的問題の解決法を見出した。というのは、扶壁は粘土壁のもつ単調さを破る手段を提供したからである。最初神殿は、外側扶壁を必要とする唯一の大型建築であったが、扶壁が純装飾的なものとなったときも、扶壁の使用は依然宗教建築に限られていた。事実、扶壁は、アレクサンダー王がこの地方を征服するときまでは、宗教建築を世俗的建築と区別する特色をなしていた。

### 塔と装飾

神殿が重要性を増すにつれて、神殿の規模も増大した。中央聖堂をとりまいて補助神殿が建造され、参詣者の動きを自由にするために扉の数が増加された。ここでメソポタミアの神殿のもう一つの基本的特徴が現われた。というのも、古い文字発生期時代には、いくつかの神殿が、粘土製煉瓦で築いた高い壇上に建立されていた。これがズィッグラートすなわち神塔の始まりであり、人間を神に接近させるためではなく、神殿を神の近くまで高くし、神がより容易に人間のところに降りられるようにしたものであった。都市の繁栄が増大するにともない、人力と財力は神塔をますます高所へと積みあげさせた。たとえばウルクでは、前四千年紀の後半に、いわゆる「白い神殿」が約四〇フィートの高さの人工段丘の上に建てられた。この高さは平坦な平原と全面的に対比する強い印象を与えた。この神殿自体は参詣者用ではなく、神自身のためのものであったので、平地上の神殿に比して小型であったが、その他の点では他の神殿と同一形態をとり、祭壇や供具卓をもっていた。装飾は扶壁にほどこされ、壁面は色彩を保つために頻繁に石灰水で洗われた。ウルクの神殿で見られるもう一つの装飾様式は、長さ四インチの粘土製彩色円錐の使用で、壁や柱の厚い粘土表被に先端から挿しこみ、黒色、赤色、褐色のモザイクを作り出していた。終始変わることなく用いられた装飾様式は純幾何学紋様であるが、動物の浮彫も最初から意匠（図案）の一部に用いられていた。

### 中庭と聖堂

都市が規模と複雑性を増大すると、新しい問題が生じた。四面が開放されている古代型の神殿は、人工壇丘上では容易に使用できたが、他の建物にとりかこまれた空間での使用は、容易でなくなってきた。たとえばカファジェでは、神殿の入口は一つ設けられていただけであった。以前には、神殿の四周の開放された広い平地で催すことのできた祭祀行事が、門口の正面に設けられる不規則な空間に制約されてしまった。この空間は儀式を冒瀆的視線から遮るためにさらに壁でとりまかれ、少なくともカファジェでは相互に通行できる連続した三つの中庭に広げられた。その結果、聖堂はもはや中央ホールではなく、もっとも神聖な奥の院となった。第一王朝時代には、中庭は街路から出入りのできる塔門をもった神殿の不可欠の一部であった。これは開放型の神殿にも当てはまった。神殿は矩形の、また時には卵形の輪郭で建てられた。卵形はこの時期だけに限られた特色で、ウル第三王朝下のシュメールの復興期前に、もはや使用されなくなっていた。ズィッグラートと高壇神殿は一般的形態となっていた。無装飾の石の基盤が、マリやアル・ウバイドで見出されている。またマリでは、神殿の中庭は回廊の効果をもつ柱や壁柱で飾られていた。

南方で法則化したもう一つの発展は、聖堂内を柱や隔壁で二つに分け、神像を一般人から遮断したことである。その場合祭壇は聖堂の外側部か、場合によっては前者の代用をする無蓋の中庭に移された。カッシート時代の宗教建築はすこぶる復古的で、ドール・クリガルズのズィッグラートから知られるように、あらゆる点で初期のメソポタミアの神殿に似ていた。しかし、四隅の扶壁のように、いくつかの要素は、おそらくカッシートの郷土の伝統を継いだ北方形態を含むことを示していた。アッシリアの建築の発展については、本書では深入りできないが、新バビロニアの復興のとき、以前のアッシリア期の形態が依然保存されていたことが知られる。バビロンの神殿のより詳しい記述は、コールドウェーの発掘に触れた節で取り扱った。

住宅建築

住宅建築の発展経過をたどるのは、以上のものより容易である。前五千年紀初期に当たるハッスーナの、陽焼煉瓦づくりの農家についてはすでに述べた。その傾斜屋根の住居と、その周辺にかたまる農場の建物は、遙かに時代を隔てた現代の多数の小農家の建築と、おそらくほとんど変わらないようにみえる。ここでも後期には平屋根が一般的となり、住居がまず中央主室をとりまいて、ついで開放された中庭をとりまいてつくられた。ときに中庭に屋根がつけられ、上層に明りとりがつけられ、新シュメール時代には一部の住居は中庭をとりまくバルコニーから出入りできる二階をもっていた。主室はふつう中庭の日陰の部分にあり、住人の静穏を保ち、室内の温度の上昇を防ぐために窓をつけないのがふつうであった。

王宮建築は、一般の住居を大型化し、市民個人では持ち得ない施設と環境を加えたものにすぎない。

初期のキシュの王宮は、一部が中庭に向いて開いている一連の部屋からなっていた。またエリドゥでは中央の中庭の四周に公共建物を設けていた。後世の王宮は主中庭から直接出入りする王座室をもち、支配者の権力が増大するにつれて拡大されて、さらに事務所や大広間をもつにいたった。たとえば、マリのジムリリム宮は敷地が八エーカー半以上あり、当時世界の驚異とされていた。その王宮は強い防壁で囲まれ、住居であるとともに城塞でもあった。しかし、この巨大な総合建築でも、バビロンのネブカドネザルの住居の規模の前には影が薄れている。ネブカドネザルの王宮は、広さが一二エーカー以上あり、中庭をとりまく主要な部屋のいくつかは今日も保存されている。ここでもまた、この地域の建築様式のいちじるしい継続性が看取される。

### 円筒印章

メソポタミア芸術の見落とせない一面は、印章彫刻の慣習である。印章の主要形態は円筒形で、軟かい粘土板上を転がすと、図柄が無限に再生できた。印章の需要は、奇妙に限定されて用いられた主題について、メソポタミアの彫刻家を不断に挑発し、全体として輝かしい成果を挙げさせた。最初、主題には面白い物語の情景がとりあげられた(図17-a)が、全体としてこれは適切でないと考えられるようになった。小表面が与える印象は物語の一部を伝えるのみであり、広い表面ではしばしば最初の部分がくり返され、物語の継続性が破壊された。その結果密接に関連した集団を図形化し、反復的効果を挙げる様式を生んだ。この様式の図柄の多くは宗教的内容のものであり、神への供具、祈願行為、神聖な動物群、蛇頭の獅子(図17-b)や獅子頭の鷲のような神秘的動物などであった。王朝期の初め頃

a　原文字時代

b　同　上

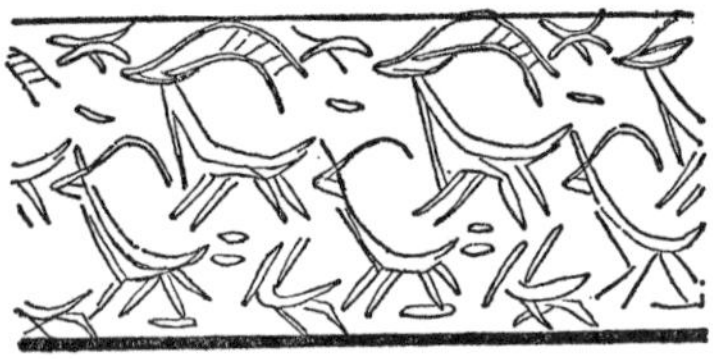

c　初期王朝時代

d　同　上

e　アッカド時代

図17　粘土の浮彫

には図柄が単純化され、主題が――一般には疾駆する動物に限られたが――減少し、純装飾効果をねらった類型の反復だけとなった（図17-c）。そののち初期王朝時代中に、主題の領域が拡大したが、連続的図柄を用いる方式は持続された。よく使われた主題はシュメール人の豊富な神話から抜きだされた。格闘する人間、動物、半人半獣の怪物などが、ギルガメシュとエンキドゥ（図17-d）の冒険中の諸事件を暗示するような死闘の図柄で、密着させて表現されている。

初期王朝時代の末期頃、新たに像を彫塑的にする関心が現われた。碑銘は、最初のうちは余った空白部分を埋めて図柄の連続性を保たせるのに使われたが、のちには変化を与えるために使われ、それが最大の特色をなすようになっている。アッカド時代の初期の特色としては肉体描写への強い関心が現われた。しかし写実主義は様式の問題で、内容の問題ではなかった。というのは、神秘的な野獣と半野獣人がひきつづき重要なテーマとなっていたからである。しかし、初期の美術家がこうした格闘を装飾化することに力を注いでいたのと反対に、アッカド期の印章彫刻家は、この闘争図に、前時代を遙かに凌ぐ力感と壮烈さを漲らせていた（図17-d）。

アッカドの印章彫刻には顕著な人生と人格への感覚が、すこぶる明白に見えるが、これはおそらくセム人の影響であった。同時に、それ以前には排斥されていた物語的技術が復活している。ふつう描かれる物語の光景は神々の世界からとられている。その神は、アッカド人が宗教観念で神々の行為と考える、仁慈なまたは邪悪な行動をする種々の姿態で描かれている（図18-a）。これらのすべての描写に、従前の作品には見られない正確で明確な技術が流露している。

a　アッカド時代

b　ウル第三王朝

c　バビロン第一王朝

d　新バビロニア時代

図18　円筒印章

ウル第三王朝のもとでシュメール人の繁栄が回復されたときから、彫刻の意匠は人間が神の前に導かれている一つのテーマを単調にくり返すだけのものに凋落してしまった(図18-b)。意匠が標準化されると、印章は所有者の財産を識別する刻文を重視するようになった。バビロン第一王朝時代に一時的に彫刻美術が復興したが、このときは献納を示す光景の余白部にいろいろな姿態で位置する動物を描くような、「第二モーティフ」をとりいれて、意匠に変化を加えていた(図18-c)。しかし、それも結局、構成中に統一されるにいたらず、王朝末期には廃れてしまった。カッシート時代の印章は献納シーンに刻文を加えた古い型を継承したものであったが、北方でアッシリアが独立勢力として抬頭したとき、彫刻家もその天然の活力を、前時代の最上の伝統と結合させて、新しい逞しさを生みだした。新バビロニア時代の印章は、残っているものが少ないので、アッシリアの影響を識別することはむつかしい。明らかなのは、あまり著しい意匠上の革新も見られない反面、アッシリア時代の逞しさが失われてしまっていることである。ふつうのモーティフは神の象徴の前に立つ信者の図である(図18-d)。この頃にはアラム語がこの地域の主要用語になっており、文字として楔形文字が漸次消滅したので、円筒印章の使用は大幅に減少した。

## 五 信仰

**信仰心の基礎**

信仰の領域では、シュメール的なものとセム的なものとは、実際上区別できない。セム人が古い文明と接触しはじめたとき、明らかにかれらは全体としてシュメール人の宗教制度の大部分を採用した。もちろん、いくつかのセム人の神格は保持されたが、宗教制度は全体として変化しなかった。しかしバビロンの万神殿を描写する前に、われわれとは根本的にちがう古代人の宗教心や現世観を理解するために、われわれの知的見地を整理しておかねばならない。人が未知の、自分では制御できない世界に直面したとき、その異様さや超人的力の理由づけをして、それに対応しようとするのは避けられないように思われる。古代人は、人は世界から離れて存在できないと考え、現代の〝科学的〟観察者がするように世界を非人格的に検討した。古代人は自分がかれらをとりまく世界の一部であることと、宇宙はかれらと直接関係しているということを、意識しすぎていた。それゆえ、宇宙は人間の体験の表現として人格化されており、人格体験が宇宙的事件として説明されている。この心的態度——科学的というより神話的な——は、古代の宗教では広く行きわたっていた。「物事はかくかくのように起こったから、これはこうなっている」、「誰かが試みて失敗したから、人はかくかくのことをしてはならない」というように。こうした伝承は、現象の科学的説明としては役にたたないが、宇宙創造論の心理的枠の中では完全に、かつ満足のゆくほど真実なものであった。

### 現世的信仰

こうしてあらゆる神話作成社会で、一団の神話が創作され、宇宙秩序が樹立された。神話的宇宙秩序は、いずれも必然的にその創造者が知っており、創造者たちが住んでいる社会の秩序を原型としたものにちがいなかった。こうして神の支配は、人間社会の支配の中での神の座に投影され、神自身が人間と同じように行動している。神々が永遠に生きて超人間的力をもつことは当然であるが、神々はさらに人間と同じ情熱と感情をもっている。神々が間違いなく利己的で、ときに臆病なこともあるのを古代人が不思議と思わないのには、しばしば驚かされる。どうして人間がそのような神を崇拝できるのであろうか？　この問にたいする答は、ぜひ必要なもう一つの基本的区別から生まれている。神話創作者は、神話がかれをとりまく世界の事実であり、臆病とか怒りの感情は、慈悲や愛の感情と同じような俗世界の一部であると説明する。実際、それは、かれの知っている世界についてであり、その念願する世界のことではないのである。

世界が全く倫理的でないのに、神々が倫理的価値の手本とされる理由はない。神はバビロニア人にとって、かれらがどう生きるべきかの手本ではなく、世界の生命力の人格化されたものであるからである。人間は神々の力のなかにあり、人間の義務は理由が分らなくとも神に奉仕し、服従することであるからである。人間は死後の世界で享ける応報で満足しようとはしない。というのも現世には正義がないから来世に正義があるに相違ないという念願成就型の思想は、こうしたメソポタミア型の思想とは、全く無縁の思想であるからである。

### メソポタミアの神々

こうしてメソポタミアの信仰は、より明白な観念のもとに理解できる。文明形成期の両河渓谷の世界は、生活するのに安易な土地ではなかった。人間は絶えず洪水と嵐の暴力の危険にさらされていた。肉体も生命も保証されておらず、こうした安全性の欠如がかれらの信仰に反映した。かれらの眼からみて、最大の力は天空と空気と土地であり、これらの力が、メソポタミアの万神殿の最高の神々と化された。空の神アヌは、最初に主神であったが、空そのものと同じようにアヌはつねに遙か遠方に所在しており、アッカド期までの間にアヌは空気の神エンリルに優位を奪われた。エンリルは、土地と空との間にある有力なもののすべてを代表し、嵐の力で象徴されていた。かれは力をふるう神として神々の集団で執行権を握っていた。神々の命令が実行されるのはエンリルを通じてであった。したがって、エンリルは地上の繁栄成就のみでなく、不可避的な破壊——洪水、都市の劫掠など——に責任を負うものと考えられた。

宇宙のもう一つの巨大な力は大地であった。神話では、大地は空の妻、あらゆる神の母と考えられ、全生命と豊饒の源泉とみなされた。大地の神はニンマ、ニンフルサグなど、いろいろな名称で知られている。しかし大地はまた、もう一つの力、偉大な母を妊娠させる創造力、すなわち土地を肥沃にし、生産的にする水をもっている。水の力は最初はエンキ、のちにはエアと呼ばれたが、万神殿の第三位を占める有力な神であった。井戸は深く、河流は曲がりくねっている。この面からエンキは知恵の神、またしたがってアヌとエンリルの代理、世界の善なるものすべての創造者と組織者、という地位を与えられたと推定される。

これらの有力神のもとに、残りの全階層の神々が置かれていた。人間の国と同じく、神々の機能で生活の全領域を包容するように神々が組織されていた。聖的なものと俗的なものとが区別されず、メソポタミア人にとって世俗的世界はなんらの意味をもたなかった。というのも、宗教は全生活を包含し、生活それ自体が宗教であったからである。建築、木彫、奏楽は、神の命令と監視にしたがうものであり、それは王、法、正義にしたがうのと全く同じであった。神話による〝説明〟はあらゆる事象にわたっていた。

宗教は、前述のように、世界創造者が存在するままの世界を反映したものであり、宗教は世界が変化するにつれて、これらの変化を反映しなくてはならなかった。メソポタミアの世界は都市国家の世界であり、都市国家の一つ一つが神の財産であった。国の政治的運命が向上したり衰退したりするのにつれて、神々の集まりにおける都市の神の重要性が昂まったり萎んだりした。こうして神々の支配権は時によって変化し、各都市の神々は、かれらの都市が人間世界で指導権を握っている間、権力をもった。しかし、ただ一つの神がこれを超越していたようにみえる。シュメール時代にはエンリルがつねに執行機能を保持し、その神の都市ニップールはこの地域の中心都市であった。ただしこの都市が政治支配権をもったことがあるという形跡は全く見られない。エンリルは地方神というより民族神であり、シュメール人が政治的には分裂しながら一種の血縁感と民族感を保持したのは、エンリルの神を通じてであったと思われる。バビロン第一王朝の最大業績の一つは、それまでエンリルに担わされていたと同じ地位を、マルドゥクの神に獲得させたことであった。

メソポタミアの神統譜中に含まれるその他の神々には、セム人から影響された痕跡が見られる。月の神シンの名はセムのもので、遊牧民の間から生まれたと思われる。もしそうであるなら、シンはナンナと呼ばれるシュメール人の月の神と同一であろう。その子の太陽神シァマシュはその名から判断できるとすれば、セム人が取り入れたもので、シュメールの神ウトないしバッバルと同一であったろう。シァマシュは全人類を見渡して、それに光を注ぐ神として、真理と正義の神であった。最後にこの地域の他のすべての神の光を凌ぐもう一人の、豊饒の女神イシュタルについて述べなければならない。ニンフルサグが終始普遍的母神の姿をとったのと異なり、イシュタルはより直接的な愛と豊饒と再生を代表していた。この女神の祭祀は予想されるように、広く普及し、人気があった。神殿に娼婦を抱えたりしたその特異な行為は、平均的なバビロン市民ほども生活が土地に密着していない後世の道徳家たちから、容赦なく非難されていた。

### 不幸と応報

前に述べたように、メソポタミア世界は生存の困難な場所であった。バビロニア人が人間は唯一の目的のため——神に仕えて、神々が自ら働く労を省くため——につくられたと信じた理由がたやすく理解されよう。国王は、神の正義を全民衆に滲透させるための法典を編纂せよと啓示されたかもしれない。しかし多くの場合人間は、その主人に不足を感じさせないように保証している、単なる奴隷であったにすぎない。その代償として人間の主人たちは、人間に安泰で豊かな生活を与えたか——ないし少なくとも与えるべきであった。障害は、人生がさほど単純で簡明でないことにあり、このことがすでに見たように、完全な犬儒派か、完全な宿命論かを生みだしていた。しかし大部分の人々は、不幸はかれらが神への義務を怠ったことから生じると考えた。重大な不幸は、有力な神々が個人生活に介入したことであり、些細なことの放置は、神が単に一時的に不在となり、こうした機会を窺っていた多数の悪魔が犯罪者を襲撃したことを意味すると考えた。不健康、凶作、類似の災厄は、悪魔のひき起こすことであり、人は怠った義務を果たすことによって、神の慈悲を回復することができるとされた。死は最終的刑罰である。鳥のような影が冥界の暗い殿堂で生きつづけているにすぎない。死後の応報は全く考えられていない。

**神政政治と宗教的行事**

メソポタミアの神殿の建築学的発展はすでに跡づけた。神殿は神が地上に降ったときの住居とみなされるが、神の住居と付属する土地を管理するのは、人間の義務であった。管理には、神殿の各種の下僕――牧人、杜氏、料理人、音楽家その他――の供奉者が行なう肉体労働も含まれた。これとともに、社会の全メンバーは、まず神殿領の耕作や神殿領用水路の浚渫の任務を果たさねばならない。すべてのこれらの仕事は、神のエンシ、すなわち地上の主執事であり、神の指示によって神殿領の維持と保管に当たる役人によって監督され、調整されている。このことがエンシに大きな社会力をそなえさせた。実際かれは、多くの場合都市国家の唯一絶対の支配者となり、のち領土が拡張した場合には往々王の称号を用いた。しかしメソポタミアの歴史の始めから終わりまで、王はつねに神の下僕とされていたことは強調されねばならない。きわめて稀に、王は個人的に神であると主張した。この主張は、国王が社会から個人的に天才であると考えられ、土地の肥沃さを保つための儀式の際、女神によって彼女と長椅子に同席することを命じられた者の場合にのみ限られた、と考えるのが妥当であろう。それがたとえ実際あったとしても、この個人的接触によって或る程度神性を帯びた者は、選ばれたごく少数の人のみであり、全体としてみると王は最後まで下臣と同じ人間にとどまった。

また前章において、永続的王権を望み得た人間はエンシのみでないことを指摘した。多くの都市で、選ばれた戦争の指導者や、行政官がその支配を恒久化することに成功した。また多くの国では、頻繁な闘争のあげく王権問題に決着がつけられたが、最終的勝利者はつねに敗北者の機能を継承しており、歴史時代においては、エンシとその他の支配者の間に機能の相違は見られなかった。どのようにして出現したにせよ、王は行政官であり、戦の指導者であったが、第一にかれは神の主祭司であり、執事であった。かれのもとに機能の分化した多数の祭司が存在した。多くの重要な神官の階級は神の慰撫と悪霊の排除を担当するものであった。このためには、つねに秘伝の呪文や魔法の知識を大量に修得しなくてはならなかった。バビロニアでの神官の義務が、間もなく数家族の所有物となり、この数家族が職業の秘密を厳しく守った理由が容易に理解できよう。同じことが神の心を楽しませる役目を担う音楽家、夢解きから吉凶を占った占星者の階級などについてもいえる。かれらの機能は、神が人間の運命の印を物質的対象に与え、正しく訓練された僧侶はいかなる対象でもその意味を汲み取り得るという理論に裏付けられていた。しかし、或る種の物体は、とくに占卜に有効と考えられた。羊や山羊の肝臓がとくに強力と考えられた。肝臓は生命の宿るところで、犠牲を捧げられる神の意思を映し出すと考えられたからである。油の滴を水瓶に垂らすのも有効な方法とみなされたし、何事によらず異常な出来事は秘匿された意味を含むと考えられていた。男性が僧侶の仕事に参加しただけでなく、婦人もまた祭司の機能の多くを果たすことができた。王女たちは、しばしば神殿に奉仕して生涯を送っていた。

バビロンの宗教的年中行事の焦点は、春の始まる日であった。春の始まりは、とくに豪華な一二日間の祭典で祝福され、この日には近隣の都市の神々がマルドゥクの神殿に集まった。祭典の中心行事は、「聖路」を通って市外の行列住居（ここが干が神の「手を戴いて」神殿から連れ出す場所であった）に至る行進、創造神話の再現、王の衣を剝ぎ、また着衣させること、男神と女神の結婚（王と最高の女祭司とで再現する）、翌年中の運命の決定、などである。この細緻な祝典によって、地上の生活周期の再開と、国の継続的繁栄を確保するように祈願した。

## 六　学術

### 医術と天文学

今日、医術や天文学はほとんど宗教事項とは考えられていないが、バビロニア人はそれらを、かれらが重要視した宗教的悪魔祓いと占星術の、きわめて重要な方法とした。病気は本質的には悪魔の魅入りであり、また前述のように多数の祭司階級は、呪文と魔法をもってこれらの悪魔を祓う任務を担っていた。医師の任務はきわめてしばしば、ひどく苦い薬を用いて悪魔を体中にとじこめることと考えられていた。しかし、すでに前三千年紀におそらく民間医療と実際的経験に基づいて、いっそう合理的な一団の医学知識が発達していた。薬物が、地元の草木や鉱物から抽出され、それにビールを混ぜて芳香が付けられた。早くハムラビ王時代から外科医によって手術が実施されており、新バビロニア時代には医師は職業団体を結成して、いかに原始的であるにせよ、神官の魔法ではなく、治療らしいものを施す診察や処置の技術を発達させていた。

### 天文と星学

バビロニアでは、天体の研究は、それが神々の意志を発見する主要な方法であったため、つねに非常に重視された。太陽、月などの当時知られた五つの惑星は、主要な神と結びつけられ、惑星の運動を解釈する体系が発展し、のちにはそれに主要な恒星も加えられた。神殿の塔は、星の軌道を予測し、惑星の周期を知る理想的観測所であった。そのうえ、バビロン文明が継続された結果、すこぶる長期間保存された記録に基づいて、春分・秋分の進行と月食・日食の規則性などの特色を認識する（少なくとも、バビロニア時代の末には認識された）にいたった。早い時期から天空は環帯にわけられ、もっとも重要なのは地平線に沿うものであった。これはさらに一二の部分にわけられ、そのなかの星座に即して命名された。太陽、月、惑星が通過して一年間の回転を果たす各星座が、十二宮として今日に伝わっている。金牛・双子・巨蟹・獅子・天秤・天蝎・人馬・宝瓶・双魚の各座はすべてバビロニア人によって名づけられたものである。山羊はひめじとして、白羊は日雇人、処女は大母神として知られていた。その他の星座——たとえば渡り鳥、鷲など——も、古いメソポタミアの占星者によって名づけられた。もう一つの、多くが古代バビロニアで生じた面白い遺産は、週の七日制である。毎日の毎時間が、七つの惑星の神の一つずつ（現代では、太陽・月・火星・水星・木星・金星・土星）に支配されると考えられ、毎日は、その最初の一時間を支配する神によって名づけられた。これがシァマシュ、シン、ネルガル、ナブ、マルドゥク、イシュタル、ニニブの日であった。末期のバビロンの天文学に接したギリシア人は、この時間の計算法を西欧に伝達したが、ただ神々の名は、当然ギリシアの神の名におき替えた。同じ経過で、天文学はローマの組織に移ってローマの神々がギリシアの神々に変わり、これらの名が西欧の数ヵ国語で今日にまで残っている。英語では、変化過程は一段階先に進み、ノルウエーの神々が数日の曜日の名になった。しかし体系は、本質的にはバビロニアのものがつづいた。

## 数学

メソポタミアの計算は、日常生活を処理するとともに、星に関連していたもので、一部に一〇進法、一部に六〇進法をとる、かなり進歩した数学知識を示している。主要な単位は、一〇、一〇の六〇倍、六〇の一〇倍等々であり、そのうちもっとも重要な単位は六〇である。六〇を基礎に重量、尺度、時間の分割が行なわれ、複雑な問題は通常の加減乗除のほか、開方、乗法、複合方程式などを用いて解かれた。メソポタミアの数学者の、おそらくもっとも貴重な業績は、計数上での「位置の観念」の発見であった。このなかには、ごく少ない数字を用い、各数字の大きさは合計数量中の字の位置によってきまる、という方法がある。その方式は現に今日まで使用されている。たとえば、21は2+1という意味（ローマの数の場合はそうであった）ではなく、2×10+1であり、221は2×100+2×10+1を意味している。数字を一つの場所から左へ移すことはそれを一〇倍することであり、同様に右へ移すことは一〇で割ることである。バビロニアでの基本数は六〇であった。したがって2, 1と書かれた数字は、2×60+1すなわち121を意味していた。この方式がなりたつには、二つの数字の中間の空白部分を示すために零の記号をもつことが重要であり、それが少なくとも末期のバビロニアの文書には見えている。この方式のもう一つの重要な特色は、それを一の倍数のみでなく約数へ拡張することであり、いいかえれば今日の小数に比較できる六〇分数の発見であった。バビロニアの方式は方法論において全く〃近代的〃で、古代世界の他のすべての数学方式より秀れていたといえる。

不運にも、その真価は後世の人に正しく評価されなかった。「位置の観念」は、それがアラビア数字と関連して復活するまで消失しており、約数の観念は小数と関連して一六世紀に復活するまで消滅していた。六〇進法の要素のみが今日まで中断しないで継続されている。もちろん今日ではその遺制を一〇進法に改めることにもっぱら力が尽くされているのであるが、六〇進法が長く存続したことは古代バビロニアの数学者の功績に帰せられる。

# VIII　バビロンの滅亡

## 一　ペルシアの支配

### キルスの戦後措置

キルスは前五三九年一〇月二九日にバビロンに入城してから、かれの培った民衆の人気を持続させるのに腐心した。かれは全バビロニア人に友愛の情を披瀝し、ナボニドスが加えた災害の救済に直ちに着手した。ナボニドスの破壊した建物を修復し、その課した強制労働を廃止し、祭司や市民はナボニドスの支配時代以前の信仰に戻ることを許された。同時に、もっぱら前王についての記憶を抹消する目的から、組織的宣伝が行なわれた。ナボニトスの悪行と神々への冒瀆と、そして絶望的な災害から国土を救うために、マルドゥクがキルスの正義の手にすがった経緯とを、詳細に語る長い声明が発表された。王の声明を読めない無教育の人々を対象に、記憶しやすい韻文で書かれた物語が作られた。キルスが神の派遣した救済者であるという物語が全国土に広められ、物語は細部が地元と結びつくように、その土地柄に合わせて手直しされた。キルスはバビロニア人に向けて、かれに勝利を与えたのはマルドゥクであると宣言し、ウルの市民には、キルスを導いたのはかれらの神シンであり、一方ユ

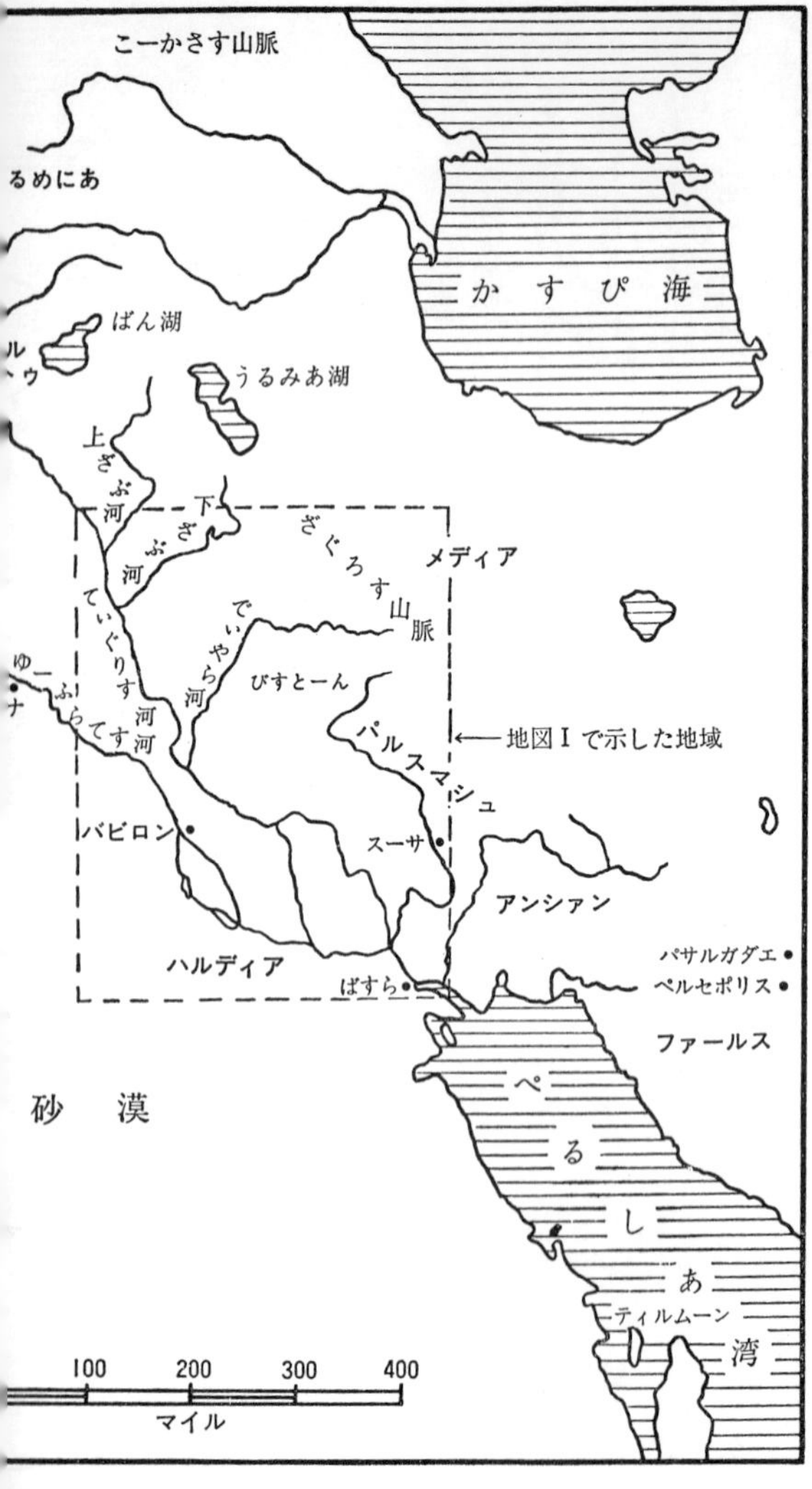
こーかさす山脈
るめにあ
かすぴ海
ばん湖
うるみあ湖
上ざぶ河
下ざぶ河
ざぐろす山脈
メディア
ていぐりす河
でいやら河
ゆーふらてす河
びすとーん
パルスマシュ
←地図Ⅰで示した地域
バビロン
スーサ
アンシァン
ハルディア
ぱすら
パサルガダエ
ペルセポリス
ファールス
砂漠
ぺるしあ湾
ティルムーン
100
200
300
400
マイル

:名は平仮名で示す)

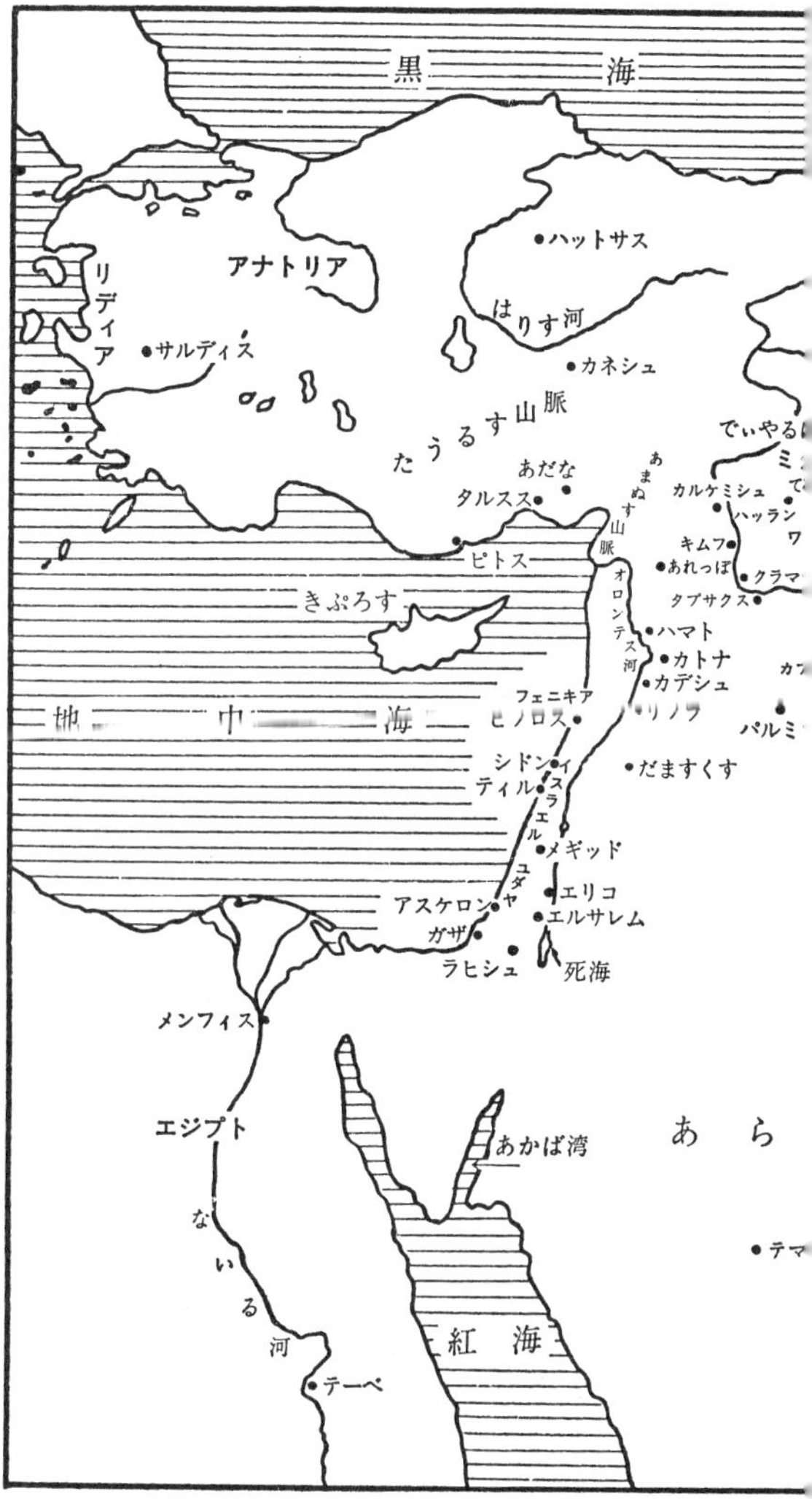


地図III　中東の古代地

ダヤ人にはヤハベー自らがキルスを導き給うたと信じさせた。ナボニドスに関係するものは、すべて神殿や都市から取り除かれた。碑石は砕かれ、彫像は焼かれ、バビロン人に前王を想起させるものは一物たりとも残されなかった。

キルスが新国民にたいしてとった政策は、確実に所期の成果を挙げた。キルスがバビロンに滞留する間に、ペルシア湾から地中海までの間の地域の王侯が貢物を持って訪れ、かれの足に恭々しく接吻した。圧政者が打倒されたという歓喜が全国に広がった。たとえナボニドスへの支持が多少残っていたとしても、キルスによって徹底的に粉砕されたため、今日その記憶はもはや残ってはいない。地方の州にも神殿が建てられ、そこの神々が復元された。バビロン自身の行政はゴビラスに委ねられた。このゴビラスはおそらくキルスの入城の数ヵ月後に死んだグティウムの知事とは別人であった。バビロンの官吏は大部分がその地位に留められ、ナボニドスの悪政と直接関係のなかった事柄はできる限り持続された。前王の妃が前五三九年の十一月に逝去したときも、四ヵ月の公式服喪が命令され、厳重に守られた。

### 市民生活の継続とカンビセスのバビロン支配

バビロニアの市民の個人生活は、王朝の交替によっても変わらなかった。キルスの即位の年でナボニドスの没落の数日後に当たる日付がある文書は、この都市の商業的繁栄が中断しなかったことを報じている。大商人や銀行家が栄えつづけ、バビロンの市場は以前と同様に殷賑であった。ただ最高行政庁のみに変更があった。キルス自身は前五三九―五三八年の冬季中、新しい州を監督するためにこの都に留まり、かれが翌春早くエクバタナに帰るとき、息子カンビセスを代官としてバビロニアに留めた。カンビセスは前五三八年の春、新年の祭でマルドゥクの手を戴き、父が「バビロンの王」の称号を唱えたことにたいする神の嘉納を得た。それ以後の八年間、かれはシッパルにいて、日常の行政事務をとり、宗教的義務を果たすことに没頭した。バビロンではゴビラスがシリア、フェニキア、パレスチナをも版図とするバビロンと、河をこえた土地の州のサトラップ、つまり知事として政務をとった。このことはゴビラスが実質的には膨大な領域の王であったことを意味するが、その王権はきわめて制限され、ほとんど無力に等しいものであったことを物語っている。ゴビラスは州の行政、司法事務の責任を完全に担い、州内の徴兵軍を編成する権限をもったが、その秘書、財務官、都市の駐屯軍司令官などが直接大王の手に掌握されていたので、サトラップが独立を企てるような機会は完全に防止されていた。さらに大王は、悪名高い「王の眼」、すなわち各州の状況を徹底的に調査する査察官を、周期的にこの地に派遣していた。

**カンビセスの死とダリウスの簒奪**

キルスの治世中、バビロンは平穏で、おそらくその支配に満足していたのであろう。前五三〇年初め、大王ははるか東北辺境のマッサゲタエへの遠征を決意した。ペルシアの慣習によって、大王は都を出発する前に継承者を任命しておかねばならなかった。カンビセスがバビロンの王で帝国の摂政として認められた前五三〇年の夏、キルスが遠征中に死去し、カンビセスが全ペルシアの国王として後を継いだ。この交替によってもバビロンにはほとんど変化は起こらなかった。新王は前五三八年以来、バビロンに居住していたし、ゴビラスがサトラップとしての任務を続けていた。しかしペルシアの最後の外征であるエジプト遠征のため、新王が留守をしたとき、この地域にはしばしば擾乱が生じた。カンビセスの弟でメディア、アルメニア、カドシアの統治を委ねられていたバルディアが、前五二二年三月自ら王を宣言した。四月半ばにかれは歓呼のうちにバビロニアに乗り込み、七月には全国で王位を承認された。エジプトからの帰途にあったカンビセスは、この知らせに非常に驚いて自殺を遂げた。——つまり、少なくとも王の槍持ちのダリウスが語るところでは、主君の殺害に復讐する任務を、かれ自ら担う決意を持ったというのである。この時代の歴史はすべて、ダリウスの報告を根本史料にして書かれているが、ダリウスはキルスと同じように、自分の即位や治績について真実を語るというより、自分に有利な伝承を流布させることを遙かに好んだため、史料は粉飾され、混乱している。

ダリウスの語っている経緯は、つぎのようであった。カンビセスは即位の直後から弟のバルディアの忠誠に疑念をいだき、誰にも知られず気づかれないうちに、暗殺されるのではないかと警戒していた。やがてガウマタという名の男がバルディアと自称し、自らを王と宣言した。すべての人がかれを支持したので、カンビセスは自殺をした。このとき、王家の分家の一員でエジプトでカンビセスに仕えていたダリウスは、大急ぎで引き返し、六人の支持者の協力を得てガウマタを斃し、自ら王位を奪取した。これからみると、強力な国王の暗殺が数年間完全に秘匿されていたことがおかしいし、ダリウスが遠征の物語の中で別人であると主張する簒奪者についてきわめて詳細に述べているのも怪しい。あらゆる点からみて考えられるのは、簒奪者の物語はダリウスの常套手段で、自分より遙かに大きな王位継承権をもつ正当な王を打倒した事実を秘匿するための、欺瞞策であったということである。カンビセスが自殺したというのもまたすこぶる怪しいし、この疑惑は、カンビセスがエジプト滞留中に気が狂って種々の冒瀆行為をしたという、後世むけの、そして全く事実に反する伝承をダリウスが捏造している点からみて、いっそう深まっている。全体としてみて、少なくともカンビセスにたいし反乱を起こしたバルディアは傀儡ではなく、真のバルディアであったし、きわめて突発的で好都合なカンビセスの死は、実際には暗殺で、自殺ではなかった可能性が強い。

バルディアの死後に激しい権力闘争が繰り展げられた。これは諸州の多くがダリウスをペルシアの王位の正当な後継者と認めなかったことを示している。たしかにバビロンは承認を拒否した。バルディア暗殺の報が都に届くと、バビロンはナボニドスの子ネブカドネザル三世――ないし、もしダリウスを信用すれば、ナボニドスの子ネブカドネザルと称するアインアイラの子ニディント・ベル――に率いられて反乱を起こした（前五二二年一〇月三日）。バビロニアはティグリス河沿いに軍隊を配置し、敵は渡河できないとたかをくくっていた。ダリウスは浮革袋を使って軍隊を渡河させ、激戦のすえバビロニア軍を撃破した。ペルシア軍はバビロンに向けて進撃し、ユーフラテス河畔のザザナと呼ばれた町で、残軍を率いたネブカドネザルと衝突した。バビロニア軍は河中に追い散らされ、王は都に逃れたが、そこでダリウスに捕えられて処刑された。バビロンの独立は前五二二年一二月に短期間で終了した。

その後数ヵ月間、反乱が全国に瀰漫し、ダリウスは東奔西走を余儀なくされた。もし反乱者が互いに提携して行動すれば、寡兵のダリウス軍を易々と撃破できたことはほとんど間違いなかった。しかし統一行動はとられず、ダリウスは反乱者を各個に撃破できた。前五二一年九月までに、東方諸州の大部分はダリウスの手中に落ちた。しかし最後の勝利を掌中にしかかったとき、バビロンでもう一つの反乱が起こったという知らせがダリウスに届いた。反乱の指導者は、今度もナボニドスの子ネブカドネザルということであった。かれの真の身許は明らかでないが、ダリウスの主張したように、ハルディタの子アルカというアルメニア人であったと思われる。反乱はバビロニア南部の、無名の村ドバラで起こり、急速に広がった。反乱者は前五二一年末にはバビロンを占領し、自ら王を宣言した。ダリウスは情勢を危険視したようではなかった。かれ自ら出向かずに、武将インタファーネスの率いる軍隊を派遣し、この軍隊によって反乱をたちまち鎮圧した。一一月の末までに、ネブカドネザル四世とその幹部は磔刑に処され、都の諸王の墓廟は荒らされ、少なくとも防壁の一部が破壊された。サトラップのゴビラスについては何も知られていない。おそらくかれは反乱のさなかで殺されたのであろう。かれの代わりにヒスタネスが知事に任命された。

### ダリウスの制度と建設

ダリウスが全土に支配権を確立するとともに、まず心がけたのは、同じ動揺が決して再発しないように意を用いることであった。かれはサトラップ制度を拡大し、住民の民族感情を大幅に尊重した。また各州では、キルスやカンビセスの時代以上に、厳重な監督を行なった。同時に、全土に統一的法制度を適用し、司法・行政官職にペルシア人の数を増加させ、主要都市を結合するように、道路網を整えた。入念に維持された道路は、本来王の使臣に使用させるためのものであったが、通商を容易にし、軍隊の移動を迅速にするのに利用された。エジプト、インド、スキティア遠征を経て、マラトンの戦いを頂点とする大ギリシア侵入までのダリウスの遠征について、ここに述べる余裕はない。バビロンでは最近の擾乱にも妨げられることなく、貿易と通商が活発に行なわれつづけた。しかし、この間急速に物価が騰貴し、政府の介入が増大した。これは、強力なインフレ抑圧政策を実施せねば、いつ崩壊の危機に見舞われるかわからないほど経済の逼迫した事情を示していた。

疑いもなく、サトラップのヒスタネスは、サトラップ軍を徴募し、大王の戦いに参加した。ダリウスはこの前五二一年の冬を、おそらくネブカドネザルの王宮の北側拡張部で過ごしたと思われる。ダリウスはペルシアの法によって王の不在中を守る継承者を定めておかねばならなかった。最初かれの長子アルトバザネスがその任についたが、のちには弟のクセルクセスがそれに代わった。ダリウスはキルスの例にならって、わが子を自分の個人的代理人としてバビロニアに駐在させた。かれは前四九八年から前四九六年にかけて、ネブカドネザルの南城の西方に新しく王宮を築き、クセルクセスをそこに住まわせた。この王宮の大きな特色は、正面に玄関をもち、両側を四角な塔で飾った列柱の間、「アパ・ダンナ」にあった。王宮の床面は赤色に塗られ、柱脚は黒い石灰岩であり、ネブカドネザルが用いたのと同じ明色の釉薬煉瓦の装飾が施されていた。彫像の多くは動物のものであったが、白いエナメルに描いた女性の頭部像も見出される。ここがクテシアスがセミラミスの作品とみなしている王宮であったと容易に判断できるであろう。この王宮の中でクセルクセスは、バビロニアの日常の政務をとり、前四八六年に、第二回ギリシア遠征の費用に充てる新税徴収の勅令を発している。間もなく、前四八六年の一一月にダリウスが死去したので、バビロニア人はかれらの中で一二年間を過ごした王子を国王に推して、忠誠を捧げた。

### クセルクセスとアルタクセルクセスの支配

即位の直後、クセルクセスはバビロンを弾圧した。かれはバビロンで見たことに深い懸念をもったにちがいなく、首都に帰還すると、これにたいして一連の弾圧措置を指令した。大王の称号にも変更を命じた。キルスの征服以来、ペルシアの王は〝バビロン王〟と呼ばれていたが、いまやその前に〝ペルシアとメディアの王〟という新称号が追加され、バビロンの都の従属的地位が明示された。この措置は何よりも、すでにバビロンに存在した反乱分子を燃えあがらす結果を招いただけであった。首都は反乱に蹶起し、知事ゾピルスは殺害された。まずベルシマンニが自ら王を称し（前四八二年八月）、九月にはシアマシュエリバがこれに代わった。間もなくメガビズスに率いられたペルシア軍が到着して、バビロンの反乱はたちまち粉砕された。首都の城壁は取り壊され、マルドゥクの大聖所を含めて神殿は破壊され、マルドゥクの黄金像も溶解された。こうしてクセルクセスは、今後反乱者がけっしてマルドゥクと手を結び得ないようにして、自らの支配を確立したと考えた。バビロニアのサトラップは廃止されて、アッシリアのサトラップに編入された。河の西側の土地は別個の独立したサトラップに編成された。バビロンは重税を課され、富商たちの大所有地はその持主から取り上げられ、ペルシア人に与えられた。クセルクセス自身はもはや〝バビロンの王〟の称号を用いず、〝バビロニア人〟

の名の使用を公式に禁止した。大王に関する限り、バビロンは消滅した。

クセルクセスのギリシア遠征とテルモピレー、サラミス、プラテーエ、ミカレなどの戦を語る場合ではない。ここでは、クセルクセスがこれらの敗北で痛手をうけ、その首都に退いて、建築と宗教事項に耽って余生を送ったことを記すにとどめる。かれは前四六五年に暗殺され、その後は若い息子アルタクセルクセスが継いだが、新王はバビロンにたいして、より寛大であったかのようにみえる。前四六二年までには、マルドゥクの祭司たちの領地は返還され、その神殿が元の場所に再建された。また同じ頃、バビロンのイシュタルに石像が献上された。しかしクセルクセスの加えた懲罰の打撃は、当時もなお見受けられた。前四五〇年頃メソポタミアを訪れたヘロドトスが集めた報道は、市民に課された税がいかに重かったかを示している。年々銀約三〇トンという帝国の州中でも格別高額の貢納が誅求された。市民は、この他、毎年四ヵ月間ペルシア軍と王宮への補給を負担せねばならなかった。サトラップの官邸の維持費だけでも莫大なものであった。たとえば当時のサトラップのトリタンタエクメスは、諸経費を賄うために毎日課金を徴収したが、これは銀で水差一三杯分にのぼっていた。かれは自分の軍馬、すなわち牝馬八〇〇頭と牡馬一万六、〇〇〇頭分の飼料のまぐさを代償なしに徴発した。また、かれは多数の犬を飼育しており、その飼育を条件に四つの大型村の租税を免じていた。これらの誅求によって、バビロンの富源は絶えず汲み上げられ、なんら土地に還元されることがなかった。ペルシア人が多量の銀を要求しすぎたため、通貨は欠乏し、商売では掛売りが漸次増大した。すでに高騰していた物価が渦巻き形で高まり、インフレーションは急速化し、多くの家庭ではやむなく娘を娼婦に売って糊口を凌いだ。大王が宦官にするため年々五〇〇人のバビロンの童子を徴発したことは、さらに悲惨さを深めた。このような状況に加えて、司法や行政の官職を占めるペルシア人が急増したことが、不満を爆発的にし、地方州を反乱寸前の状態に追い込んでいた。しかし、アルタクセルクセスはかれの長い治世を通じて、きわめて強権をふるったため、反乱は一度も起こり得なかった。前四二四年にかれが死去し、アルタクセルクセスがバビロンの側室との間に設けたオクスが、前四二三年にダリウス二世（前四二三―四〇四年在位）としてバビロンで承認されたとき、王宮での暗殺と陰謀の時代は終わった。バビロンで賑かな祝宴を催したのち、ダリウスは王座をスーサに移した。しかし間もなく、もう一人の王族がこの都市の知事に任じられた。ダリウスは祖先の慣習にならって、長子アルサセスを正式の継承者としてバビロニアに駐在させた。かれの行き届いた統治下で州内には前四〇四年まで平穏状態がつづいた。この年ダリウス二世は病気に罹り、バビロンの母の許に引き籠って、ここで死去した。

### アルサセスとキルス

ダリウス二世を継いだアルタクセルクセス（前四〇四―三五八年）は、その弟で小アジアのサトラップのキルスが不平から起こした反乱を討伐せねばならなかった。ギリシアの傭兵一万三、〇〇〇人の支援を得て、キルスは前四〇一年に王位を守るためユーフラテス河に沿って南下した。かれがバビロンから僅か六〇マイルのナナクサに到達するまで、戦闘らしいものは見られなかった。ナナクサでの激戦はキルスの勝利に帰する形勢となったが、かれが焦った突撃で身を敵前にさらし、生命を落としたために失われた。敗北の報に接して、アルタクセルクセスとキルス両者の母パリサティスはバビロンに急行した。彼女はバビロニア生まれの女性であり、つねに弟を支持していたので、わが子を斬り斃した者を苦しめてから殺そうとした。アルタクセルクセスの命令でキルスの首を斬った者は、生きたまま煮られ、磔にされた。同時にキルスを支持したギリシア人傭兵の将軍は、アルタクセルクセスの侍臣に捕えられて虐げられ、バビロンに送られた。愛子の支持者を救おうとするパリサティスの必死の努力にかかわらず、かれらは死刑に処され、市内に埋められた。クセノフォンと生き残ったギリシア人傭兵一万人が、黒海に辿り着いた退却の物語については、バビロンの歴史というよりギリシアの歴史に属しているので、詳細には触れない。

パリサティスの悪行はけっしてこれで終わらなかった。翌年彼女はアルタクセルクセスの妃をスーサで毒殺し、その結果一時バビロンから追放された。こうした事件以外では、この都は当時の政治上にほとんど目ぼしい役割を演じていない。ペルシアの王は、ここを依然冬の居殿に使っていた。かれが前三九五年にここに滞在中、アテネの将軍コノンが訪れてきて、スパルタとの戦の資金としてペルシアから銀の援助を求めた。この闘争は双方が力を消耗した末に終結し、最後にペルシアの王が平和を斡旋した。その祖先が武力で達成できなかったことを、アルタクセルクセスが金力によって達成するかと思われた瞬間に、ユーフラテス河以西全域の反乱によって帝国は脅かされた。反乱は紆余曲折のすえに粉砕された。そしてアルタクセルクセスが前三五八年に殺されて、王位はその後を継いだその子アルタクセルクセス三世（前三五八—三三八年）に帰した。かれは残忍ながら有能で、ペルシアの栄光を更新しそうな人物であった。反乱を起こしたサトラップたちは厳罰に処され、帝国の統一は完全に回復された。王は前三三八年の一一月、毒殺され、そのあとをその子アルサセス（前三三八―三三六年）が継承した。かれは急変する緊急事態に対応する能力を欠いていた。ちょうどその直前、アテネと新勢力のマケドニアが、ペルシアから支援を得ようと競い合っていたが、アルタクセルクセスが暗殺された同じ年、マケドニアのフィリップスは全ギリシアの反対勢力を打倒することに成功していた。そして大王の死を好機とみたフィリップスは、ペルシア帝国に向けて十字軍を率いて進撃する準備を整えていた。

## 二　アレクサンダーの征服

### アレクサンダーの征服とペルシアの滅亡

三三六年六月アルサセスもまた毒殺され、ダリウス三世が後を継いだ。同年七月おそらくペルシア王の策謀で、フィリップスも刺客の手に斃された。フィリップス王の後は、その子アレクサンダーが継いだが、かれこそペルシア帝国を終焉させ、世界史の進路を変える宿命を担う人物であった。アレクサンダーの遠征についての詳細は多くの教科書に書かれているが、かれが西アジアとエジプトを征服するときまでの歴史は、バビロニア史には関係がない。

前三三一年の夏、アレクサンダーは七、〇〇〇の騎兵と三万の歩兵を率いて、ユーフラテス河畔のタプサクスに到達し、メソポタミアへ渡ろうと企図していた。アレクサンダー王のために二つの船橋が用意されることになった。その架橋をバビロニアのサトラップのマザエウスが妨害しようとしたが、かえって蹴散らされた。マザエウスが退却したので、アレクサンダー王の軍は無抵抗で渡河できた。アレクサンダー軍が明らかに河に沿ってバビロンに進むと思われたので、ダリウスはこれを予想して軍をティグリス河上流の東岸に集結し、そこから移動して、簡単にアレクサンダー軍の補給路を遮断しようと考えていた。しかし、この動きを察知したギリシア王は、南方の灼熱の平原と異なり、食料や水を容易に入手できる地域を横断して、真直にティグリス河に向かい、ペルシア軍の少しの妨害もうけずに、ニネベの上流で渡河した。ダリウスは自分の武力に自信をもち、軍を停止させて決戦に備えていた。しかし決戦が行なわれたとき、結果はすべてダリウスの予想を裏切った。かれが戦場に選んだ場所は、アルベラの基地から約六マイル隔ったガウガメラの、よく均らされた平原にあった。ダリウスはここで自軍の戦車が、マケドニア軍の方形陣を撃破できると考えていた。しかし前三三一年の一〇月一日両軍が遭遇したとき、ダリウスの計画は完全な失敗に帰した。ペルシア軍右翼のマザエウスの勇敢な行動にもかかわらず、ダリウス軍は蹴散らされて敗北し、ペルシア帝国は滅亡してしまった。

アレクサンダー王の軍は、ガウガメラから疾風のようにアルベラへ向けて南下し、それから大ザブ河とディヤラ河を渡って、バビロンに向かった。かれがバビロンに近づいたとき、忠誠を誓う都の大群衆は、貢物を携えてアレクサンダー王を歓迎した。サトラップのマザエウスは、ガウガメラで逃亡したダリウスが臣下の忠誠を求める権利を喪失したものとして、その都と州をアレクサンダー王に引き渡した。マザエウスは改めてその知事権を与えられた。都のペルシア軍司令官バゴファネスは、駐留して管理していた財産を引き渡した。大歓呼のなかで、アレクサンダー王はクセルクセスの破壊した神殿、とくにマルドゥクの大神殿の修復を命じ、かれ自らバビロンの王としてマルドゥクの手を押し戴いた。真の権力——軍と財政の統制力——はマケドニア人の手にあったが、首都には輝かしい日が復活したように見えた。

### アレクサンダー王の支配

アレクサンダー王は一ヵ月バビロンに留まったのち、スーサと東方へ向けて進発し、前三二四年までその姿をバビロンに見せなかった。前三二四年までに、かれの征服はバクトリアとインドまで広げられ、兵士たちがそこから先の進軍を拒否したために中止された。前三二四年の春アレクサンダー王はオピスへ下ってゆき、マケドニア軍の老兵の除隊を監督したが、涌き起った反乱を鎮圧せねばならなかった。かれは軍隊の鎮静とともにエクバタナへ帰ったが、そこでかれの最大の友人ヘファエスティオンの死に遭った。アレクサンダー王はかれに敬意を捧げ、バビロンで荼毘に付したが、一万タレントを払って葬壇を拵えている。この大きな建物の土台をつくるのに、都城の一部が取り壊され、煉瓦が積み上げられ、王宮の東部の高い場所が地均らしされた。コールドウェーは、その土台と、火熱で焼かれて赤くなった上部表面とを、かれの発掘で見出している。

前三二三年の春、アレクサンダー王はバビロンに帰り着いた。かれが首都に近づいたとき、かれの入城に凶の占いが出ているという杞憂をいだく祭司たちの一団が迎えに出た。実際には、かれらはマルドゥクの神殿を復興せよというアレクサンダー王の命令に従わなかったことを隠蔽しようとしたのであった。アレクサンダー王はその欺瞞にはのらなかった。かれらの抗議に耳をかさず、王は首都にはいった。間もなく神殿の工事は大車輪で開始された。この頃にはエテェメナンキの塔が完全に崩壊していたので、第一の仕事は大量の瓦礫を取り除くことであった。この仕事には、一万人の労働者を使って二ヵ月を要すると見込まれた。工事が始まると、破壊された瓦礫はヘファエスティオンの火葬壇の跡の近くに積み上げられたが、その瓦礫もまたコールドウェーによって発見されている。

同時にアレクサンダー王は、さらに大きな軍事計画を懐いていた。かれの深い関心は、エジプトとインドへの航路を開くために、アラビアを周航することであった。この目的のために、フェニキアで船が建造された。船は分解されて、陸路でユーフラテス河まで運ばれ、そこで組み立てられ、バビロンに向けて河を下った。また首都に巨大な港と造船所をつくる設計図が書きあげられた。もしアレクサンダーが生き続けたとすれば、バビロンは疑いもなく再度世界における最大都市の一つになったであろうが、ことはそうは運ばなかった。六月二日にアラビア遠征隊が出発する数日前、アレクサンダー王は発熱し、かれの体は王宮から、空気が清澄で涼しい河畔の庭園にある園亭に移された。王の公式の任務遂行はきわめて難かしくなったが、かれは遠征軍の出発を主張しつづけた。六月一〇日に、かれは危篤に陥って王宮に運び戻された。将軍たちが病床に近寄ったとき、かれは将軍たちの姿を見分けることはできたが、もはや口がきけなかった。二日間かれは高熱のうちに眠りつづけた。一二日に、王が息を引き取ったと思った将軍たちが号泣しはじめたとき、かれはそれを悟ったかのように手を少し動かした。その夜、将軍の何人かが、エサギラにある治療の神エアの神殿に詣で、アレクサンダー王を神殿に運んで治療の祈りを捧ぐべきかどうかの神託を求めたが、王宮に留めるのがよいという託宣であった。しかし前三二三年の六月一三日の炎熱の夕刻、アレクサンダー王は三二歳を一期としてバビロンで昇天した。

### ペルディカスの敗北

偉大な王の死は、帝国中を驚愕させた。たちまち継承者問題がまき起こった。アレクサンダーには子供がなかったが、その妻ロクサーヌは妊娠していた。大王の死に立ち会ったマケドニアの貴族たちは、この子供の生まれるのを待つべきであるとした。しかしアレクサンダー軍の一般の軍人たちは、長い間摂政がつづくことを望まず、アレクサンダーの義弟で、意志力の弱いアルヒダエウスを推挙した。最後に妻と義弟の二人が合同で統治するという妥協が成立し、マケドニア人は帝国の解体に耽ることになった。最初からペルディカスが指導権を握り、間もなくかれがバビロンの支配を確保しようと企てていることが明らかとなった。かれはアジアにいる軍の総司令官として、バビロン支配を確保する絶好の地位にいた。アレクサンダーの司令官たちに、サトラップ区域が割り当てられたとき、かれは、特別の才能は何もないペラのアルコンにバビロンを持たせようとした。帝国の他の地域には、ペルディカスが絶対的権力をもつのに反対する者が多数いた。幾年間も、ほぼ絶え間ない闘争が続いた末、一種の解決に到達した。

この闘争の最初の兆候は、アレクサンダーの葬儀についての論議のときからみえていた。というのは、かれの屍体はマケドニアに持ち去られる代わりに、プトレマイオスの手でエジプトに移された。プトレマイオスは、エジプト州の司令官になった識見の高い武将であった。これはペルディカスにはたえられないことであり、かれは戦争の準備を始めた。前三二一年の初めにバビロンのサトラップであるアルコンは反対派に寝返った。当時キリキアにいたペルディカスは、ドキムスと呼ばれた武将を送ってアルコンにかえた。アルコンは力によって州の支配を保持しようとしたが、ドキムスは地元住民の支持をえていた。アルコンは敗れて、討たれた。すぐあと、ペルディカスは軍を率いて、プトレマイオスと戦うためエジプトに出向いた。しかしかれは、ナイル河の渡河に失敗し、味方の反乱軍によって暗殺された。

反乱者のなかには、セレウコスと呼ばれる武将がいた。かれはアレクサンダー王が最初にアジアに渡ったときから大王に仕え、インド遠征のときには、アレクサンダー王の参謀として高位にのぼっていた。前三二三年の取決めで、セレウコスは、ペルディカスの驥下におかれたが、かれは自分の指導者を暗殺した褒賞をうけることとなった。というのは、休戦の締結につづく協定の中で、かれはバビロンのサトラップに任じられた。ドキムスは追放され、セレウコスは首都に居つくことになった。

## アンチゴノスの支配とユーメネスの敗北

この協定は、ごく短期間しかつづかなかった。新しい権力闘争がアレクサンダー王の武将の間で始まった。セレウコスの地位は危殆に瀕していたが、かれは固い決意でそれを保持しようと努めた。かれのこの州にたいする行政についてはほとんど知られていないが、かれが民意を収攬して、危険などきに市民の支持を得ようと狙っていたことは明らかであった。

前三二一年の協定では、アンティゴノスとアンティパテルが、帝国で二人の最強力者として抜きんでていた。前三一九年にアンティパテルが死ぬとともに、新しい危険が発生した。アンティパテルはポリペルコンを継承者に指名したが、これにはアンティゴノスが反対した。当然ペルディカスの元の副官で、アンティゴノスの宿敵であるエウメネスがポリペルコンの支持側にまわり、アジアを自分の手に掌握しようとした。このことがバビロニアのサトラップを苦境に立たせた。というのも、セレウコスがその忠誠を拒否したエウメネスの行動は、ペルディカスの死後不法と宣告され、アンティゴノスがアジアの総司令官とされたからであった。最後にセレウコスが反乱者と取引することを拒否したので、エウメネスは実力でバビロンを奪取した(前三一八年一〇月)。セレウコスの反撃は撃退され、エウメネスは征服地域を拡大するために、メディアに向けて出発した。前三一七年の初めアンティゴノスは北バビロニアに来て、セレウコスを呼び寄せた。セレウコスはエウメネスの駐屯軍が背後に控えているのを嫌い、初めバビロニアの要塞に直接攻撃をかけたが、占領することはできなかった。ユーフラテス河の転流を伴った第二回目の攻撃が成功した。セレウコス軍はアンティゴノス軍に合流して、スーサの討伐に向かった。エウメネスは捕えられて死刑にされた。

## 三　セレウコス王朝下の衰退

こうして最後にセレウコスがその支配を固めたことにより、バビロンは平和のときをもちえた。前三〇七年から前三〇五年の間の一時期かれは王を称した。かれの最大の念願はバビロンの市民たちに直ちに住居を与えることであったが、その過程でかれはこの首都の運命を左右するにいたる事柄を決定した。バビロンは長い歴史の間における頻繁な破壊にも挫折せず、再起しては著しい繁栄を現出したが、その復活力の源泉は、位置そのものが秀れていた点にもあるが、それ以上に通商路の中心にあるという一般的事情に基づいていた。この地域にある都市は、どこの都市も繁栄することができた。セレウコスはバビロンを再建する場所を物色するに当たって、いくつかの決定条件を考慮した。第一に、これまでの経験から瓦礫の山を取り除くのに多くの経費と労力の必要なことを知っていた。第二に、より重要なのは、アレクサンダーが夢みたインドとの通商路の再建であった。それには流れの遅いユーフラテス河よりもティグリス河の方がいちだんと適切であった。セレウコスはバビロンの北方約四〇マイルのティグリス河畔の地点を選び、自分の名にちなんだセレウキアを建設しはじめた。セレウキアの誕生はバビロンの最終的滅亡を意味していた。セレウコスは慈愛深い行為によって、多くの征服者が実現できなかったことを達成したのであった。

前三〇八年以降、セレウコスは東方の諸サトラップで討伐を継続し、インドの辺境まで伸びる大帝国を徐々に築きあげた。西方ではアレクサンダーの遺領の争奪戦がつづき、最後に前三〇三年カッサンドロスとリュシマコスに組してアンティゴノスに対抗した人々が、プトレマイオスとセレウコスを説得して味方に引き入れた。前三〇二年セレウコスは最後の戦を敢行するためにアジアへ向かい、リュシマコスも同じ目的で海を渡った。アンティゴノスは両軍を分断する計略から、セレウコスの背後にあるバビロンを占領するために小部隊を派遣し、前三〇二―三〇一年の間バビロンを支配することに成功した。しかし、セレウコスは動じなかった。前三〇一年の春、かれはリュシマコスの軍と合流して、フリギアのイプソスで決戦を挑んだ。アンティゴノス軍は撃破された。

### バビロンの最後の浮沈

この戦ののち、リュシマコスとセレウコスは帝国を互いに分割することになり、東半はセレウコスに与えられた。以後のバビロンの歴史はセレウコス治下の帝国に関するページで占められることとなった。本書の中心題目であるバビロンの都については、このあとつけ加えることはきわめて少ない。セレウキアの建設の結果、バビロンは人跡の絶えた廃墟よりは多少ましな程度に衰退してしまった。新都市の建物の多くが、旧バビロンの瓦礫によって建造された。セレウコスの嗣子アンチオクス一世は、前二七五年に、バビロンに残っていた市民にたいしセレウキアに移住するように命じ、その五年前から民衆に分配していた土地や家屋を没収した。しかし、かれは同時にマルドゥクの神殿エサギラの建造をつづけた。これはおそらくアレクサンダー王が全民族の神々の信仰を奨励していたのと、アンチオクス一世自身がバビロンの歴史と文学の復興を念願していたためであろう。たしかにマルドゥクの一祭司ベロッソスは、アンチオクス一世の治世に、ギリシア語でバビロンの歴史を著わして、王に献上している。もう一つ指摘したいのは、アンチオクスはペルシア人の民族的信仰であるゾロアスター教への防壁として、バビロニアの信仰を擁護したことである。いずれにせよアンチオクスは、かれのバビロンでの事業を誇りとし、一部で「バビロンの王」とか「エサギラの回復者」などという称号を用いている。

バビロンにおけるセレウコス朝の統治政策は時代によって違っていた。前二七五年にバビロンの市民から取り上げた土地は、アンチオクス二世(前二六一―二四七年)の治世に返還され、最後に前二三七年に永久所有地としてバビロンの神殿に与えられた。ここで指摘しておかねばならないことは、荒廃の中においてもマルドゥクの祭司たちが、おそらく先祖伝来の方式で宗教的義務を果たし、研究を続けたと思われることである。全国土を通じて、他の神殿も同様であったと思われる。そしてこの時代に楔形文字による文学の復活さえ顕著である。古い文献がしばしば複写され、研究され、また天文学にたいしては特に深い関心が払われた。前二世紀にバビロンの天文学者は、その国語の材料をギリシア語に翻訳している。西方の天文学や占星術は、この時代のバビロンの学者に負うところが大きい。

アンチオクス四世(前一七五―一六三年)の即位とともにバビロニアの繁栄の新しい時代が始まった。アンチオクスはその祖先と同様に、アジアのヘレニズム化に政策の基礎をおき、かれのつくったギリシア人居留地の一つをバビロンにも設けた。地元の碑文には、アンチオクス四世をこの都の建設者であり、アジアの救済者と称讃しているものがある。新都市は暫くのあいだ繁栄し、通商・課税・勅令などに触れた文書が見出されている。来住したギリシア人は祭礼や娯楽行事を催し、陽焼煉瓦と石でつくった劇場や体育場を設けて、行事の会場に用いた。これらの努力を傾けながら、アンチオクスは住民の生活様式に大きな変化を与えることができなかった。バビロニアの言語や文学は残り、商業も従前通りの形で行なわれた。神殿は都市の生活中で指導的役割を演じつづけ、体育場や劇場での娯楽がそれにとって代わることはできなかった。

## 四　パルチア帝国とバビロンの衰滅

### パルチアのバビロニア支配

アンチオクス四世が前一六四年にペルシアで逝去したのち、バビロンは再び戦乱の時代に転じた。まず東方諸州の管轄を委ねられたミレトスのティマルクスが、混乱に乗じて自らバビロンの王として簒奪しようとしたが、かれは前一六〇年にデメトリウス一世(前一六二―一五〇年)によって討たれた。実際に危機が訪れたのはこのデメトリウス一世の治世と、その継承者アレクサンダー(前一五〇―一四五年)ならびにデメトリウス二世(前一四五―一三九年)の治世においてであった。

これより一世紀も早く、インド=ヨーロッパ人系の遊牧民のパルチア人が北ペルシアに定着し、セレウコス帝国領を侵略して、しだいに膨脹しつつあった。かれらの王ミトラダテス一世は前一五三年から一四〇年の間に東方諸州を武力で併呑したが、その間前一四一年七月にバビロンを占領している。翌年の前一四〇年デメトリウス二世はこの都市を奪還したが、一年後には再びパルチア人の手に奪回されてしまった。前一三六年ミトラダテスは死亡し、セレウコス朝のアンチオクス七世は喪失した州の一部を回復しはじめた。かれは前一三〇年にバビロンを支配したが、一二九年にはパルチアのフラーテス二世に撃破されて討たれた。アンチオクス七世が死去すると、ペルシア湾沿いのカラセーネ州の知事セスパオルシネスが独立し、前一二七年には自らバビロンの王と称し、自己の通貨を発行した。かれの治世中はエサギラの宗教機能はひきつづき持続されていた。しかし、いくばくもなくパルチア人が戻ってきて再度バビロンを破壊した。いくつもの市場や神殿は灰燼に帰し、僅かに残っていた防禦壁も打ち壊された。そして多数の住民が奴隷としてメディアに連れ去られた。これらの任務を全うしたヒメルスは、一時自立してバビロンの王となったようにみえるが、前一二二年にはパルチアのミトラダテス二世に撃破され、バビロンはパルチア人の手中に陥った。

### バビロンの最後の姿

この頃になると、バビロンの街区は残り少なくなっているが、祭司はエサギラの廃墟の中で任務を継続していた。この神殿のすぐ両側に、パルチア人の建物の跡が発見されていて、当時も多少の市民生活が存続していたことが知られる。実際この都は州知事の治下には置かれたが、市自身の知事が置かれていた程であるから、なお重要性を保っていたといえよう。

キリスト教紀元開始の直後、シリアの大隊商都市パルミラ出身の商人の居留地がバビロンに建設され（二四年頃）、都は最後の短い繁栄時代をもった。しかし、半世紀後には主なパルミラ人の居留地はセレウキアのティグリス河対岸にパルチア人の築いた新都市ボロゲニアに移動した。商人が退去するとバビロンは孤立の運命に陥った。それから僅かのちにラテン人の著述家プリニウスは、マルドゥクの神殿は依然として建っていたが、この都市のそれ以外の場所は完全に砂漠化していた、と記述している。ローマ皇帝トラヤヌスは、一一六年のパルチア遠征の途上、冬期をここで宿営した。かれは伝えられた名声にひかれてバビロンを訪れたが、土塁と石と廃墟とを見たにすぎなかった。かれが為し得たのは、アレクサンダー王の逝去した部屋の跡で犠牲を捧げることだけであった。思うに、バビロンを最後に目撃した人の言葉は、人間の希望と努力の空しさを語ったルシウスの対話中に窺うことができる。

ニネヴェはすでに滅びて、いまは一片の痕跡も残らない。壮大な塔と豪壮な城壁をもっていた都市バビロンも、やがてニネヴェのごとくになり、人は空しくその跡を探し求めるのみであろう。

と。かれの言葉が完全に正鵠を得ているとは必ずしもいえない。バビロンにたいしては何かが人々の心に生きつづけ、今日その歴史が再認識されつつある。

# 付録I　年表作成の技術

古代の歴史を綴るうえでもっとも難かしい問題の一つは，年表の体系を確立することである。発生した事件の年代順を見分けることはかなり容易である。はるかに困難なのは，事件を世界の他の歴史と正確に対比して，事実通りの年代を確認することである。これを行なうには一つの固定年を基礎にした絶対年代の体系をもつことが何よりも必要である。近代の歴史では，キリストの誕生を固定年にしており，事件はそれが生じたキリスト紀元以前，あるいは以後の年数で正確に排列できる。キリストが慣習的に考えられた年に誕生していないことも，この固定年が年表の目標として利用できる効果をなんら損なわない。重要なのは固定年の存在であり，それの正確さではない。

古代史でも，伝統的な固定年がないわけでは決してない。ローマ人にはローマの建設が固定年をなし，ギリシア人には第1回オリンピック競技会開催が同じ目的に使われている。これらの体系上での年代を，われわれの年表の枠の該当場所に据えることは，単純な数字計算を必要とするだけである。しかし，古代の近東においては，そうした固定年は全然用いられなかった。このことはバビロニア人やアッシリア人が正確な年代の重要性を認めていなかった，ということではない。当時は，君主名とその治世年数の表が慎重に作成され，保存された。また，ときには年代記が編纂され，異なった国の君主の間の年表の対比さえ示された。むずかしいのは，これらの記録をわれわれの体系に移行させることであり，それには現代の暦年のうえで，年代を確定できる古代の事件を発見しなくてはならない。幸いにも，これは少なくともアッシリア史の後期については比較的容易である。アッシリア人は最古の時代から，その暦年を，リンムと呼ばれる，毎年任命される官吏の名によって呼んでおり，またこれらの官吏の正確な表が作成されていた。この表には主要な事件と官吏の姓名が記載

されていた。これらの表記の一つに，ゴザナの知事プルサガルの名をとった年に日食があり，この日食は天文学上前763年6月15日に起こったと確認されている。リンムの表は，この時を起点に前11世紀までの年代を明らかにしている。リンムとして奉仕した者のうちにはアッシリアの王もあり，かれらは通常その治世の1年目か2年目にその職に就いたので，リンムの名表を王名やその治世の表に書き直すことは，僅少の誤差を認めるなら，比較的単純である。前11世紀より古い時期については，リンムの表が残っていないが，古いリンムの表によった形跡のある王名表が残っている。この王名表によって記録を前1700年まで遡ることができるが，それ以上古いときのは破損や欠落があって王名表を信頼することができない。

バビロンの年表では，天文学で確認できる固定年が見出されないが，第1王朝から前626年のカンダラヌの死にいたる全期間にわたる王名表が残っている。それとともに，バビロンの王の治世と同時代のアッシリアの王の治世を対比した，上述の年代記が残っている。これらの年代を対比することで，バビロンの各王の治世を，前1350年まではかなり高い精度で確定することができる。誤差の最大幅は，いずれの表によっても約50年である。前1350年以前の治世の年数は，第一王朝の末まで欠けている。この期間と，より古い数王朝を除いては，年代計算の材料は，より豊富に存在している。これは南メソポタミアのそれ以前の時代に用いられた年代計算の特異な方法によるものである。

カッシート時代の初期からバビロニア人は王の即位の年で年代計算をしていた。かれらは事件が某々王のX年に起こったという風に記録している。王が逝去したときは，その年の残存期間は，継承者の即位の年とし，翌年を継承者の治世の第1年と呼んだ。またカッシート時代より以前には，すべての年に名称がついていた。最初，年の名はその年に生じた最大事件をとって付けられた——“王がウルを征服した年”とか，そんな類のものであった。この制度にはきわめて大きな欠点があった。重要な事件が，戦敗とかその他国が記憶されるのを望まない事件の場合であった。この場合，年代は比較的重要でない事件，たとえば彫像を神に献納した年とか，また単に“王がウルを征服した年の次の年”という風に呼ばれた。さらに重大事件が起こるまで年の名が挙げられていない

という，いっそう重大な障害も生じた。いくばくもなく，この障害は各年をその初めに前年のもっとも重大な事件で呼ぶ方法をとることで克服された。こうして，もし王が治世の第８年にウルを征服したときは，第９年を正式に“王がウルを征服した年”と呼ぶようになった。これは明らかに真実に合わないが，年代表に妥当な根拠を与え，また後世の史家に豊富な報告を残す効果をもった。これらの“年代公文”が蒐集されたし，またそれを王名表と共用することで，ウル第３王朝からバビロン第１王朝の滅亡までの間の事件の連繋がかなりよく確認されたが，バビロン第１王朝から前1350年に治世の計算が再開されるまでの間は空白であり，この長い空白部分が，バビロンの年表の最難関をなしている。

空白部分を埋めるために種々の方式が試みられた。もっとも重大なものの一つは，バビロンの王アンミザドガの治世中における惑星ヴィーナスの運動の記録を用いて天文学的に固定年を探す方法であった。困ったことに，この証拠資料によると，バビロン第１王朝の末年について数種の年代の可能性がでてくる。そのうちもっともらしいのは，前1651年，1595年，1587年，1531年である。このうちの一つを確認するためには他の証拠が探されねばならなかった。上述のように，アッシリアの王名表は前1700年頃までのかなり信頼できる年代を与えているが，この王名表はバビロンの王朝の末年を1531年とする主張の根拠にされがちである。他方バビロンの王名表は，王朝が1595年に終わったという理論の根拠を与えており（ないし1587年――実際上この二つの年代を区別することはむずかしい。一般的には1595年が王朝の末年とされるが，同じ理論から1587年という結論もでてくる），またアッシリアの王名表がこの年代の根拠になり得ることは，付言しておかなければならない。メソポタミアおよび周辺地域の考古学上の証拠資料によると，この三種の年代とヴィーナスの泥章とを無視した他の年代が主張される。今日いい得ることは，1595年に第１王朝が終わったとする“中間の年代”が，入手できる証拠資料のうえでもっとも妥当性があるということである。ただし，これらの証拠資料に基づく全年代計算は概数であることを念頭においてもらわねばならない。

ウル第３王朝以前の時代の年代計算には，さらに文献が乏しい。根本的証拠

資料はシュメールの王名表であるが，これについては第一章でときどき言及されている。王名表を補足する考古学的証拠資料は断片的であり，これを反映して本書の記述も断片的となっている。しかし，文字が前3500年頃に発生したのは推理上確実であり，碑文に記された最初の王は前2700年頃統治していた。そのときからウル第３王朝までは，王名表および他の文献証拠中の数字と，世代計算と文字の発達の研究とが総合されて，ほぼ正確な年代表がつくりだされている。

メソポタミア史の最古の時期についての，もっとも重要な年代計算方法は，放射性炭素による試験である。これは有機体が死亡するとその放射能が既知の率で低下するので，もし発掘過程で有機体の標本が発見されたときは，含まれる炭素の残存放射能を正確に計量して，死後の時間量を測定できることに基づいてなされる。この方法には，今日でもなお多くの限界がある。その主なものは，地中で蒐集される過程で標本が他の物質と接触する可能性があること，また原子の自由な分解に基づく固有の不確定さなどであり，そのため，諸結果のごく一部から，近似値的な正解が見出されるにすぎない。これらの弱点にもかかわらず，長い時間をかけた同一地点での数種の試験の一致から，遺跡の絶対年代が明らかにされるであろうし，またこの方法は今後の研究によってさらに正確さを加えるであろうと思われる。

# 付録II　王　名　表

（a）　メソポタミアの初期の遺跡と文化

| 西紀前(年) | 北メソポタミア | 南メソポタミア |
|---|---|---|
| 10000頃 | ザルジ，パレガウラ | |
| 9000 | カリム・シャヒル | |
| 7000 | ジャルモ | |
| 5000 | ハッスーナ | |
| 4750 | サーマッラ | |
| 4500 | テル・ハラフ | |
| 4200 | | エリドゥ |
| 4000 | | ハジ・ムハンマド |
| 3900 | | アル・ウバイド |
| 3600 | | ウルク |
| 3400 | | 原文字時代 { 後期ウルク |
| 3300 | | 原文字時代 { ジェムダト・ナスル |
| 3000 | | 初期王朝時代 { 第一期 |
| 2800 | | 初期王朝時代 { 第二期 |
| 2600 | | 初期王朝時代 { 第三期 |
| 2340 | | アッカド王朝 |

(注)　初期の絶対年代については論争が多い。たとえばジャルモは前5000年頃まで降らすものがある。

（b）　アッカド王朝とウル第三王朝

| 西紀前(年) | アッカド王朝 | 西紀前(年) | ウル第三王朝 |
|---|---|---|---|
| 2340～2331 | ウンマとウルクのルーガルザギシ | | |
| 2331～2276 | アッカドのサルゴン | | |
| 2275～2267 | リムシュ | | |
| 2266～2252 | マニシュトス | | |

| 西紀前(年) | アッカド王朝 | 西紀前(年) | ウル第三王朝 |
|---|---|---|---|
| 2251～2215 | ナラムシン | | |
| 2214～2190 | シャルカリシャッリ | | |
| 2189～2187 | イキギ | 2190～2120 | グティウムの覇権 |
| | ナヌム | | |
| | エミ | | |
| | エルル | | |
| 2186～2166 | ドド | | |
| 2165～2151 | シュドルル | | |
| | | 2120～2114 | ウルクのウトヘガル |
| | | 2113～2096 | ウルのウルナンム |
| | | 2095～2049 | シュルギ |
| | | 2048～2039 | ブルシン |
| | | 2038～2030 | シュシン |
| | | 2029～2005 | イビシン |

(c) 前2000～1700年頃のイシン，ラルサ，バビロンの君主

| 西紀前(年) | イシン | 西紀前(年) | ラルサ | 西紀前(年) | バビロン |
|---|---|---|---|---|---|
| 2017～1985 | イシュビ・イラ | 2025～2005 | ナプラヌム | | |
| 1984～1975 | シュイルイシュ | 2004～1977 | エミスム | | |
| 1974～1954 | イディンダガン | 1976～1942 | サミウム | | |
| 1953～1935 | イシュメダガン | 1941～1933 | ザバヤ | | |
| 1934～1924 | リピトイシュタル | 1932～1906 | グングヌム | | |
| 1923～1896 | ウルニヌルタ | 1905～1895 | アブイサレ | | アモル第一王朝 |
| 1895～1874 | ブルシン | 1894～1866 | スムエル | 1894～1881 | スムアブム |
| 1873～1869 | リピトエンリル | 1865～1850 | ヌルアダド | 1880～1845 | スムラエル |
| 1868～1861 | イライミティ | 1849～1843 | シンイディンナム | | |
| 1860～1837 | エンリルバニ | 1842～1841 | シンエリバム | | |
| 1836～1834 | ザンビア | 1840～1836 | シンイキシャ | 1844～1831 | サビウム |

| 西紀前(年) | イシン | 西紀前(年) | ラルサム | 西紀前(年) | バビロン |
|---|---|---|---|---|---|
| 1833～1831 | イテルピシャ | 1835 | シリアダド | | |
| 1830～1828 | ウルドクガ | 1834～1823 | ワラドシン | 1830～1813 | アピルシン |
| 1827～1817 | シンマギル | 1822～1763 | リムシン | 1812～1793 | シンムバッリト |
| 1816～1794 | ダミクイリシュ | | | 1792～1750 | ハムラビ |
| | | | | 1749～1712 | サムスイルナ |

（d） 前1700～539年頃のバビロンとアッシリアの諸王

| 西紀前(年) | バビロン | 西紀前（年） | カッシート | 西紀前(年) | アッシリア |
|---|---|---|---|---|---|
| | | 初期のカッシート諸王 | | | |
| 1711～1684 | アビエシュ | 1700頃 | ガンダシュ | 1700頃 | アダシ |
| | | | アグム一世 | 1692～1683 | ベルバニ |
| 1683～1647 | アンミディタナ | | カシュティリアシュ一世 | 1682～1666 | リブアイジュ |
| | | | | 1665～1654 | シャルマ・アダド一世 |
| | | | アビラッタシュ | 1653～1642 | エン・タル・シン |
| 1646～1626 | アンミザドガ | | カシュティリアシュ二世 | 1641～1614 | バズアイジュ |
| 1625～1595 | サムスディタナ | | ウルジグルマシュ | 1613～1608 | ルルアイジュ |
| | | | カルバシク | | |
| | | 1600頃 | ティプタクジ | | |
| | | 海の国（第二）王朝 | | | |
| | | 1735頃 | イルムアイル | | |
| | | | イッティ・イリニビ | | |
| | | 1650頃 | ダミクイリシュ | 1607～1594 | シュニヌア |
| | | | イシュクイパル | 1593～1591 | シャルマ・アダド二世 |
| カッシート（第三）王朝 | | | スシ | 1590～1578 | イルイシュム三世 |
| 1590～1530 | アグム二世 | 1595頃 | グルキシャル | | |

| 西紀前(年) | バビロン | 西紀前（年） | カッシート | 西紀前(年) | アッシリア |
|---|---|---|---|---|---|
| | | | ペシュガルダラマシュ | 1577～1572 | シャムシアダド二世 |
| | | | | 1571～1556 | イシュメダガン二世 |
| | | | アダラカラマ | 1555～1540 | シャムシアダド三世 |
| | | | アクルラナ | 1539～1514 | アッシュールニラーリ一世 |
| 1530～1500 | ブルナブリアシュ一世 | | | 1513～1500 | プズルアッシュール三世 |
| 1500～1480 | 不明 | | メラムクルクラ | 1499～1487 | エンリルナシル一世 |
| 1480～1470 | カシュティリアシュ三世 | | | 1487～1475 | ヌリリ |
| | | 1475 | エアガミル | 1474 | (不明) |
| 1470～1460 | ウラムブリアシュ | | | 1473～1453 | アッシュールラビ一世 |
| 1460～1450 | アグム三世 | | | 1452～1433 | アッシュールナディンアヘ一世 |
| 1450～1435 | カダシュマンカルベ一世 | | | | |
| 1434～1418 | カラインダシュ | | | 1426～1420 | アッシュールニラーリ二世 |
| 1417～1400 | クリガルズ一世 | | | 1419～1411 | アッシュールベルニシェシュ |
| 1399～1381 | カダシュマンエンリル一世 | | | 1410～1403 | (不明) |
| | | | | 1402～1393 | アッシュールナディンアヘ二世 |
| 1380～1350 | ブルナブリアシュ二世 | | | | |
| 1349～1348 | カラカルダシュ二世 | | | 1392～1366 | エリバ・アダド一世 |
| 1347～1346 | ナジブガシュ | | | 1365～1330 | アッシュールウバッリト一世 |
| 1345～1324 | クリガルズ二世 | | | 1329～1320 | エンリルニラーリ |
| 1323～1298 | ナジムアルッタシュ | | | | |
| | | | | 1319～1308 | アリクデニリ |
| 1297～1280 | カダシュマントルグ | | | 1307～1275 | アダドニラーリ一世 |

| 西紀前(年) | バビロン | | 西紀前(年) | アッシリア |
|---|---|---|---|---|
| 1279～1265 | カダシュマンエンリル二世 | | 1274～1245 | シャルマネサル一世 |
| 1264～1256 | クドルエンリル | | | |
| 1255～1243 | シャガルアクティシュリアシュ | | | |
| 1242～1235 | カシュティリアシュ四世 | | 1244～1208 | トクルティニヌルタ一世 |
| 1234～1228 | アッシリア支配 | | | |
| 1227～1226 | エンリルナディンシュミ | | | |
| 1226～1225 | カダシュマンカルベ二世 | | | |
| 1224～1219 | アダドシュミッディン | | | |
| 1218～1189 | アダドシュムスル | | 1207～1204 | アッシュールナディンアプリ |
| | | | 1203～1198 | アッシュールニラーリ三世 |
| 1188～1174 | メルイシク | | 1197～1193 | エンリルクドルスル |
| 1173～1161 | マルドゥクアパルイディナ | | 1192～1180 | ニヌルタ・アピレクル |
| 1160 | ザバブアシュミディン | | | |
| 1159～1157 | エンリルナディンアッヘ | | 1179～1135 | アッシュールダン一世 |
| イシン（第四）王朝 | | | 1134 | ニヌルタトクルティアッシュール |
| 1156～1139 | マルドゥクカビトアヘシュ | | | |
| 1138～1131 | イッティマルドゥクバラト | | 1134 | ムタクキルヌスク |
| 1130～1125 | ニヌルタナディンシュム | | 1133～1115 | アッシュールレシシ |
| 1124～1103 | ネブカドネザル一世 | | 1114～1076 | ティグラトピレセル一世 |
| 1102～1099 | エンリルナディ | | | |

| 西紀前(年) | バビロン | | 西紀前(年) | アッシリア |
| --- | --- | --- | --- | --- |
| | ンアプリ | | | |
| 1098～1081 | マルドゥクナディンアッヘ | | 1075～1074 | アシャリドアパレクル |
| 1080～1068 | マルドゥクシャピクゼリ | | 1073～1057 | アッシュールベルカラ |
| 1067～1046 | アダドアパルイディナ | | 1056～1054 | エリバ・アダド二世 |
| 1045 | マルドゥクアッヘ・エリバ | | 1053～1050 | シャムシアダド四世 |
| 1044～1033 | マルドゥク某 | | 1049～1031 | アッシュールナシルパル一世 |
| 1032～1025 | ナブシュミリブル | | 1030～1019 | シャルマネサル二世 |
| | 海の国（第五）王朝 | | | |
| 1024～1007 | シンマシュシフ | | 1018～1013 | アッシュールニフーリ四世 |
| 1007 | エアムキンシュミ | | | |
| 1006～1004 | カシュナディンアッヘ | | | |
| | バジ（第六）王朝 | | | |
| 1003～ 987 | エウルマシュシャキンシュミ | | 1012～ 972 | アッシュールラビ二世 |
| 986～ 984 | ニヌルタクドルスル二世 | | | |
| 984 | シリクトシュカムナ | | | |
| | エラム（第七）王朝 | | | |
| 983～ 978 | マルビティアパルスル | | | |
| | 第八王朝 | | 971～ 967 | アッシュールレシシ二世 |
| 977～ 942 | ナブムキンアプリ | | 966～ 935 | ティグラトピレセル二世 |
| 941 | ニヌルタクドルスル三世 | | 934～ 912 | アッシュールダン二世 |
| ? | マルビトアヘイ | | | |

| 西紀前(年) | バビロン | | 西紀前(年) | アッシリア |
|---|---|---|---|---|
| | ディン | | | |
| ? | シァマシュムダンミク | | 911〜 891 | アダドニラーリ二世 |
| 894〜 882 | ナブシュムイシュクン | | 890〜 884 | トクルティニヌルタ二世 |
| 881〜 851 | ナブアパルイディン | | 883〜 859 | アッシュールナシルパル二世 |
| 850 | マルドゥクベルウサテ | | | |
| 850〜 822 | マルドゥクザキルシュミ | | 858〜 824 | シャルマネサル三世 |
| 821〜 814 | マルドゥクバラトスイクビ | | 823〜 811 | シャムシアダド五世 |
| 814〜 813 | ババアヘイディン | | | |
| | (空位) | | | |
| 812〜 803 | ナブムキンゼリ | | 810〜 783 | アダドニラーリ三世 |
| | マルドゥクベルゼリ | | | |
| | マルドゥクアパルイディナ二世 | | | |
| 第九王朝 | | | | |
| 802〜 763 | エリバマルドゥク | | 782〜 773 | シャルマネサル四世 |
| 762〜 748 | ナブシュムイシュクン | | 772〜 755 | アッシュールダン三世 |
| 747〜 734 | ナブナシル | | 754〜 745 | アッシュールニラーリ五世 |
| 734〜 732 | ナブナディンゼリ | | | |
| 731 | ナブシュムキン | | | |
| 731〜 729 | ナブムキンゼリ | | | |
| アッシリアの制覇 | | | | |
| 728〜 727 | プル（アッシリ | | 744〜 727 | ティグラトピレ |

| 西紀前(年) | バビロン | | 西紀前(年) | アッシリア |
|---|---|---|---|---|
| | アのティグラトピレセル三世) | | | セル三世 |
| 726～722 | ウルライ（アッシリアのシャルマネサル五世 | | 726～722 | シャルマネサル五世 |
| 721～710 | マルドゥクアパルイディナ | | | |
| 709～705 | アッシリアのサルゴン二世 | | 721～705 | サルゴン二世 |
| 704～703 | アッシリアのセンナヘリブ | | 704～681 | センナヘリブ |
| 703 | マルドゥクザキルシュム二世 | | | |
| 700 | マルドゥクアパルイディナ(再) | | | |
| 702～700 | ベリブニ | | | |
| 699～694 | アッシュールナディンシュム | | | |
| 693 | ネルガルウシェジブ | | | |
| 692～689 | ムシェジブマルドゥク | | | |
| 688～681 | アッシリアのセンナヘリブ | | | |
| 680～669 | アッシリアのエサルハドン | | 680～669 | エサルハドン |
| 668～648 | シァマシュシュムキン | | 668～631 | アッシュールバニパル |
| 674～627 | カンダラヌ | | 630～629頃 | アッシュールエティリラーニ |
| | | | 627～612頃 | シンシャルイシュクン |
| 新バビロニア王朝 | | | | |

| 西紀前(年) | バビロン | | 西紀前(年) | アッシリア |
|---|---|---|---|---|
| 626～ 606 | ナボポラッサル | | 611～ 608 | アッシュールウバッリト（ハッラン） |
| 605～ 562 | ネブカドネザル | | | |
| 561～ 560 | アメルマルドゥク | | | |
| 559～ 556 | ネリグリッサル | | | |
| 556 | ラバシマルドゥク | | | |
| 556～ 539 | ナボニドス | | | |

（e） バビロンのペルシア王およびギリシア王による支配

| 西紀前(年) | |
|---|---|
| | ペルシアの諸王による支配 |
| 539～ 530 | キルス |
| 530～ 522 | カンビセス |
| 521～ 486 | ダリウス一世 |
| 486～ 465 | クセルクセス一世 |
| 464～ 424 | アルタクセルクセス一世 |
| 424 | クセルクセス二世 |
| 423～ 404 | ダリウス二世 |
| 404～ 358 | アルタクセルクセス二世 |
| 358～ 338 | アルタクセルクセス三世 |
| 338～ 336 | アルサセス |
| 335～ 331 | ダリウス三世 |
| | ギリシア王による支配 |
| 331～ 323 | アレクサンダー大王 |
| | ギリシアの知事による支配 |
| 323～ 321 | アルコン |
| 321 | ドシムス |
| 321～ 318 | セレウコス |

| 西紀前(年) | |
|---|---|
| 318～ 317 | エウメネス |
| 317～ 316 | セレウコス |
| 316～ 312 | ペイソン |
| | セレウコス朝君主による支配 |
| 312～ 280 | セレウコス一世 |
| 280～ 261 | アンチオクス一世 |
| 261～ 247 | アンチオクス二世 |
| 247～ 226 | セレウコス二世 |
| 226～ 223 | セレウコス三世 |
| 223～ 187 | アンチオクス三世 |
| 187～ 175 | セレウコス四世 |
| 175～ 163 | アンチオクス四世 |
| 163～ 162 | アンチオクス五世 |
| 162～ 150 | デメトリウス一世 |
| 150～ 145 | アレクサンダー |
| 145～ 139 | デメトリウス二世 |
| 139～ 129 | アンチオクス七世 |

# 付録III　年　　表

| 西紀前(年) | メソポタミア | 西紀前(年) | その他の地域 |
|---|---|---|---|
| 10000頃 | 北メソポタミアの旧石器時代終了 | 10000 | パレスチナの旧石器時代終了 |
| 9000～7000 | 北メソポタミアでの農耕の発生 | | |
| 7000～5000 | 北メソポタミアでの既発見最古の定住農村 | 7000 | エリコ，既発見の最古の定住都市 |
| 4200 | 南メソポタミアでの既発見最古の定住地 | 4500 | エジプトの最古の農耕社会 |
| 4000 | 都市国家の興起 | | |
| 3500 | 文字の創始 | 3300 | エジプトでの文字の創始 |
| | | 3100 | 上下エジプトの統合：第一王朝 |
| 2700～2330 | 初期のシュメール人王朝——ウルク，ウル，キシュなど | 2650 | ジョセル王の階段ピラミッド |
| | | 2570 | 大ピラミッド |
| 2330～2200 | アッカド王朝，サルゴンとナラムシン | | |
| 2200～2120 | グティウムの覇権 | | |
| 2120 | シュメールの復活 | | |
| 2113～2005 | ウルの第三王朝 | | |
| 2005～1793 | 南メソポタミアでのイシンとラルサの対立 | 2000 | クリート島の宮殿時代の開始 |
| 1894 | スムアブムのバビロン第一王朝創始 | 1900 | ヒッタイト人アナトリアに進入．ギリシア語民族はじめてギリシアに進入． |
| 1792～1750 | ハムラビ王朝，バビロンの第一次制覇 | 1800 | アッシリアの出現，シャムシアダド一世 |
| 1742 | カッシート人の第一次侵入 | | |
| | | 1725 | ヒクソスのエジプト征服 |

| 西紀前(年) | メソポタミア | 西紀前(年) | その他の地域 |
|---|---|---|---|
| 1595 | ヒッタイト人の侵入，バビロン第一王朝の滅亡 | 1567 | ヒクソスの駆逐 |
| | | 1450 | ミタンニの興起，エジプト＝ミタンニの同盟 |
| | | 1400 | クリート宮殿の破壊 |
| | | 1379 | エジプトのアケナーテンの異端，エジプト＝ミタンニ同盟の崩壊 |
| | | 1350 | アッシリアの再興 |
| | | 1300 | イスラエル人のエジプト脱出．エジプトの北シリア侵寇，カデシュの戦 |
| | | 1200 | ヒッタイト帝国の滅亡，ドーリア種族のギリシア侵入 |
| 1156～1100 | バビロニアの民族復興，ネブカドネザル一世 | 1175 | エジプトの没落 |
| 1100 | アラム人圧迫の開始 | 1080 | アラム人の圧迫によるアッシリアの衰亡 |
| | | 1000 | ダビデとソロモンのイスラエル統治．イランにおけるメディア人とペルシア人の進出 |
| | | 930 | イスラエル王国とユダヤ王国の結成 |
| 900～ 626 | アッシリアの制圧時代 | 900 | アッシリアの復興 |
| | | 722 | アッシリアのサマリア占領，イスラエルの没落 |
| | | 675 | イランにおけるメディアの興隆 |
| 626～ 539 | バビロンの第二次制覇，ナボポラッサル，ネブカドネザル二世，ナボニドス | 612 | ニネベの破壊 |
| | | 597 | ネブカドネザルのエルサレム攻略 |
| | | 586 | エルサレムの破壊，ユダヤ王国の没落 |
| 539 | ペルシアのキルスによるバ | 550 | ペルシア人メディアを打倒 |

| 西紀前(年) | メソポタミア | 西紀前(年) | その他の地域 |
|---|---|---|---|
| | ビロン攻略 | | |
| | | 490 | マラトンの戦 |
| 539～ 331 | ペルシアの支配時代 | 480 | テルモピレー，サラミス，プラテーエの戦 |
| 331～ 323 | アレクサンダー大王 | 336 | アレクサンダー大王即位 |
| 323～ 312 | 継承戦の時期 | | |
| 312～ 130 | セレウコス王朝のバビロン支配 | 150 | パルチアの興隆 |
| 130 | パルチアの時代，バビロンの衰微と消滅 | | |
| | | 116 | トラヤヌスのパルチア戦争 |

## 訳 者

岩永　博（いわなが ひろし）

1915年広島県に生れる．1939年東京大学文学部西洋史学科を卒業．現在，法政大学名誉教授．著書に，『中東現代史』，『ムハンマド＝アリー』，共著に，『アラブ首長国連邦』，『エジプト』，訳書に，マッキーン『バビロン』（本書），ペンザー『トプカプ宮殿の光と影』，キールナン『秘境アラビア探検史・上下』，共訳に，フィルビー『サウジ・アラビア王朝史』，クロー『メフメト二世』，『ムガル帝国の興亡』，ハリデー『イラン』，『現代アラビア』（以上法政大学出版局），その他がある．

## バビロン

1976年 2 月10日　　初版第 1 刷発行
2009年 8 月 7 日　新装版第 1 刷発行

著　者　J. G. マッキーン
訳　者　岩永　博

発行所　財団法人 法政大学出版局
〒102-0073 東京都千代田区九段北3-2-7
電話03（5214）5540／振替00160-6-95814

印刷：三和印刷，製本：誠製本

ISBN 978-4-588-35406-9
Printed in Japan